本书为国家社科基金项目
"人脸识别的法律治理框架研究"的阶段性成果

THE EU AI ACT COMPLIANCE HANDBOOK

欧盟人工智能法合规手册

何渊　王源————主编

北京大学出版社
PEKING UNIVERSITY PRESS

图书在版编目(CIP)数据

欧盟人工智能法合规手册 / 何渊，王源主编. --
北京：北京大学出版社，2024.12. -- ISBN 978-7-301-
35870-2

Ⅰ．D950.217.4

中国国家版本馆CIP数据核字第2024HN9370号

书　　　　名	欧盟人工智能法合规手册 OUMENG RENGONG ZHINENGFA HEGUI SHOUCE
著作责任者	何　渊　王　源　主编
责 任 编 辑	朱梅全
标 准 书 号	ISBN 978-7-301-35870-2
出 版 发 行	北京大学出版社
地　　　　址	北京市海淀区成府路205号　100871
网　　　　址	http://www.pup.cn　新浪微博 @北京大学出版社
电 子 邮 箱	zpup@pup.cn
电　　　　话	邮购部 010-62752015　发行部 010-62750672　编辑部 021-62071998
印 刷 者	天津中印联印务有限公司
经 销 者	新华书店
	730毫米×1020毫米　16开本　19.75印张　324千字 2024年12月第1版　2024年12月第1次印刷
定　　　　价	79.00元

未经许可，不得以任何方式复制或抄袭本书之部分或全部内容。
版权所有，侵权必究
举报电话：010-62752024　电子邮箱：fd@pup.cn
图书如有印装质量问题，请与出版部联系，电话：010-62756370

作者简介（按贡献度大小排序）

何渊(本书导论、合规第九步作者，《人工智能法》鉴于部分第1—90条复核与翻译)：上海交通大学凯原法学院副教授，上海交通大学数据法律研究中心执行主任、人工智能治理与法律研究中心秘书长，中国网络与信息法学研究会理事，中国信息协会数据要素专委会专家，中国行政法学研究会理事，中国廉政法制研究会理事，上海开源信息技术协会AI伦理与治理专委会主任，上海市律师协会数字科技与人工智能专委会委员。入选上海"浦江人才计划"，曾在上海市委办公厅挂职锻炼一年，为数十家上市公司提供过各种形式的法律服务。主要研究领域：人工智能法、数据法、行政法、国家安全法。

王源(本书合规第五步及流程图作者，《人工智能法》法条部分第72—113条、附件一至附件三复核与翻译)：毕业于北京大学法学院和美国威廉玛丽学院法学院，曾就职于多家跨国公司和中外律师事务所。现为北京高勤律师事务所合伙人，第十二届北京市律师协会数字经济与人工智能领域法律专业委员会副主任，入选北京市律师协会涉外律师人才库，北大法律信息网签约作者。近年来，在各主流公众号发表数据合规深度解读文章近百篇，观点被人民网、光明网、财经网以及《南方都市报》《中国经营报》《环球时报》《法治参考》等媒体引述。参与编写《个人信息保护通识》《合规：企业合规管理体系有效性评估》《关键信息基础设施安全保护通识》等多部著作。

于冰冰(本书合规第二、三、七步作者，《人工智能法》鉴于部分第91—180条、法条部分第1—5条复核与翻译)：毕业于布鲁塞尔自由大学，欧洲一体化与发展专业硕士。曾在多家外资金融机构担任数据治理高级经理、首席信息安全官、数据安全官和数据保护官，中国电子信息行业联合会数据治理行业专家。取得多种数据领域认证证书,包括CSA注册数据保护官(CDPO)、DAMA认证首席数据官(CCDO)、DCMM注册数据管理师(CDP)、IAPP注册信息隐私经理(CIPM)、IAPP欧盟隐私信息保护注册专家(CIPP/E)、IAPP人工智能治理专家(AIGP)等。在国内外刊物发表多篇关于企业数据合规、数据安全体系、数据战略、人工智能治理与合规等领域的学术论文。参与《数据素养》《构建数据湖仓》《首席数据官知识体系指南》等多部数据领域专业书籍的翻译、编写工作。

魏雪颖(本书合规第一、八步作者,《人工智能法》法条部分第6—40条复核与翻译):毕业于上海交通大学凯原法学院,法律硕士,现工作于证券行业。曾获得凯原奖学金、蒋震奖学金及上海交通大学优秀毕业生称号。在校期间,跟从何渊老师进行个人信息保护法、数据法领域相关问题的研究,曾参与数据要素市场的法律保障调研、人工智能伦理案例公益项目等,并于某知名互联网公司数据隐私保护部实习,参与个人信息保护、数据合规等前沿实务工作,亦于多家知名律所、法院实习。参与编写《亚太数据合规手册》《个人信息保护法与日常生活》等书。

阮芳洋(本书合规第四、六步作者,《人工智能法》法条部分第41—71条复核与翻译):硕士毕业于上海交通大学凯原法学院,曾前往美国新罕布什尔大学法学院访学;曾任职于知名律师事务所及头部跨国集团法务部。现为上海国瓴律师事务所高级合伙人,上海市律师协会数据合规与网络安全专委会委员。曾作为众多头部互联网公司、外资企业、上市公司等的境内外数据合规、人工智能等项目的主办律师,具有丰富的境内外数据合规与数据治理、软件出海法律服务支持、人工智能及涉外法律服务领域项目的落地经验。

曹琳(本书《人工智能法》附件四至附件十三复核与翻译):上海交通大学凯原法学院2024级法学硕士。本科毕业于上海交通大学,获法学一经济学双学位;曾在金杜律师事务所上海分所争议解决部实习。曾获得上海市奖学金、上海交通大学优秀毕业生称号。

彭歆慈(本书《人工智能法》全文初译及校对):广州大学法学院2021级本科生,就读期间曾前往澳大利亚西悉尼大学、南开大学法学院访学。

目 录

导 论　九步合规法快速穿越人工智能治理无人区　　001
　　一、全球人工智能治理的三大立法模式　　002
　　二、全球人工智能治理的九大实现机制　　009
　　三、欧盟《人工智能法》的"AIA时刻"　　011
　　四、欧盟《人工智能法》的法律意义　　012
　　五、欧盟《人工智能法》的主要争议焦点　　015
　　六、欧盟《人工智能法》的九步合规框架　　023
　　七、结语：欧盟《人工智能法》会失败吗？　　029

合规第一步　确认是否涉及人工智能系统或模型　　032
　　一、人工智能系统的定义　　032
　　二、人工智能系统与模型的区别　　032
　　三、人工智能系统的特性　　033

合规第二步　确认行为主体的法律地位　　035
　　一、《人工智能法》涉及的法律主体　　035
　　二、分销者、进口者、部署者和其他第三方可能成为
　　　　提供者　　038
　　三、人工智能系统的提供者和部署者不一定是不同的
　　　　实体　　039
　　四、各主要法律主体在《人工智能法》中涉及的义务　　039

合规第三步 确认是否属于欧盟《人工智能法》的适用范围 048
 一、《人工智能法》所涵盖的法律主体 048
 二、高风险人工智能系统是否适用《人工智能法》? 049
 三、其他欧盟协调立法涉及的产品或系统是否适用
  《人工智能法》? 049
 四、人工智能监管沙盒在什么情况下属于《人工智能法》
  监管的范围? 050
 五、《人工智能法》豁免适用的场景 051

合规第四步 确认是否属于禁止性人工智能行为 054
 一、禁止性人工智能行为的范围 054
 二、禁止性人工智能行为的定义、适用场景及禁止原因 055
 三、对相关个人数据处理的冲突性规定的适用 062
 四、禁止性人工智能行为适用的除外规定 063
 五、其他相关定义 064

合规第五步 确认是否属于高风险人工智能系统 066
 一、高风险的含义和高风险人工智能系统的范围 066
 二、高风险人工系统需要符合的要求 078
 三、高风险人工智能系统的符合性评估 097
 四、对高风险人工智能系统的持续监督和管理 100

合规第六步 确认是否属于特定人工智能系统 105
 一、特定人工智能系统的透明度义务及排除适用场景 105
 二、其他相关定义 107
 三、其他提示性规定 107

合规第七步 确认是否属于通用人工智能模型 109
 一、通用人工智能模型的定义 109
 二、通用人工智能模型提供者的义务 110
 三、关于通用人工智能模型透明度的例外 113

四、通用人工智能模型的系统性风险　　114

　　五、对通用人工智能模型进行系统性风险评估　　114

　　六、具有系统性风险的通用人工智能模型提供者的额外
　　　　义务　　116

　　七、实践准则概述　　118

合规第八步　确认识别监管机构及罚则　　119

　　一、《人工智能法》下的监管机构　　119

　　二、处罚措施和救济程序　　125

　　三、罚款的上限　　126

　　四、决定罚款金额时应考虑的因素　　127

合规第九步　确认是否适用人工智能监管沙盒　　128

　　一、人工智能监管沙盒的目标　　128

　　二、人工智能监管沙盒对罚款责任的豁免　　129

　　三、人工智能监管沙盒的实施法案　　129

　　四、人工智能监管沙盒对个人数据的处理　　130

　　五、高风险人工智能系统进行真实世界测试需要符合的
　　　　保障条件和制度　　131

　　六、人工智能监管沙盒对中小企业义务的减免　　132

附录一　欧盟《人工智能法》（中英文对照）　　133

附录二　欧盟《人工智能法》法律、机构和名词索引　　305

导 论

九步合规法快速穿越人工智能治理无人区

> 现在,在恐惧中哀号,我们划船穿过那些海峡,右边是有六个头十二只脚、有猫尾巴并且专吃水手的斯库拉(Skylla),左边是可怕的卡律布狄斯(Charybdis),她的旋涡吞噬着海浪,就像一个在熊熊烈火上的大锅,爆炸的浪花喷涌而下,溅洒在两个悬崖的顶峰上。
>
> ——《奥德赛》(第十二卷)

2024年8月1日,作为欧盟数字立法重要里程碑之一的《人工智能法》(Artificial Intelligence Act, AIA)[①]正式生效。这是世界上第一部基于风险的分级分类治理的统一人工智能法律,欧盟意在通过"布鲁塞尔效应"建立负责任人工智能的全球治理标准,并期望它成为世界各国立法效仿的范本。

实践中,人工智能治理的核心难题是如何平衡发展(创新)与安全(权利)之间的紧张关系。这体现在既要促进人工智能的开发、投放市场、提供服务和使用,又要确保免受人工智能的损害,高水平地保护健康、安全和基本权利,包括民主、法治和环境的保护,并支持创新。[②] 这种紧张关系体现的

[①] 欧盟法律分为基本条约和派生性法律两类,前者具有欧盟准宪法的性质,而后者具体分为条例(Regulation)、指令(Directive)、决定(Decision)、建议和意见(Recommendation and Opinion)等四类。其中条例对成员国直接产生约束力,不需要转换成国内法;指令不能对成员国直接适用,产生法律效力的前提是将其转化为国内法;决定只对特定对象(成员国、公民或法人)具有直接约束力;而建议和意见则不具有法律约束力(参见朱贵昌:《欧盟法律种类》,http://chinawto.mofcom.gov.cn/article/ap/p/201412/20141200838145.shtml,2024年9月6日访问)。欧盟《人工智能法》的编号为"REGULATION (EU) 2024/1689",其法律性质应归为"条例",与其作为外在表现形式的名称中的"法"并不冲突。为尊重法律规定,本书法条翻译部分称呼欧盟《人工智能法》时使用的是"条例"。

[②] 参见欧盟《人工智能法》鉴于部分第1条。

不仅仅是一个技术困境,还是社会价值冲突的表现。人工智能时代的各方行为者,就像被困在两个严重危险之间的奥德修斯(Odysseus)一样,随时都可能被人工智能的风险旋涡所吞噬,左边是象征"人工智能发展"的卡律布狄斯,右边则是象征"人工智能安全"的斯库拉,而发展和安全都是我们所需要的,突破人工智能治理无人区的唯一可行方法也许就是"正心以中"且毫不犹豫地快速穿越,而方法论正是九步合规法。

一、全球人工智能治理的三大立法模式

就如何平衡人工智能的发展与安全的关系而言,全球立法模式主要形成三种具有影响力的理想类型:一是以"风险分级分类机制+政府强力规制"为基石并强调"基本权利保护"的欧盟权利主义模式;二是以"市场机制+企业自我规制"为基石并强调"数据流动利用"的美国自由主义模式;三是以"社会市场机制+合作治理+共同富裕"为基石并强调"平衡性"的中国新发展主义模式。

(一) 欧盟的权利主义模式

1. 制度变迁

在人工智能治理框架方面,欧盟于2018年出台的《欧洲人工智能战略》初步规划了人工智能的发展战略,之后发布的《算法问责及透明度监管框架》(2019年)、《人工智能协调计划》(2021年修订)及《人工智能白皮书:追求卓越和信任的欧洲方案》(2020年)在继续强调发展的基础上,开始关注算法透明度、算法问责以及科技伦理等安全及风险治理框架。这些政策文件为欧盟《人工智能法》的出台提供了初步探索。

在人工智能伦理方面,欧盟于2019年发布了《可信人工智能伦理准则》,提出了人类代理与监督,技术稳健性及安全性,隐私与数据治理,透明度,多样性、非歧视和公平性,社会和环境福祉,以及问责制等七大原则。2020年,欧盟发布《人工智能、机器人和相关技术的伦理问题框架》,强调对高风险系统、机器人进行强制性合规评估。以上两个伦理政策文件为欧盟《人工智能法》的出台提供了坚实的伦理基础。

在人工智能责任方面,欧盟于2022年提出《人工智能责任指令(草案)》,

该草案的立法目的不是寻求统一的举证责任规则及其证明标准,而是创新性提出了高风险系统提供者的证据披露义务、过错推定及因果关系推定的规则。该草案在侵权责任方面为欧盟《人工智能法》提供了有益的补充。

在数字治理框架方面,欧盟从2022年开始陆续通过的《数据治理法》《数字市场法》《数字服务法》《数据法》提供了数据治理、数据共享及利用、数字竞争及服务等框架,这也成为欧盟《人工智能法》的坚实数字治理底座。

2. 以人为本的权利保护

欧盟模式的法理基础是以人为本的权利保护。鉴于人工智能可能对社会产生的重大影响以及建立信任的必要性,人工智能产业发展的前提条件是以人为本的技术,切实保护人的基本权利和自由,它应作为人类的工具,最终目的是提高人类福祉。[①] 欧盟模式的形成与基于法治的个人权利保护传统息息相关。如欧盟以"人格尊严"等权利价值导向来定义个人数据,数据主体具有自主决定个人数据的处理目的及方式的权利。由此,我们很容易理解欧洲人为何不能容忍公开讨论薪水,却可以接受在公共场所脱掉比基尼。[②]

欧盟模式的最终决定因素是经济基础,由于没有成体系的人工智能产业及世界排名靠前的超大型人工智能企业,欧盟在平衡发展与安全之间关系时选择"偏向"安全一边的"权利保护",即把权利保护植入人工智能立法,凭借价值观等软实力充分发挥"布鲁塞尔效应",影响世界各国的人工智能治理及立法实践,尤其依靠超高的技术准入标准和合规成本事实上限制了美国、中国等的跨国企业进入欧盟市场,以便保护欧盟人工智能产业,欧盟也可以依据严格的人工智能立法对违反合规义务的跨国企业处以巨额罚款。由此,欧盟把高标准的人工智能立法作为与美国、中国等的竞争与谈判筹码,而且权利保护是绝对正确的价值观,世界各国很难有理由加以反对。

欧盟模式的实现机制是充分强调政府强力规制基础上的综合治理。例如,在数据保护领域,欧盟一直致力于建立"行业准则及标准+法律强制性

---

① 参见欧盟《人工智能法》鉴于部分第6条。
② See James Q. Whitman, The Two Western Cultures of Privacy: Dignity Versus Liberty, *The Yale Law Journal*, Vol. 113, No. 6, 2004, p.1151.

规范"的双重规范体系和"企业自我规制＋政府强制规制"的双重治理体系。①

(二) 美国的自由主义模式

1. 制度变迁

(1) 美国联邦层面"政策主导型"模式

美国联邦层面在人工智能治理领域主要采取政府的促进性行政规则和非约束性政策框架。例如，2019年2月，美国总统特朗普签署了一份行政命令——《维持美国在人工智能领域的领导地位》，规划了"增加研究投资、释放资源、制定治理标准、构建人才队伍以及参与国际合作"等发展人工智能的五个重点领域；2020年1月，美国白宫科技政策办公室发布的《人工智能应用监管指南》提出了"信任、公众参与、信息质量、风险管理、成本收益分析、灵活性、公平无歧视、透明度、安全可靠、机构协调"等监管原则；2022年10月，美国白宫科技政策办公室发布的《人工智能权利法案蓝图》提出了"建立安全有效系统、避免被算法歧视、保护数据隐私、强调通知和透明度的重要性、明确替代方案、救济和退出机制"等人工智能权利保护的初步框架；2023年10月，美国总统拜登签署的行政命令《关于安全、可靠和值得信赖的人工智能》是迄今为止最完整的全面人工智能监管规则，提出了"设立人工智能安全新标准、保护公民隐私、促进公平和公民权利、保护弱者、支持工人、促进市场创新和竞争、提升海外领导力、确保负责任且有效使用人工智能"等指导性政策。

美国联邦层面在人工智能治理领域鲜有正式法律出台，主要有2021年生效的《国家人工智能倡议法》，试图通过成立专门的国家人工智能咨询委员会来统筹协调美国人工智能的研究和应用。更多的立法处于草案阶段，如2020年的《生成式人工智能网络安全法（草案）》及《数据问责和透明度法（草案）》，还有2021年的《算法正义和在线平台透明度法（草案）》及2022年的《算法问责法（草案）》等。

美国联邦层面在人工智能治理领域的落地方案集中体现在美国国家标

---

① 参见高富平主编：《个人数据保护和利用国际规则：源流与趋势》，法律出版社2016年版，序言。

准与技术研究院(NIST)于2023年发布的《人工智能风险管理框架1.0》,该框架围绕治理、映射、测量和管理等四个模块,从设计、开发、部署和使用等人工智能系统的全生命周期提出风险管理框架,具体涉及数据和输入(收集和处理数据)、人工智能模型(构建和使用、验证和确认)、任务和输出(部署和使用)及应用环境(计划和设计、操作和监控)等治理维度。

(2) 美国各州"立法主导型"模式

与美国联邦层面"政策主导型"模式不同,各州更喜欢采取具有强制力的立法模式,而生成式人工智能革命之前的立法主要聚焦于相关领域的立法,之后各州才开始关注商业上使用人工智能的法律护栏问题,这些立法努力大都基于消费者权利保护的角度,并通过修订各州现行法律中的"消费者保护"部分来实现。迄今为止,已有数州开始尝试探索制定综合性人工智能法律。

在人工智能的相关立法方面,美国各州主要聚焦以下领域:其一,数据隐私保护。从《加州消费者隐私法》(CCPA)、《加州隐私权法》(CPRA)到《弗吉尼亚州消费者数据保护法》(VCDPA),再到《科罗拉多州隐私法》(CPA)及《犹他州消费者隐私法》(UCPA)等,美国各州几乎都已制定或正在制定数据隐私法律。其二,自动驾驶。从内华达州的《AB 511法》到佛罗里达州的《自动驾驶汽车法》,再到路易斯安那州的《218号法》,美国已有近二十个州针对自动驾驶汽车进行了立法,主要涉及相关技术及监管测试手段等内容。其三,智能招聘及算法监管。如伊利诺伊州的《人工智能视频面试法》强调应聘者同意的必要性,而纽约州的《纽约市偏见审计法》则强调自动招聘决策工具的算法透明度及算法的公平性。

在人工智能的综合性立法方面,美国各州聚焦于人工智能的治理计划、风险评估、问责制、透明度、注册登记、第三方审计及救济机制等内容。目前已有三个州出台或正在制定综合性法律。例如,2024年5月1日生效的《犹他州人工智能政策法》是美国州层面的首部人工智能领域的综合性立法,该法旨在规范和引导人工智能技术的发展和应用,以确保其符合公共利益和价值观,主要涉及定义、责任和披露、监管机构、规制缓和协议机制、风险评估机制及具体罚则等内容;2024年5月8日通过的《科罗拉多州人工智能法》是美国州层面的首部覆盖公共机构的跨领域人工智能立法,该法侧重于规制自动化决策系统,将高风险人工智能系统定义为"部署时作出重大决策,或在作出重大决策时成为一个重要因素"的系统,具体涉及算法歧视、开发者和部署者的注意义务和披露义务、事件报告机制、强制性治理机制、影响评估等内容;2024年8月28日加州参议院通过却在9月30日被加州州长纽森(Gavin Christopher Newsom)否决的《前沿人工智能模型的安全与保障创新法》(简称"SB 1047"),这是美国州层面的第一个严格监管大模型的提案,该法试图通过强化开发者的合规义务来预防大模型可能造成"大量人员伤亡或超过5亿美元损失"等严重伤害,主要包括"设立前沿模型委员会、建立安全事件报告机制、强调风险评估及透明度以及处以最高3000万美元或关闭、删除模型等严厉处罚"等内容。

2. 自由主义

美国人工智能治理模式的法理基础是自由主义,其理论来源是奥地利学派和新自由主义学派,代表人物是米塞斯(Ludwig von Mises)和哈耶克(Friedrich August von Hayek)。美国模式的两根支柱为"市场主导"和"商业自由",即主张市场主导配置下的人工智能企业的自我规制和对政府强制规制的理性限制。由此,美国对人工智能创新和产业发展的承诺成为反对政府无限干预的经济理由,而对个人自由和企业自由的价值支持则被援引为限制政府通过立法和政策强力规制人工智能产业的政治理由。[①]

美国模式中的"自由主义"在《前沿人工智能模型的安全与保障创新法》的反对意见中得到充分体现:一是主张立法的严格规制将阻碍创新和产业发展。如该法将对开源及初创企业造成系统性损害,而它们是加州创新的主要来源;该法将抑制美国人工智能的研究与创新,给其他国家赶超美国提供机会;该法将给加州的人工智能投资和产业发展带来寒蝉效应。二是主张立法将带来严重的不确定性。如该法的模糊定义和严格法律责任,将给创新带来巨大的不确定性和风险;该法可能迫使人工智能研发转入地下,这将极大降低人工智能模型和系统的安全性。上述观点集中体现在州长纽森对该法的否决声明之中,声明指出:虽然初衷是好的,但该法并未考虑人工智能系统是否部署在高风险环境中,是否涉及关键决策或是否使用敏感数据。相反,只要是大型系统部署的,该法就对即使是最基本的功能也适用严

---

① See Anu Bradford, *Digital Empires: The Global Battle to Regulate Technology*, Oxford University Press, 2023, p.40.

格的标准。因此,这不是保护公众免受技术实际威胁的最佳方式。①

3. 例外:依附性差序圈层

随着生成式人工智能的兴起,优质数据集和高端算力越来越成为国际市场上的稀缺品。美国希望依托金融及军事霸权和盟友体系建构一套以"依附性差序圈层"为基础的跨境数据劫掠体系,使美国人工智能系统能够源源不断地获得免费且高质量的全球数据集,从而企图确保美国头部公司继续获得超额利益和保持领先地位。

具体而言,美国正在凭借其盟友体系建构一个"中心—外围制的依附性数据跨境体系",中心区是一个所谓的"数据自由流动区",最中心点是具有最高权限的美国,其有权自由查询和调取所有国家的数据;下一层是"五眼联盟国家";再下一层是欧盟等西方国家;最外围一层是日本、韩国等美国其他盟友。离开美国这个中心越远,其数据权力也越少。中心区的外面则是一个数据跨境流动的禁限区,中国、俄罗斯等国家都在这个区域,该区域内的数据跨境流动是单向自由,即中国数据流向美国被定义为自由的,即美国有权通过其跨国公司调取中国的数据,而从美国到中国的跨境流动则可能被定义为不自由和威胁国家安全,即中国从美国调取数据则需要通过人权及数据保护评估。实践中,美国一方面企图通过 TikTok 剥离法案及《澄清境外合法使用数据法案》(简称"CLOUD 法案")等政策工具直接劫掠 TikTok 等中国跨国公司的优质数据集,而另一方面却极力通过《关于防止受关注国家获取美国人大量敏感个人数据和美国政府相关数据的行政命令》等政策工具,阻止美国数据跨境传输到中国等外部圈层。

(三) 中国的新发展主义模式

1. 制度变迁

对于人工智能的治理,中国早期以促进型产业政策等"发展议题"为主,近年来特别是随着生成式人工智能的盛行,中国开始聚焦伦理审查、算法治理及数据隐私等"安全议题"。

在人工智能的发展方面,中国主要采用政策驱动,如 2017 年发布的意在

---

① 参见《加利福尼亚州州长否决了 SB 1047 人工智能安全法案》,https://www.sohu.com/a/812891960_121489117,2024 年 9 月 30 日访问。

确立三步走国家战略的《新一代人工智能发展规划》，2019年发布的强调实体经济的《关于促进人工智能和实体经济深度融合的指导意见》，以及2020年提出的建设20个试验区的《国家新一代人工智能创新发展试验区建设工作指引（修订版）》等，2022年则发布了作为实施方案的《关于支持建设新一代人工智能示范应用场景的通知》。与此同时，地方政府则主要采用立法驱动，如2022年通过了《深圳经济特区人工智能产业促进条例》和《上海市促进人工智能产业发展条例》，其立法目的是推动人工智能与经济、生活、城市治理等融合，打造世界级产业集群。

在人工智能伦理审查方面，中国积极探索伦理治理原则。例如，2019年发布的《新一代人工智能治理原则——发展负责任的人工智能》提出了和谐友好、公平公正、包容共享、尊重隐私、安全可控、共担责任、开放协作、敏捷治理等八大治理原则；2021年发布的《新一代人工智能伦理规范》明确了增进人类福祉、促进公平公正、保护隐私安全、确保可控可信、强化责任担当、提升伦理素养等六项基本伦理规范；2022年发布的《关于加强科技伦理治理的意见》确定了增进人类福祉、尊重生命权利、坚持公平公正、合理控制风险和保持公开透明等伦理原则；而集大成者的是2023年发布的《全球人工智能治理倡议》，其围绕人工智能发展、安全、治理等方面系统阐述了人工智能治理中国方案。

在人工智能服务备案方面，备案登记已成为中国人工智能的重要事前监管制度，具体包括2021年通过的《互联网信息服务算法推荐管理规定》的"算法推荐服务备案"、2022年通过的《互联网信息服务深度合成管理规定》的"深度合成服务算法备案"以及2023年通过的《生成式人工智能服务管理暂行办法》的"生成式人工智能服务备案"等三类，其中前面两类算法备案已超过1000件，而人工智能服务备案则有117件。

在生成式人工智能规制方面，2023年通过的《生成式人工智能服务管理暂行办法》是全球首部在该领域的专门立法。该办法对生成式人工智能服务实行包容审慎和分类分级监管，明确了服务提供者的责任，要求其在内容生成、模型训练和数据使用等全生命周期内保障用户隐私和数据安全。此外，该办法强调生成内容的真实性和合法性，要求生成的内容不得违背公共利益或损害国家安全。同时，该办法也对数据来源进行了严格规定，要求所使用的数据必须合法合规。

在人工智能的应用合规方面,以人脸识别为例,2021年最高人民法院发布了司法解释《关于审理使用人脸识别技术处理个人信息相关民事案件适用法律若干问题的规定》。此外,中国还分别于2020年、2022年发布了涉及远程人脸识别系统技术要求、人脸识别数据安全要求、基因识别数据安全要求等系列国家标准。

在人工智能标准化方面,《国家人工智能产业综合标准化体系建设指南(2024版)》的发布是推动标准体系形成的关键举措。该指南的规划目标是到2026年新制定国家标准和行业标准50项以上,而人工智能标准体系结构涉及基础共性标准、基础支撑标准、关键技术标准、智能产品与服务标准、赋能新型工业化标准、行业应用标准、安全/治理标准等七个重点方向。

2. 新发展主义

与欧盟的权利主义模式和美国的自由主义模式不同,笔者把中国对人工智能的治理归纳为新发展主义模式,具体阐述如下:

中国模式的价值判断是人工智能的发展主义,即在平衡发展与安全之间关系的基础上稍偏向"发展"一方,正如《生成式人工智能服务管理暂行办法》所强调的"国家坚持发展和安全并重、促进创新和依法治理相结合的原则,采取有效措施鼓励生成式人工智能创新发展,对生成式人工智能服务实行包容审慎和分类分级监管";中国模式的治理目标则涉及个人的人工智能发展权、中国在人工智能领域的共同富裕以及全球在人工智能领域的命运共同体;中国模式的配置机制是社会市场论,即强调市场机制在人工智能领域的基础性配置作用的同时,也强调政府的保护性措施,尤其要确保共同富裕的"社会性"目标的实现;而中国模式的实现规则是合作治理论,即强调在信任基础上实现政府、市场及社会在人工智能领域的协同综合治理。

二、全球人工智能治理的九大实现机制

根据笔者的不完全统计,全球已有近百个国家和地区出台了人工智能领域的监管法律、法规或政策,无论是东南亚的新加坡,东亚的韩国、日本,西亚的沙特、阿联酋,南亚的印度,非洲的南非、埃及,还是南美洲的巴西、阿根廷、秘鲁,北美洲的加拿大、墨西哥,又或是大洋洲的澳大利亚和新西兰,

它们的治理模式都可以类型化到欧洲的权利主义模式、美国的自由主义模式或者中国的新发展主义模式。而根据联合国教科文组织的《人工智能监管报告:世界的新兴方法(征求意见稿)》,上述三大治理模式又大致可以通过九种机制来实现[①],具体阐述如下:

(1) 原则基础机制。国家或国际组织提供一套规范人工智能系统开发和使用的基本原则,确保其符合伦理、可信、以人为本和尊重人权。最佳实践包括:巴西的《人工智能法(草案)》、联合国教科文组织的《人工智能伦理建议》以及经合组织(OECD)的《人工智能建议》等。

(2) 标准基础机制。法律仅制定原则性框架和不确定概念,而实施细则由官方认可的标准组织制定的技术标准来负责落地,以便灵活地规制快速发展的人工智能以及实现全生命周期的风险管理。最佳实践如欧盟制定的《人工智能法》确定了分类分级的风险治理框架,而实施细则由《人工智能管理体系》(ISO/IEC 42001)等欧盟官方认可的标准体系实现。

(3) 敏捷和实验主义机制。基于敏捷治理和实验主义的理论,国家通过法律创建监管沙盒等灵活监管框架,并在充分监督且确保风险可控的前提下测试新的人工智能模型及系统、商业模式、基础设施和工具。最佳实践包括:欧盟《人工智能法》、巴西《人工智能法(草案)》以及英国《人工智能监管的创新方法(提案)》所规定的监管沙盒框架。

(4) 促进和支持机制。国家通过立法支持企业实现自我规制,而企业主动开发和使用负责任、符合伦理和尊重权利的合法合规人工智能系统。最佳实践包括:美国的《人工智能培训法》及《人工智能创新未来法案》提案、巴拿马的《人工智能法草案初稿》等。

(5) 适应现行法律机制。国家通过修订现行法律调整特定行业规则和横向规则,以适应人工智能快速发展的治理需求,而不是直接制定全新的综合性人工智能法案。最佳实践包括:欧盟的《通用数据保护条例》(GDPR)关于自动化决策的规定,以及阿根廷的《科技创新法》修正案等。

(6) 透明度机制。国家通过法律要求人工智能提供透明度工具,使公众能够便捷地获取相关信息。最佳实践如欧盟《人工智能法》及巴西《人工智

---

① See UNESCO, Consultation Paper on AI Regulation: Emerging Approaches Across the World, https://www.unesco.org/en/articles/unesco-launches-open-consultation-inform-ai-governance, visited on 2024-9-4.

能法(草案)》所规定的"透明度"义务。

（7）基于风险的分级监管机制。国家基于人工智能模型的不同风险水平,通过立法分级规定相应的监管要求或合规义务。最佳实践如欧盟《人工智能法》基于"不可接受的风险"(unacceptable risk)、"高风险"(high risk)、"有限风险"(limited risk)和"最小风险"(minimal risk)四个等级建立的分级监管框架。

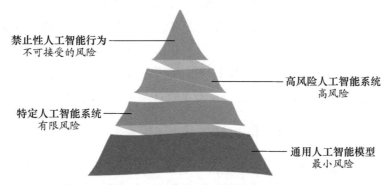

图 0-1 欧盟《人工智能法》的分级分类风险规制框架

（8）基于权利的监管机制。国家通过立法要求人工智能保护个人基本权利。最佳实践如欧盟《人工智能法》明确规定有关个人数据保护的义务直接适用 GDPR,以保护个人的数据权益。

（9）问责机制。国家通过立法规定巨额罚款等行政处罚,倒逼人工智能企业主动履行合规义务。最佳实践如欧盟《人工智能法》规定了最高 3500 万欧元或上一年度全球年营收 7%的罚款。

三、欧盟《人工智能法》的"AIA 时刻"

欧盟《人工智能法》在之前的制定过程和未来的实施过程,都会有一些必须被铭记的重要时刻、关键节点和里程碑,笔者称之为"AIA 时刻"。

（一）立法过程中的"AIA 时刻"

第一个"AIA 时刻"是欧盟发布《人工智能法》提案。2021 年 4 月,欧盟委员会发布《人工智能法》提案,将人工智能系统开创性地分为不可接受的风险、高风险、有限风险和最小风险四个等级,并在此基础上建立相应的分级分类治理机制。

第二个"AIA 时刻"是"三方会谈"(Trilogue)达成协议。2023 年 12 月 9 日,欧洲议会、欧盟理事会和欧盟委员会三方在经过为时半年四次的谈判之后,就《人工智能法》的文本内容最终达成妥协,从而为该法的通过打下了坚实的基础。其中"三方会谈"的最大背景是如何规制突然爆发的 ChatGPT 等生成式人工智能,焦点集中在高风险类别、基本权利和基础模型等议题。

第三个"AIA 时刻"是《人工智能法》的正式生效。其中,欧洲议会和欧盟理事会分别于 2024 年 3 月 13 日和 5 月 21 日先后批准了这部旨在统一人工智能规则的开创性立法。7 月 12 日,《欧盟官方公报》发布《人工智能法》正式版,根据立法程序,20 天后的 8 月 1 日,《人工智能法》正式生效。

(二)实施过程中的"AIA 时刻"

第四个"AIA 时刻"是禁止性人工智能系统规则的适用,时间是在欧盟《人工智能法》生效后 6 个月的 2025 年 2 月 2 日。

第五个"AIA 时刻"是实践准则的出台及适用,时间是在欧盟《人工智能法》生效后 9 个月的 2025 年 5 月 2 日。

第六个"AIA 时刻"是通用人工智能系统规则的适用,时间是在欧盟《人工智能法》生效后 12 个月的 2025 年 8 月 2 日。

第七个"AIA 时刻"是高风险人工智能系统规则的适用,时间是在欧盟《人工智能法》生效后 36 个月的 2027 年 8 月 2 日。

四、欧盟《人工智能法》的法律意义

(一)立法目的

欧盟《人工智能法》的立法目的主要规定在法条部分第 1 条和鉴于部分第 1 条,其本质在于平衡人工智能的发展与安全的关系,而欧盟选择在平衡基础上偏向权利保护和风险规制等安全一侧。

一方面,人工智能通过改进预测、优化运营和资源配置,以及为个人和组织提供个性化的数字方案,为医疗健康、农业、食品安全、教育和培训、媒体、体育、文化、能源、运输和物流、公共服务、司法、环境保护等行业领域带来广泛的经济、环境和社会效益,为相关企业提供关键的竞争优势,并支持有益于社会和环境的成果。①

但另一方面,人工智能可能对法律所保护的公共利益和基本权利造成身体、心理、社会或经济等损害或威胁。② 如对个人的风险:威胁权利、自由、身心健康或经济机会;对特定亚群体造成歧视等伤害;对民主参与或教育机会等造成社会性损害。又如对组织的风险:对业务运营的伤害;安全漏洞或金钱的损失;对声誉的伤害。还如对生态系统的风险:对相互关联和依存的要素和资源造成损害;对全球金融系统、供应链或相关系统造成损害;对自然资源、环境和地球造成损害。③

因此,为了确保在健康、安全和基本权利方面对公共利益提供一致和高水平的保护④,欧盟制定了统一人工智能规则的法律框架,即通过规范特定人工智能系统的市场投放、提供服务和使用,促进人工智能产业的发展和利用;同时满足对公共利益的高度保护,明确而强有力地保护健康、安全和基本权利,支持新的创新解决方案,创建一个符合欧盟价值观的人工智能生态系统,释放数字化转型的潜力,并促进以人为本的人工智能治理方案,使欧盟在发展安全、可信和合乎伦理的人工智能方面成为全球领导者。⑤

(二) 与欧盟其他协调立法的关系

欧盟《人工智能法》是一个典型的"横向"立法,这可能导致该法的内容、适用范围与欧盟其他协调立法存在重叠甚至冲突,并可能影响立法质量以及带来监管的不确定性。因此,准确定位欧盟《人工智能法》与其他协调立法的关系非常关键。

1. 一般规则

根据欧盟《人工智能法》鉴于部分第9条的规定,该法的统一规则应适用于各成员国,并与附件一第A节的"新立法框架"保持一致,但不应损害现行

---

① 参见欧盟《人工智能法》鉴于部分第4条。
② 参见欧盟《人工智能法》鉴于部分第5条。
③ 参见美国国家标准与技术研究院发布的《人工智能风险管理框架1.0》。
④ 参见欧盟《人工智能法》鉴于部分第7条。
⑤ 参见欧盟《人工智能法》鉴于部分第8条。

的欧盟法律,特别是附件一的有关数据保护、消费者保护、基本权利、就业和劳动者保护以及产品安全等法律,欧盟《人工智能法》是对上述法律的补充,即附件一涉及的协调立法优先适用。

2. 与GDPR等数据保护法律的关系

根据欧盟《人工智能法》鉴于部分第10条的规定,个人在数据领域的基本权利特别受到欧盟GDPR、欧盟机构处理个人数据的第(EU) 2018/1725号条例以及欧盟《数据保护执法指令》的保障,欧盟《隐私与电子通信指令》额外地保护个人的生活和通信秘密。欧盟《人工智能法》不影响有关个人数据处理的上述现行欧盟法律的适用,也不影响人工智能系统的提供者和部署者作为数据控制者或数据处理者角色时所承担的义务,更不影响数据主体继续享有法律赋予个人的权利。

具体到欧盟《人工智能法》与GDPR的关系:当系统提供者利用个人数据对模型或系统进行开发时,GDPR事实上独立于《人工智能法》适用,即使后者已生效[1],这一点也得到《人工智能法》第2条第7款的确认,即数据保护机构的职责及系统提供者和运营者作为GDPR下的控制者或数据处理者的义务不受影响。而根据奥地利数据保护局的梳理[2],提供者在使用系统处理个人数据时,必须遵守GDPR第5条的"数据保护原则",特别是符合GDPR第6条第1款的合法性基础;如果涉及自动化决策,则应遵守GDPR第22条;如发现相关系统对个人数据的处理不符合GDPR的规定,数据保护机构有义务根据GDPR第58条第2款采取补救措施,包括可能的巨额罚款。

3. 与数字法律框架的关系

欧盟《人工智能法》与《数据法》《数据治理法》《数字服务法》和《数字市场法》之间存在紧密且复杂的关系,需要在多个方面进行协调和整合。

(1) 与《数据法》的关系:人工智能系统高度依赖数据,而《数据法》促进数据共享但同时对数据转移和云计算提出了严格规定,这可能影响人工

---

[1] See Artificial Intelligence: The Cnil Is Continuing Its Work to Develop Innovative and Privacy-Protective AI, https://www.cnil.fr/en/artificial-intelligence-cnil-continuing-its-work, visited on 2024-09-10.

[2] See Austria: Dsb Publishes Announcement on Relationship Between GDPR and AI Act, https://www.dataguidance.com/news/austria-dsb-publishes-announcement-relationship-between, visited on 2024-09-10.

智能系统在欧盟的广泛采用。此外,《数据法》对数据集保护的规定可能与《人工智能法》的要求产生冲突,需在法律定义和数据权利方面进行协调。

(2) 与《数据治理法》的关系:《数据治理法》通过数据共享框架来支持人工智能的发展,但其对数据共享中介机构的新要求可能限制人工智能的部署。两者在数据管理和监管协调方面需要更好地整合,特别是借助《数据治理法》中的欧洲数据创新委员会来加强监管协调。

(3) 与《数字服务法》的关系:两者都涉及推荐系统,但侧重点不同,也存在规则重叠和潜在冲突,特别是针对超大型在线平台(VLOPs)上的系统。此外,《数字服务法》为研究者提供的数据访问权限在《人工智能法》中未得到充分体现,需要更好地整合。

(4) 与《数字市场法》的关系:《数字市场法》为数字经济中的"守门人"设立了新的竞争规则,但未明确考虑人工智能的特定需求,可能导致监管空白。《数字市场法》与《人工智能法》在数据集处理方面的定义也存在不一致,需在数据管理和竞争规则方面进行协调。

综合来看,《人工智能法》与其他四部法律的关系反映了在数据管理、风险分类、法律定义和监管机制方面的复杂互动。要确保《人工智能法》的有效实施,需要进行更深入的协调与整合。

五、欧盟《人工智能法》的主要争议焦点

欧盟《人工智能法》在立法过程中的争议点主要包括人工智能的定义、人工智能的分级分类风险规制框架以及实施框架等三个方面。

(一) 人工智能的定义

人工智能的定义在欧盟《人工智能法》的制定过程中备受争议,因为它与法律的适用范围、欧盟的监管松紧度及企业的自治度等息息相关,也是立法首先要解决的前提性问题之一。

人工智能的外延一直是立法争议的焦点,讨论起点是欧盟提案规定的适用于所有人工智能系统的四级风险管理体系,直到2023年生成式人工智能的突然爆火,欧洲议会的谈判立场文件中才将生成式人工智能与人工智

能系统、人工智能模型并列为三大类型,但三方会谈协议中却不再单列生成式人工智能专章,仅需考量基础模型的"系统性风险",这种治理框架一直延续到最终版本。

人工智能的内涵也是利益相关方讨论的一个争议点。人工智能系统具有推理能力、基于机器、目标化、自主性、适应性等五大特性,这些特性将人工智能系统与较简单的传统软件系统或编程方法区分开来,也不应涵盖仅基于自然人定义的规则自动执行操作的系统。①

而欧盟立法机关对人工智能的内涵和外延的讨论一直处于两个极端之间:一方面,担心人工智能的定义"过宽",甚至包括传统软件系统;另一方面,"过窄"的定义又会妨碍法律的适用范围,巨大的风险可能会反噬人工智能的积极发展。对于人工智能定义的批评主要可以概括为三个方面:

一是范围过于宽泛,可能导致过度监管。如大数据价值协会(Big Data Value Association)认为,欧盟《人工智能法》对人工智能系统的定义过于宽泛。M. 埃伯斯(M. Ebers)等人认为,宽泛的"人工智能系统"定义可能会给人工智能系统的开发者、运营者和用户带来法律适用上的难度,最终可能导致过度监管问题。② 对此,欧盟美国商会(AmCham EU)建议采用更窄的定义,严格限制于高风险的人工智能系统,而不扩展到非高风险的一般软件,以此避免过度监管困境。③

二是存在不确定性,可能对基本权利造成不利影响。N. 斯穆哈(N. Smuha)等人认为,欧盟《人工智能法》缺乏明确的人工智能系统定义会导致法律上的不确定性,毕竟对排除在定义外延之外的系统的使用可能会对人的基本权利产生不利影响。对此,他们建议扩大人工智能系统的外延,明确包含已识别的高风险领域中使用的所有计算机系统,无论它们是否被视为人工智能。④

三是技术中立的缺失。如有学者质疑欧盟《人工智能法》对人工智能系

---

① 参见欧盟《人工智能法》鉴于部分第12条。
② See EU:EPRS Publishes Briefing on Draft AI Act,https://www.europarl.europa.eu/RegData/etudes/BRIE/2021/698792/EPRS_BRI(2021)698792_EN.pdf,visited on 2024-09-10.
③ Ibid.
④ Ibid.

统的定义缺乏技术中立的精神,因为其外延涵盖的主要是软件,却忽略了未来潜在的人工智能的真正发展。①

(二) 人工智能的分级分类风险规制框架

在欧盟《人工智能法》的立法过程中,一直存在"产品合格与分级分类风险规制"两种逻辑以及"企业的自我规制与政府的强制规制"两种治理模式之争,但在最终的通过版中,两种逻辑和模式实现相互融合和协同。

1. 产品合格逻辑与分级分类风险规制逻辑

欧盟《人工智能法》中存在产品合格和分级分类风险规制两种逻辑,具体而言:第一个分级分类风险规制逻辑是显性的,既包括纵向的禁止性人工智能行为、高风险人工智能系统、特定人工智能系统以及通用人工智能模型等四级分类风险规制框架,也包括横向的人工智能系统和人工智能模型(包括系统性风险模型)等两级分类风险规制框架。这一逻辑以事中事后监督为主,强调的是企业的自我规制和政府的事后强监管。

另一个逻辑是隐性的,主要适用于高风险人工智能系统的产品合格框架,强调的是事前的许可与政府的强制性规制和合规要求。根据欧盟《人工智能法》的要求,第一步是开发出高风险的人工智能系统;第二步是通过符合性评估,对于特定系统的评估,公告机构的参与是必需的;第三步是独立的人工智能系统在欧盟数据库进行登记;第四步是签署符合性声明,并在人

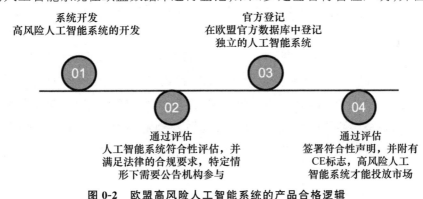

图 0-2 欧盟高风险人工智能系统的产品合格逻辑

---

① See EU:EPRS Publishes Briefing on Draft AI Act, https://www.europarl.europa.eu/RegData/etudes/BRIE/2021/698792/EPRS_BRI(2021)698792_EN.pdf, visited on 2024-09-10.

工智能系统粘贴CE标志后投放市场。成功通过以上四个步骤的人工智能系统就可以投放欧盟市场,但是一旦人工智能系统在全生命周期中进行了实质性修改,则需要回到第二步,重新走一遍全部流程并通过符合性评估,然后才能继续在欧盟投放市场并提供服务。

2. 模型卡模式

模型卡(Model Cards)模式是德国、法国、意大利于2023年11月达成的创新友好型方案的重要内容,其背景是三国在欧盟三方会谈妥协方案达成之前对分级分类风险规制框架提出了实质性反对意见,"模型卡"等名称及形式虽未被欧盟《人工智能法》的最终版本所接受,但透明度义务等精髓却被吸收。模型卡模式强调欧盟立法需要监管的是作为内在风险来源的人工智能系统的应用而非技术本身,同时应采用平衡、有利于创新和基于风险的治理方法,并减少阻碍创新的不必要合规成本,从而促进数字市场的开放性和竞争性。[①]

模型卡模式的本质虽是以立法的形式迫使企业通过行为准则进行强制性自我规制,但其与基于合作治理的分级分类风险规制框架却是一种兼容和互补关系。三国方案首先区分了人工智能基础模型和可用于特定应用的通用人工智能系统;其次,该方案进一步认为对通用人工智能系统的监管更适合于风险规制框架;最后,该方案主张通过模型卡监管人工智能基础模型,主要目的是确保价值链中必要的透明度和信息流,以及模型自身的安全性,反对模型制定未经测试的强制性规范和基于风险的双层治理框架。[②]

为此,三国方案要求基础模型的提供者必须为每个模型定义模型卡,这是相关企业自我规制的强制性义务。该方案还要求模型卡必须具有透明度和安全性;模型卡的内容包括参数数量、预期用途和潜在限制、偏差研究结果、红队安全评估等信息;监管机构应当协助制定指南,并适时检查模型卡的使用情况;模型卡还应当确保组织及时向监管机构报告违反情况,而监管

[①] See Germany, France, and Italy Reach Consensus on AI Act with Mandatory Self-Regulation, https://dig.watch/updates/germany-france-and-italy-reach-consensus-on-ai-act-with-mandatory-self-regulation, visited on 2024-8-8.

[②] Ibid.

机构也有权将之公布于众。①

(三) 实施框架

实施框架也是欧盟《人工智能法》制定过程中备受争议的重大议题之一,大致可以总结为"四个一",即一个"欧盟+成员国"的双层组织架构、一个"从法律到政策再到技术标准"的落地框架、一个《人工智能公约》的履行机制以及一个权利救济机制。

1. "欧盟+成员国"的双层组织架构

欧盟层面的管理机构主要有四个:(1) 负责在欧盟范围内执行共同规则的欧盟人工智能办公室;(2) 支持欧盟执法活动、由独立专家组成的科学小组;(3) 就法律的一致性和有效适用提供建议和协助并由成员国代表组成的欧洲人工智能委员会;(4) 为欧洲人工智能委员会和欧盟委员会提供技术知识的利益相关者咨询论坛。

成员国层面的管理机构包括一个市场监督机关(MSAs)和一个通知机关,既可以是数据保护委员会,也可以是市场监管局,具体由各个成员国具体确定。

就产品安全逻辑来说,根据《欧洲联盟运作条约》第16条和第114条,欧盟《人工智能法》通过符合性评估和CE标志的使用,确保人工智能系统和基础模型在投放欧盟市场和提供服务之前,必须完全满足法律的合规要求以及具有相应的实施方法论。

2. "从法律到政策再到技术标准"的落地框架

民法及刑法等传统部门法主要通过法律(立法解释)、司法解释及案例指导制度等机制实现落地实施,而新兴的人工智能法涉及法律、管理及技术等领域的内容,除了适用上述传统机制之外,更急需的是监管机构的政策、指南以及标准化组织的技术标准,主要包括人工智能管理体系、数据治理及合规、质量管理体系、伦理审查等方面的规范、标准,这些欧盟层面的"统一标准"将事实上定义适用于人工智能系统的合规要求及技术规范,如欧盟委

---

① See Germany, France, and Italy Reach Consensus on AI Act with Mandatory Self-Regulation, https://dig.watch/updates/germany-france-and-italy-reach-consensus-on-ai-act-with-mandatory-self-regulation, visited on 2024-8-8.

员会目前委托欧洲标准化委员会(CEN)、欧洲电工标准化委员会(CEN-ELEC)起草近十项人工智能标准。

但也有些学者质疑这个实施架构。如 M. 埃伯斯认为,欧盟《人工智能法》过度相信企业的自我规制,以及将监管权过度下放给私营化的欧洲标准化组织(ESOs),由此造成实质上的民主监督的缺失,尤其是社会组织、消费者协会等利益相关方无法影响标准的制定过程,甚至法院也难以对已生效的技术标准进行司法审查。因此,建议《人工智能法》为高风险人工智能系统规定一套具有法律约束力的明确合规要求,欧洲标准化组织只能通过技术标准对这些要求作出具体的实施规定。[①]

3.《人工智能公约》的履行机制[②]

《人工智能公约》(AI Pact)是由欧盟委员会于 2024 年 7 月 22 日发布的一项自愿性合作框架,其制定背景是欧盟《人工智能法》在 2024 年 8 月 1 日生效后的分阶段落地实施。于是,欧盟委员会开始在法定过渡期内推广《人工智能公约》的履行机制,寻求行业组织自愿承诺提前采取合规行动,并提前对齐《人工智能法》的落地要求,以便在法律生效之前开始实施。

《人工智能公约》的目标有两个:一是鼓励组织提前采取行动以符合《人工智能法》的合规要求;二是旨在促使企业通过自愿承诺,并在法律正式实施前开始合规准备工作。《人工智能公约》有两大支柱:一是建立协作网络,通过分享最佳实践和举办研讨会,帮助组织更好地理解和准备《人工智能法》的实施;二是鼓励组织提前披露其合规措施,并进行自愿承诺,确保透明度和社会责任感。

签署《人工智能公约》的好处有:一是帮助参与组织理解法律目标;二是支持实际合规的实施,增强对人工智能技术的信任;三是提高保护措施的可见性,并允许参与组织测试和分享解决方案。9 月 25 日,欧盟委员会公布了《人工智能公约》的首批 100 多家签署方名单,包括 OpenAI、微软、谷歌等,但不包括苹果公司和 Meta 公司。

---

① See EU:EPRS Publishes Briefing on Draft AI Act, https://www.europarl.europa.eu/RegData/etudes/BRIE/2021/698792/EPRS_BRI(2021)698792_EN.pdf, visited on 2024-09-10.

② 资料来源:https://digital-strategy.ec.europa.eu/en/policies/ai-pact,2024 年 9 月 10 日访问。

4. 权利救济机制

欧盟《人工智能法》虽然赋予受人工智能影响的用户一些权利,但却没有向他们提供行政救济和司法救济机制,这也是法律制定过程中的争议点。例如,N. 赫尔伯格(N. Helberger)呼吁《人工智能法》完善额外地保护公民免受人工智能伤害的权利,进一步通过其他立法来控制人工智能模型训练对环境的潜在影响,保护个人数字权利。N. 斯穆哈则建议,在修改《人工智能法》附件三中的高风险人工智能系统清单时,应当纳入明确的个人救济权以及欧盟公民的协商权和参与权等权利。[①] 而关于跨境侵权的打击,《人工智能法》目前缺乏成员国主管机关之间的执法协调机制,最好能就如何确保遵守透明度和信息要求,同时保护知识产权和商业秘密提供指导,尤其要避免各国实践中的执法分歧。[②]

(四) 具体问题:生物特征数据及识别系统的监管

如何监管生物特征数据及识别系统?这是一个在欧盟《人工智能法》立法过程中一直备受争议的问题。欧洲议会、欧盟委员会和欧盟理事会三方对待此问题的方法存在显著差异。

1. 生物特征识别系统的相关概念

从与生物特征数据相关的定义数量来看,很明显《人工智能法》强调使用生物特征或基于生物特征的数据的系统,并且在规范这些系统方面采取了更为精细的方法。欧盟 GDPR 中只有一个与生物特征相关的定义,即第 4 条第 14 款规定的"生物特征数据"。相较而言,《人工智能法》提案中包含六个与生物特征相关的定义:生物特征数据、情感识别系统、生物特征分类系统、远程生物特征识别系统、实时远程生物特征识别系统以及事后远程生物特征识别系统。之后,在欧洲议会的立场文件中又增加了三个定义:基于生物特征的数据、生物特征识别和生物特征验证。它还扩展了"生物特征分类"的定义,将从生物特征数据中得出的推论也包含在内。最后,欧盟理事会对"通用人工智能"进行了定义,其涵盖了在相关情境下可能构成生物特

---

① See EU: EPRS Publishes Briefing on Draft AI Act, https://www.europarl.europa.eu/RegData/etudes/BRIE/2021/698792/EPRS_BRI(2021)698792_EN.pdf, visited on 2024-09-10.
② Ibid.

征数据的图像和语音识别系统。①

2. 生物特征识别系统的风险及分类规制

不同的欧盟机构对待生物特征识别系统的方式有所不同。欧盟委员会认为生物特征识别系统仅是"高风险"人工智能系统,而欧洲议会则认为它构成不可接受的风险并禁止其使用,只是在某些治疗用途下例外,欧盟理事会则将生物特征识别系统从高风险人工智能系统中移除,仅对其施加透明度的合规义务。②

事实上,欧盟《人工智能法》最终版采取了分级监管的方式:根据生物特征数据对自然人进行单独分类并推断其种族、政治观点、工会成员身份、宗教或哲学信仰、性生活或性取向的人工智能系统归类为禁止类③;除了用于生物验证之外的远程生物特征识别系统、根据对敏感或受保护的属性或特征的推断进行生物特征分类或用于情感识别的人工智能系统归类为高风险④;而除了用于预防和调查刑事犯罪之外目的的情感识别系统或生物特征分类系统则应当履行透明度义务⑤。

3. 实时远程生物特征识别系统的规制

实时远程生物特征识别系统是欧盟三大机构争论的重中之重,尤其对在公共场所是否禁用以及可能的豁免条款存在很大分歧。欧盟委员会的初始立场是禁止执法机关使用实时远程生物特征识别系统,除非为了寻找失踪人员,防止恐怖袭击等迫在眉睫的威胁,以及为了定位或抓捕可能判处三年以上监禁刑罚的罪犯。而欧盟理事会希望扩大这些豁免条款,欧洲议会则主张严格禁止在公共场所使用实时远程生物特征识别系统。⑥

事实上,欧盟《人工智能法》最终版原则上禁止了在公共场所为执法目的而适用实时远程生物特征识别系统,作为例外的情形是:针对性地搜寻特定的绑架、贩卖和性剥削的受害者以及失踪人员;为了防止对个人的生

---

① See Nora Santalu, Biometrics Under the EU AI Act, https://iapp.org/news/a/biometrics-under-the-eu-ai-act, visited on 2024-08-13.
② Ibid.
③ 参见欧盟《人工智能法》第5条第1款g项。
④ 参见欧盟《人工智能法》第6条第2款以及附件三。
⑤ 参见欧盟《人工智能法》第50条第3款。
⑥ See Nora Santalu, Biometrics Under the EU AI Act, https://iapp.org/news/a/biometrics-under-the-eu-ai-act, visited on 2024-08-13.

命或人身安全构成重大、切实且紧迫的威胁,或为了防止真实存在或可预见的恐怖袭击威胁;为了定位或识别可能判处四年以上刑罚的犯罪嫌疑人。①

六、欧盟《人工智能法》的九步合规框架

基于以上分析,笔者进一步提出欧盟《人工智能法》的九步合规框架,但在这里只是简单列一个提纲及说明,详细解读请阅读本书后续内容。

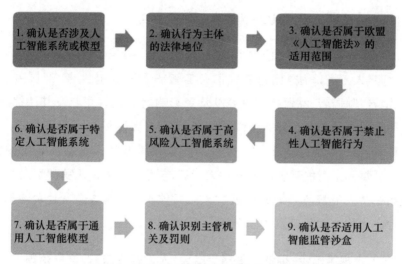

图 0-3 欧盟《人工智能法》的九步合规框架

(一)合规第一步:确认是否涉及人工智能系统或模型

这个合规步骤的主要依据是欧盟《人工智能法》第 3 条第 1 款、鉴于部分第 12 条及第 97 条。

第一,欧盟《人工智能法》区分了人工智能系统和人工智能模型,而模型的关键功能是通用性和胜任不同任务的能力,并通过自我监督、无监督或强化学习等方法在大量数据上进行训练。② 因此,模型虽然是系统的重要组成部分,但是模型本身并不构成系统,模型需要添加用户界面等更多组件才能

---

① 参见欧盟《人工智能法》第 5 条第 1 款 h 项。
② 参见欧盟《人工智能法》鉴于部分第 97 条。

成为系统,即人工智能模型通常被集成到人工智能系统中,成为其中的一部分。由此,欧盟《人工智能法》为模型拟定的具体规则,也应适用于这些模型被集成到系统中或构成系统的一部分的情形。①

第二,欧盟《人工智能法》界定了人工智能系统的内涵,强调其应当具有推理能力、基于机器、目标化、自主性、适应性等五大特性,具体从人工智能企业涉及的"自动化机器系统的过程、产品和组件""自动化性质和程度"以及"每个过程中的人工参与程度"的角度进行判断,以便与传统软件系统或编程方法以及仅基于自然人定义的规则自动执行系统进行区别。②

(二)合规第二步:确认行为主体的法律地位

这个合规步骤的主要依据是欧盟《人工智能法》第2条第1款。

欧盟《人工智能法》首先定义了人工智能系统的提供者、部署者、进口者、分销者、制造者、欧盟授权代表以及受影响的个人等角色及其法律责任,重点是区分清楚人工智能系统的提供者、部署者以及相应的法律责任。

具体可以从"内部人工智能系统的开发和部署""人工智能系统的委托开发""受限人工智能系统的开发""人工智能代码软件的开发""学习性人工智能系统""人工智能系统的微调""人工智能模型的集成"等七大场景中确定行为主体的法律角色及法律责任。

(三)合规第三步:确认是否属于欧盟《人工智能法》的适用范围

这个合规步骤的主要依据是欧盟《人工智能法》第2条及第6条。

第一,需要判断是否涉及以下七种主体类型:在欧盟境内投放模型或系统的提供者;欧盟境内的系统部署者;输出结果在欧盟境内使用的第三国系统的提供者和部署者;系统的进口者和分销者;以自己名义的产品制造者;欧盟境内的授权代表;欧盟境内受到影响的个人。

第二,需要判断是否涉及欧盟《人工智能法》第6条第1款确定的高风险人工智能系统,且与附件一第B节列出的欧盟协调立法所涵盖的产品相关的人工智能系统。

---

① 参见欧盟《人工智能法》鉴于部分第97条。
② 参见欧盟《人工智能法》鉴于部分第12条。

第三,还需要判断是否涉及欧盟《人工智能法》第 2 条规定的国家安全条款、执法和司法合作条款、科研和开发条款、非职业行为条款、劳动者权益条款以及自由和开源条款等豁免情形。

(四)合规第四步:确认是否属于禁止性人工智能行为

前三个步骤主要解决的是"能否适用"的问题,接下来的六个步骤主要解决的是"如何适用"的问题,而其中的第四步到第七步则聚焦于分级分类风险规制框架,其基础则是"基于风险的方法",即为了对人工智能采用一套成比例且有效的有约束力的规则,应遵循明确界定的基于风险的方法。这种方法应根据人工智能系统可能产生的风险的强度和范围来调整相应规则的类型和内容。[1] 据此,欧盟立法者将人工智能分为禁止性人工智能行为、高风险人工智能系统、特定人工智能系统以及通用人工智能模型四个等级。

合规第四步涉及的是禁止性人工智能行为的判断标准及界定,主要依据是欧盟《人工智能法》第二章(第 5 条)及鉴于部分第 28—44 条。

第一,需要界定禁止性人工智能行为的判断标准,即违背"尊重人的尊严、自由、平等、民主和法治的欧盟价值观",以及侵犯《欧洲联盟基本权利宪章》所载的包括不受歧视权、数据保护权、隐私权和儿童权利在内的基本权利。[2]

第二,需要明确禁止性人工智能行为的具体范围。具体包括:使用潜意识、操纵或欺骗性技术来扭曲行为[3];利用与年龄、残疾或社会经济状况相关的缺陷来扭曲行为[4];可能导致有害或不利对待的社会评分[5];仅基于用户画像评估犯罪风险[6];非针对性编制人脸识别数据库[7];在工作场所或教育机构推断自然人的情绪[8];推断敏感数据的生物特征分类系统[9];在公共场所为执

---

[1] 参见欧盟《人工智能法》鉴于部分第 26 条。
[2] 参见欧盟《人工智能法》鉴于部分第 28 条。
[3] 参见欧盟《人工智能法》第 5 条第 1 款 a 项与鉴于部分第 29 条。
[4] 参见欧盟《人工智能法》第 5 条第 1 款 b 项与鉴于部分第 29 条。
[5] 参见欧盟《人工智能法》第 5 条第 1 款 c 项与鉴于部分第 31 条。
[6] 参见欧盟《人工智能法》第 5 条第 1 款 d 项与鉴于部分第 42 条。
[7] 参见欧盟《人工智能法》第 5 条第 1 款 e 项与鉴于部分第 43 条。
[8] 参见欧盟《人工智能法》第 5 条第 1 款 f 项与鉴于部分第 44 条。
[9] 参见欧盟《人工智能法》第 5 条第 1 款 g 项与鉴于部分第 30 条。

法目的使用实时远程生物特征识别系统[①]等。

第三,需要进一步界定在公共场所为执法目的使用实时远程生物特征识别系统的"豁免"条件。如豁免范围仅限于:寻找特定犯罪受害者;自然人的生命或人身安全受到特定威胁或受到恐怖袭击;确定刑事犯罪行为人或嫌疑人的位置或身份,且可处以至少四年的监禁等。又如,系统使用目的只能用于确认具体个人的身份,并应仅限于在时间、地理和个人方面绝对必要的情况,尤其应考虑有关威胁、受害者或刑事犯罪行为人的证据等。

(五) 合规第五步:确认是否属于高风险人工智能系统

这个合规步骤的主要依据是欧盟《人工智能法》第三章(第6—49条)及鉴于部分第46—96条。

第一,需要界定高风险人工智能系统的分类规则及具体范围。其中,欧盟《人工智能法》第6条第1款规定的是正面清单,即涉及安全组件或附件一涵盖的产品,且需要进行符合性评估;第6条第2款提到的是附件三的高风险人工智能系统,具体包括法律授权的生物特征识别系统,涉及关键基础设施的系统,教育与职业培训相关的系统,就业及劳动者管理等的系统,基本服务及福利的系统,法律授权执法行为的系统,移民、庇护和边境控制管理的系统,以及司法和民主进程的系统等;而第6条第3款规定的则是负面清单,即不应当认为是高风险人工智能系统的情形,如仅涉及程序性任务、改进人类活动的结果、检测决策模式或其偏离情况、准备性工作等且不对自然人进行画像的系统。

第二,需要界定高风险人工智能系统的要求,具体涉及欧盟《人工智能法》第三章第二节详细规定的风险管理体系(第9条)、数据治理(第10条)、技术文件(第11条)、保存记录(第12条)、透明度(第13条)、人工监督(第14条),以及准确性、稳健性和网络安全(第15条)等要求。

第三,需要界定高风险人工智能系统提供者的义务。根据欧盟《人工智能法》第16条的规定,除了确保高风险人工智能系统符合第三章第二节的要求之外,还得履行质量管理体系(第17条)、文件保存(第18条)、自动生成日志(第19条)、完成符合性评估(第43条)、作出符合性声明(第47条)、加贴

---

① 参见欧盟《人工智能法》第5条第1款h项与鉴于部分第32—39条。

CE标志(第48条)、登记(第49条)以及采取必要纠正措施(第20条)等合规义务。此外,还需要根据第22条确定授权代表的义务,根据第23条确定进口者的义务,根据第24条确定分销者的义务,以及根据第26条确定部署者的义务。

第四,需要根据欧盟《人工智能法》第27条的规定履行基本权利影响评估的义务,根据第43条的规定履行符合性评估的义务。

(六) 合规第六步:确认是否属于特定人工智能系统

这个合规步骤涉及的是基于透明度风险的特定人工智能系统,主要依据是欧盟《人工智能法》第四章(第50条)。

第一,根据欧盟《人工智能法》第50条第2款界定生成式人工智能系统提供者的义务;

第二,根据第50条第3款界定情感识别系统或生物特征分类系统部署者的义务;

第三,根据第50条第4款界定构成深度伪造的人工智能系统部署者的义务。

(七) 合规第七步:确认是否属于通用人工智能模型

这个合规步骤涉及的是基于最小风险的绝大多数通用目的的人工智能,主要依据是欧盟《人工智能法》第五章(第51—56条)。

第一,需要界定通用人工智能模型提供者的义务。根据欧盟《人工智能法》第53条的规定,涉及编制技术文件、编制信息和文档、建立尊重版权的政策以及发布模型训练内容详细摘要的合规义务。

第二,需要界定具有系统风险的通用人工智能模型提供者的额外义务。其中,根据欧盟《人工智能法》第51条确定是否构成系统风险,即用于训练的浮点运算累计计算量大于10^{25};根据第53条确定具有系统风险的额外义务,包括模型评估、系统性风险评估、跟踪、记录及报告以及确保网络安全等。

(八) 合规第八步:确认识别主管机关及罚则

这个合规步骤的主要依据是欧盟《人工智能法》第七章(第64—70条)以及第99、101条。

第一,根据第七章(第64—70条)确定欧盟《人工智能法》的治理机构。其中,欧盟层面的管理机构包括人工智能办公室(第64条)、欧洲人工智能委员会(第65—66条)、咨询论坛(第67条)、独立专家科学小组(第68条);而成员国层面的管理机构主要涉及市场监督机关和通知机关(第70条)。

第二,根据第99条第3款,确定针对禁止性人工智能行为的最高罚款为3500万欧元或企业上一年度全球年营收的7%。

第三,根据第99条第4款,确定针对高风险及特定人工智能系统,最高罚款为1500万欧元或企业上一年度全球年营收的3%。

第四,根据第99条第5款,确定以错误信息回应主管机关等场景,最高罚款为750万欧元或企业上一年度全球年营收的1%。

第五,根据第101条,确定针对通用人工智能模型提供者,最高罚款为1500万欧元或企业上一年度全球年营收的3%。

(九) 合规第九步:确认是否适用人工智能监管沙盒

前面八个步骤都是欧盟立法者基于保护基本权利的价值立场和基于安全风险的实施方法对人工智能进行的分级治理,但人工智能同样也有发展、创新的一面,这就需要作为容错机制和弹性框架的人工智能监管沙盒。这个合规步骤的主要依据是欧盟《人工智能法》第六章(第57—63条)。

第一,根据第57条第1、9、11款以及鉴于部分第138、139条确定人工智能监管沙盒的目标;

第二,根据第57条第12款以及鉴于部分第139条确定人工智能监管沙盒的罚款责任豁免;

第三,根据第58条第1、2款确定人工智能监管沙盒的实施法案;

第四,根据第59条第1款确定人工智能监管沙盒中个人数据的处理方式;

第五,根据第60条第4款以及鉴于部分第141条界定高风险人工智能系统在真实世界测试的保障条件和制度;

第六,根据第62—63条以及鉴于部分第143条确定人工智能监管沙盒中中小企业义务的减免。

七、结语:欧盟《人工智能法》会失败吗?

(一) 两种悲观的观点

针对欧盟《人工智能法》的未来前景,目前主要有两种悲观的观点,具体阐述如下:

第一种观点认为,通过欧盟《人工智能法》设置的简单合规要求无法真正规制动态且快速迭代的人工智能技术及其附随的风险。人工智能系统或模型不像面包机或玩具等静态产品,其具有线性的生态价值链和动态的全生命周期,并需要更多场景化的灵活性和持续的适应性,由此,欧盟《人工智能法》静态的四级治理机制和冗长缓慢的欧盟立法程序显然难以跟上人工智能产业的快速发展。

第二种观点认为,欧盟《人工智能法》难以真正实现对个人基本权利的保护。因为该法仅仅将基本权利添加到传统的产品安全立法框架所保护的利益中,只是给人工智能系统或模型的提供者及部署者施加了一些合规义务,并且也没有设计专门的行政或司法救济途径。事实上,传统产品合格框架对消费者的生命权、健康权、身体权的保护都力不从心,更不必说对新型基本权利的保护了,毕竟人们不能像对待一台冷冰冰的面包机或洗衣机一样去对待一个决定个人是否有权获得学籍、工作或身份等的人工智能系统或模型。由此,欧盟《人工智能法》虽然以基本权利为前提和基础,但实践中却难以真正保护人格尊严、不受歧视权、儿童权、隐私权等基本权利。

(二) GDPR 的经验教训

根据欧盟委员会于 2024 年 7 月发布的《关于 GDPR 实施的第二份报告》,大多数利益相关者、数据保护机构和成员国认为 GDPR 自 2018 年实施以来基本是成功的,赋予了数据主体包括自决权在内的诸多权利,创造了数据市场的公平竞争环境,并为推动欧盟的数字化转型奠定了数据处理的基础,同时对 GDPR 未来应对人工智能等新技术的法律挑战也持积极态度。[1]

---

[1] See Second Reports on the Application of the General Data Protection Regulation,https://commission.europa.eu/publications/reports-application-gdpr_en,visited on 2024-09-10.

但是,GDPR 在欧盟成员国之间的统一适用与有效执行方面一直存在严重问题。实践中,欧盟绝大多数数据保护机构并不拥有足够的人力、技术和财政资源来充分实施 GDPR,[①]更严重的是各国存在案源分配极端不协调的问题。以爱尔兰数据保护委员会饱受争议的执法瓶颈为例,由于税收原因大多数非欧盟科技公司都在爱尔兰设立,这直接导致爱尔兰数据保护委员会面临 GDPR 执法崩溃的边缘。但与此同时,一些欧盟成员国的数据保护机构却面临没有执法案例的窘境。

客观上讲,GDPR 的实施并没有在多大程度上增强对个人数据权利的保护,但却事实上大幅提高了科技企业的数据合规成本和义务,这导致很多中小企业不堪重负和失去创新能力,而一些头部企业却凭借制度成本形成垄断的"护城河"。那么,这个发生在 GDPR 上的"执法悖论和权利悖论"到底会不会在欧盟《人工智能法》的实施落地过程中再次出现呢?

(三) 三种逻辑的交叉

欧盟《人工智能法》在未来实施过程存在着产品合格、分级分类风险规制、市场监管实施机制等三大逻辑,这在很大程度上可以解决"场景化规制""权利保护""GDPR 实施困境"等难题。

第一,执法任务严重不均以及个人权利保护等"GDPR 实施困境"将在欧盟《人工智能法》框架下得到极大缓解。理由如下:首先,在人工智能领域,执法管辖权归属原则将由"控制者注册地"变为"提供者侵权行为发生地",这直接使得相关执法案例在成员国之间分配得更加平衡,类似于爱尔兰的"GDPR 执法崩溃"将不复存在。其次,人工智能领域的执法将更加依赖成员国的市场监管机构,而这个由欧盟《市场监管和产品合规条例》[第(EU)2019/1020 号]建构的权力架构和协调规则在实践中已行之有年且被充分证明有效。而欧盟《人工智能法》确立的双重监管框架可以充分结合数据保护机构的专业知识与市场监管机构的实践经验,以确保法律更好地实施。最后,欧盟《人工智能法》为基本权利的保障提供了更好的保障。除了增加被禁止人工智能行为的类型和加大高风险人工智能系统的合规要求之

[①] See Second Reports on the Application of the General Data Protection Regulation,https://commission.europa.eu/publications/reports-application-gdpr_en,visited on 2024-09-10.

外,法律还确立了"获得系统决策解释"等人工智能权利。此外,法律还要求部署者在使用高风险系统之前履行基本权利影响评估等新的合规义务。

第二,"场景化规制""动态规制"等难题将在欧盟《人工智能法》框架下得到部分解决。正如前文已论证的那样,"灵活性水平"不能仅靠法律框架,最重要的是依赖技术标准和实践准则,我们将其称为"从法律到政策再到技术标准"的落地框架。欧盟《人工智能法》与其他协调立法一样,已为人工智能模型和系统在欧盟市场的投放、提供服务及使用规定了一系列的技术要求,如何实现这些合规要求在很大程度上是一个技术标准化过程,因此,它必将主要是行业主导的,而以第一手经验为基础的企业最佳实践将提供坚实的基础。

(四)企业应对的策略

欧盟《人工智能法》建构了事前的"产品合规框架"、事中的"全生命周期合规框架"以及事后的"巨额罚款的处罚框架",这三种框架加持之下的欧盟《人工智能法》实际比 GDPR 更容易获得成功,法律在成员国层面更容易得到均衡的执行,个人权利也将得到更好的保护,基于场景的动态规制也在"技术标准框架"下得到部分实现,而依靠"布鲁塞尔效应"也更容易获得全球影响力。

对于有欧盟出海需求的中国企业来说,最好的选择无疑是通过提前履行合规义务而满足欧盟《人工智能法》的技术要求,以防范人工智能风险及避免巨额处罚,并充分享受人工智能带来的时代红利。我们建议企业遵守如下原则:其一,在企业内定义并控制人工智能模型及系统的边界;其二,在组织内制订详细具体的人工智能治理计划,持续进行风险治理并建构体系;其三,重点关注人工智能模型和系统的网络安全、个人信息保护及数据安全,遵循零信任原则;其四,做好人工智能的风险均衡化和分散化,避免集中式系统设计,以减少影响范围;其五,处理好人工智能系统全生命周期中的数据合规及数据治理;其六,做好组织内的人工智能素养教育,尤其是确保用户接受培训;其七,通过持续实施偏见测量等伦理审查,在组织内实现负责任和可信的人工智能。

合规第一步

确认是否涉及人工智能系统或模型

一、人工智能系统的定义

根据欧盟《人工智能法》第3条,人工智能系统是一种基于机器的系统,以不同程度的自主性运行,部署后可能会表现出一定的适应性。人工智能系统能够从接收到的输入中进行推断,输出可影响物理或虚拟环境的预测、内容、建议或决策,以实现特定的目标。

二、人工智能系统与模型的区别

欧盟《人工智能法》以人工智能系统和人工智能模型为客体分别构造了规则体系,因此应注意区分人工智能系统与人工智能模型,以实现法律适用上的确定性。

《人工智能法》并未对人工智能模型进行明确定义,仅在鉴于部分第97—100条对人工智能系统和人工智能模型的关系进行了说明。《人工智能法》明确人工智能模型是人工智能系统的重要组成部分,但其本身不构成人工智能系统。人工智能模型需要添加更多的组件,如用户界面,才能成为人工智能系统。人工智能模型通常被集成到人工智能系统中,成为人工智能系统的一部分。

通用人工智能模型是人工智能模型中的一类,《人工智能法》特别对通用人工智能模型进行了定义,即这类模型通常通过自我监督、无监督或强化学习等各种方法在大量数据上进行训练,可以以库、应用程序编程接口

（API）、直接下载或实物拷贝等形式投放市场，具有显著的通用性，能够胜任各种不同的任务，并可集成到各种下游系统或应用中。大型生成式人工智能模型是通用人工智能模型的典型范例，因为它们可以灵活地生成内容，如文本、音频、图像或视频形式的内容，可随时满足各种不同任务的需要。

三、人工智能系统的特性

人工智能系统不包括仅根据自然人定义的规则自动执行操作的系统，人工智能系统具有推理能力、基于机器、目标化、自主性和适应性的特性，这些特性是人工智能系统与较简单的传统软件系统或编程方法区分的关键。

1. 推理能力

根据《人工智能法》鉴于部分第12条，推理能力描述的是人工智能系统输出的过程，如通过推理输出可影响物理或虚拟环境的预测、内容、建议或决策，或者说是人工智能系统从输入或数据中推导出模型或算法的能力。人工智能系统的推理方法包括从数据中学习如何实现特定目标的机器学习方法，以及从待解决任务的编码知识或符号表示进行推理的基于逻辑和知识的方法。人工智能系统的推理能力超越了基本的数据处理，使人工智能系统可以进行学习、推理或建模。

推理能力是人工智能系统与自动执行程序的区别所在。自动执行程序按照预定的逻辑和规则自动执行一系列操作，具有固定的执行流程和算法，不依赖于复杂的推理过程，如生产线上的机器人、自动化办公软件。人工智能系统更注重对输入信息的复杂处理，通过逻辑、规则、算法或学习到的模式，来推断、分析并输出，整个过程涉及对复杂情境的理解、预测和决策，而非仅作简单的数学计算或逻辑判断。以自动驾驶为例，自动驾驶汽车在行驶过程中，摄像头捕捉到的图像和传感器收集的数据作为输入数据进入自动驾驶人工智能系统，人工智能系统利用算法进行实时推理，以判断前方的路况、交通标志和其他车辆的位置，从而作出加速、减速或转向的决策。

2. 基于机器

人工智能系统需要在机器上运行。人工智能系统是构建在机器上的软件系统，其功能的实现依赖于具有计算和存储能力的硬件。例如，智能语音助手通常运行在智能手机、智能家居等设备中,此类设备内置麦克风、扬声器和处理器等硬件,用以捕捉用户语音指令、输出信息和执行计算任务。

3. 目标化

目标化强调人工智能系统可以根据明确界定的目标或隐含目标运行,这些目标可能围绕解决特定问题、实现业务价值、优化用户体验展开。人工智能系统的目标可能不同于人工智能系统在特定运行场景中的预期目的。例如,智能医疗影像诊断系统旨在提高疾病诊断的准确性和效率,该目标通过多个具体的预期目的实现,如通过深度学习算法实现自动识别和分析医学影像中的异常区域、通过大数据分析以提高疾病诊断的准确性和敏感性、通过自动化报告生成以减轻医生的工作负担等。

4. 自主性

自主性意味着人工智能系统的运行在一定程度上独立于人类的参与,并具有在没有人类干预的情况下运行的能力。自主性可以促使人工智能系统在复杂环境下自主适应,从而完成复杂任务。人工智能系统实时响应环境变化进行决策、决策后自主行动都是其自主性的体现。例如,自动驾驶过程中由自动驾驶系统控制方向盘和油门,手术机器人根据医生指令和预设程序独立完成手术器械的精准操作。

5. 适应性

适应性是指人工智能系统在部署后具有自学能力,并在使用过程中根据环境变化和任务需求,自动调整自身行为和策略的能力。适应性使得人工智能系统能够在复杂多变的环境中稳定运行,并不断优化性能以满足实际需求。例如,智慧农业中的自主灌溉系统能够根据土壤湿度、气象条件等参数,自主决策灌溉时间和水量,确保农作物得到适宜的灌溉。它还能通过数据分析预测农作物的生长趋势,为农民提供科学的种植建议。

合规第二步

确认行为主体的法律地位

一、《人工智能法》涉及的法律主体

在《人工智能法》中，人工智能价值链中涉及的主要主体包括：(1) 运营者；(2) 提供者；(3) 部署者；(4) 进口者；(5) 分销者；(6) 产品制造者；(7) 授权代表。此外，在人工智能价值链中，还提及了第三方和用户。

1. 运营者

"运营者"是指人工智能价值链上的提供者、产品制造者、部署者、授权代表、进口者或分销者。(第3条第8款)

2. 提供者

"提供者"是指开发人工智能系统或通用人工智能模型，或已开发人工智能系统或通用人工智能模型，并将其投放市场或者以自己的名义或商标提供服务的自然人或法人、公共机关、机关或其他组织，无论付费还是免费。(第3条第3款)

这里的提供者分为人工智能模型的提供者和人工智能系统的提供者。人工智能模型的提供者以自身的名义对外提供模型，且由于模型系其开发或委托开发，故其通常决定了模型的预期用途、对模型的开发过程有着最高的参与/控制程度、对模型的基本情况及开发信息掌握最充分的信息。人工智能系统的提供者以自身的名义对外提供系统，且由于系统系其开发或委托开发，故其决定了系统的预期用途、对系统的开发过程有着最高的参与/控制程度、对系统的机制机理掌握最充分的信息。也正因为如此，人工智能

系统的提供者也是《人工智能法》下承担最主要责任的主体。

3. 部署者

"部署者"是指在其授权下使用人工智能系统的任何自然人或法人、公共机关、机关或其他组织，但在个人非专业活动中使用人工智能系统的情况除外。(第3条第4款)也就是说，《人工智能法》不适用于在纯粹非专业活动过程中使用人工智能系统的自然人部署者。

部署者可能不同程度地执行了部署动作以及可能对人工智能系统运行过程(包括系统数据输入、日志等)保有一定的控制或影响，但不应以某主体是否实际涉及此类动作以及具备此类能力作为判断标准。一方面，《人工智能法》相关部署者义务条款仅要求部署者在自身控制限度内履行有关人工监督、日志留存等义务，并未排除部署者本身完全不控制系统的可能性。事实上，部署者对人工智能系统的控制程度受系统提供者提供系统的方式以及部署者自身的专业能力所影响。另一方面，从该角色定义看，《人工智能法》下"部署者"概念指向的是系统的"使用"，该角色的内核在于是否决定和控制系统投入具体使用时的使用目的和使用方式。

4. 进口者

"进口者"是指位于或设立于欧盟境内，并将带有在欧盟境外设立的自然人或者法人名称或商标的人工智能系统投放欧盟市场的任何自然人或法人。(第3条第6款)

5. 分销者

"分销者"是指供应链中除提供者或进口者之外，在欧盟市场上提供人工智能系统的任何自然人或法人。(第3条第7款)

提供者和分销者均有"提供"行为，与提供者相比，核心差别在于分销者提供的是冠以第三方名义的人工智能系统，其"提供"的过程为人工智能系统的流转环节，主要涉及对人工智能系统的"存储"或"运输"，故而仅作为人工智能系统提供者和使用者(即部署者)的中间方，"照原样"向下游部署者提供系统，不实际参与系统的开发、部署或使用。一旦分销者有了开发、部署或使用动作，或其以自身名义提供系统，其角色即可能被相应提供者或部署者概念吸收。从定义看，进口者和分销者之间的差别则在于是否首次引入境外系统，在涉境外系统的情况下，欧盟境内主体事实上可同时扮演进口者和分销者角色。界定是否"首次"的原因主要是从行政管理角度锚定一个主体来履行"进口"有关义务。

6. 产品制造者

"产品制造者"虽然没有在《人工智能法》第 3 条中明确说明,但是根据该法第 2 条第 1 款 e 项,"产品制造者"要以自己的名义或商标将人工智能系统与其产品一起投放市场或提供服务。这里的产品制造者指的是附件一第 A 节所列欧盟协调立法所涵盖的产品的制造者。如果高风险人工智能系统作为基于新立法框架的欧盟协调立法范围内产品的安全组件,没有独立于产品投放市场或提供服务,则该立法中定义的产品制造者应遵守《人工智能法》中规定的提供者的义务,尤其应确保嵌入最终产品中的人工智能系统符合该法的要求。根据《人工智能法》第 25 条第 3 款,如果高风险人工智能系统以产品制造者的名义或商标将产品投放市场,或在产品投放市场后以产品制造者名义或商标提供服务,则它们应承担该法第 16 条规定的义务,即明确文件、质量管理、符合性评估、登记和其他义务的要求。

7. 授权代表

"授权代表"是指位于或设立在欧盟境内的任何自然人或法人,他们接受了人工智能系统或通用人工智能模型提供者的书面授权,分别代表其履行和执行《人工智能法》规定的义务和程序。(第 3 条第 5 款)授权代表的作用是为了确保未在欧盟境内设立场所的提供者在欧盟投放市场或提供服务的高风险人工智能系统符合规定。在欧盟境外设立的提供者在欧盟境内提供其人工智能系统之前,应通过书面授权任命一名在欧盟境内设立的授权代表,担任其在欧盟的联系人。

在人工智能价值链中提到的"第三方"在《人工智能法》第 3 条中并没有明确的定义,根据上下文,第三方应该指的是基于合同链条上的第三方,主要提供工具、服务、流程或人工智能组件。

在人工智能价值链中的"用户"在《人工智能法》第 3 条中也没有明确定义,根据上下文以及一些专家的解读,用户应该指的是使用人工智能系统的最终用户,即可能与人工智能系统进行交互的个人。

二、分销者、进口者、部署者和其他第三方可能成为提供者

虽然《人工智能法》设定了不同的法律主体,但是在不同的场景下,这些主体会转换身份。为了确保法律的确定性,有必要澄清,在特定的条件下,分销者、进口者、部署者或其他第三方都可能被视为人工智能系统的提供者。根据《人工智能法》第25条第1款,具体条件包括:

(1) 在已投放市场或提供服务的高风险人工智能系统上冠以自己的名称或商标,但不妨碍以其他方式分配义务的合同安排。

(2) 对已投放市场或提供服务的高风险人工智能系统进行"实质性修改",使其仍属于《人工智能法》第6条所指的高风险人工智能系统。根据《人工智能法》第3条第23款,"实质性修改"是指人工智能系统在投放市场或提供服务后发生的改动,这种改动在提供者最初的符合性评估中没有预见到或没有计划,可能会使人工智能系统不符合《人工智能法》第三章第二节规定的要求,或导致人工智能系统被评估的预期目的发生改动。如操作系统或软件结构的变化,或系统的预期目的发生变化,该人工智能系统就应被视为新的人工智能系统,这时的分销者、进口者、部署者或其他第三方就成为新的人工智能系统的提供者,而原来的高风险人工智能系统的提供者则不再被认为是《人工智能法》下指代的提供者。但是,如果人工智能系统在投放市场或提供服务后继续"学习",即自动适配其功能的执行方式,其算法和性能发生的变化不应构成实质性修改。

(3) 对未被列为高风险并已投放市场或提供服务的人工智能系统(包括通用人工智能系统)的预期目的进行修改,使有关人工智能系统根据《人工智能法》第6条成为高风险人工智能系统。

(4) 产品制造者如以自己的名称或商标将人工智能系统与其产品一同投入欧盟市场或提供服务,当人工智能系统涉及特定高风险情形(如作为安全组件)时将被视为系统提供者,应履行相应的提供者义务。

三、人工智能系统的提供者和部署者不一定是不同的实体

《人工智能法》第 3 条第 3、4 款对提供者和部署者之间作了相对明确的区分。然而,在考虑不同人工智能商业模式时,人工智能系统的提供者和部署者并不一定属于不同的实体。

通常,在实际情况下,人工智能系统的提供者和部署者是不同的主体。例如,某家具公司部署了一个虚拟代理,来回答客户提出的有关产品状态和交付的询问。该虚拟代理是由某公司开发的专注于客户服务的人工智能系统产品"智慧座席",取代了大约 80% 以前由人工代理处理的客户交互事项。在这种情况下,人工智能系统的提供者和部署者为两个不同的主体。

但是,有时候人工智能系统的提供者很可能也是人工智能系统的部署者。例如,某仓库管理公司自行编写代码并全面训练了一个人工智能模型,基于该模型,该公司开发和运营了名为"智储"的人工智能系统,用于管理和分配任务给仓库员工。在这种情况下,人工智能系统的提供者和部署者为同一个实体。

四、各主要法律主体在《人工智能法》中涉及的义务

《人工智能法》针对不同场景,对各主要法律主体分别规定了相应的义务。根据国际隐私专家协会(IAPP)的总结,主要分为三个场景,即高风险人工智能系统场景、人工智能系统场景、通用人工智能模型场景,相关法律主体义务分述如下:

1. 高风险人工智能系统场景下法律主体的义务

表 2-1

法律条款	提供者	部署者	产品制造者	授权代表	进口者	分销者
第 6 条 高风险人工智能系统的分类规则 →提供了一组用于确定人工智能系统是否具有高风险的条件,以及对某些提供者的文档要求	√					

(续表)

法律条款	提供者	部署者	产品制造者	授权代表	进口者	分销者
第 8 条 需符合的要求 →阐述了高风险人工智能系统的提供者如何证明其遵守了相关义务	√					
第 9 条 风险管理体系 →概述建立、实施、记录和维护风险管理体系的步骤	√					
第 10 条 数据和数据治理 →确定训练、验证和测试数据集的要求	√					
第 11 条 技术文件 →在高风险人工智能系统投放市场之前，制定技术文件的起草要求	√					
第 12 条 保存记录 →建立在系统生命周期内自动记录事件或日志的规则	√					
第 13 条 透明度和向部署者提供信息 →确定"使用说明"应包含的内容以及如何使其对部署者透明的要求	√	√		√		
第 14 条 人工监督 →制定与高风险人工智能系统的风险、自主水平和使用环境相称的监督措施规则	√	√				

(续表)

法律条款	提供者	部署者	产品制造者	授权代表	进口者	分销者
第15条 准确性、稳健性和网络安全 →为高风险人工智能系统的设计制定技术规则，以在整个生命周期内实现准确性、稳健性和网络安全	√					
第16条 高风险人工智能系统提供者的义务 →明确文件、质量管理、符合性评估、登记和其他义务的要求	√					
第17条 质量管理体系 →围绕实施质量管理体系的政策、程序和指示制定规则	√					
第18条 文件保存 →确保提供者将第11条要求的文件保留10年，以供国家主管机关使用	√			√		
第19条 自动生成日志 →确保提供者将第12条中提及的日志保存至少6个月	√					
第20条 纠正措施和提供信息的义务 →要求提供者采取纠正措施，撤回、禁用或召回不符合要求的高风险人工智能系统	√	√		√	√	√

(续表)

法律条款	提供者	部署者	产品制造者	授权代表	进口者	分销者
第 21 条 与主管机关的合作 →根据合理的要求，提供者向主管机关提供信息和文件，以证明高风险人工智能系统符合法律规定的要求	✓					
第 22 条 高风险人工智能系统提供者的授权代表 →要求在第三国设立的提供者在欧盟任命一名授权代表来执行某些任务	✓			✓		
第 23 条 进口者的义务 →规定进口者有义务确保提供者遵守某些要求，如第 43 条中的符合性评估和第 11 条中的技术文件	✓			✓	✓	
第 24 条 分销者的义务 →对分销者施加义务，以确保提供者和进口者遵守第 16 条和第 23 条规定的义务	✓				✓	✓
第 25 条 人工智能价值链上的责任 →规定在某些条件下，分销者、进口者、部署者或其他第三方可能被视为高风险人工智能系统的提供者	✓	✓	✓		✓	✓
第 26 条 高风险人工智能系统部署者的义务 →规定部署者有义务采取某些适当的技术和组织措施，并指定人工监督	✓	✓			✓	✓

(续表)

法律条款	提供者	部署者	产品制造者	授权代表	进口者	分销者
第 27 条 高风险人工智能系统的基本权利影响评估 →要求部署者评估该系统对基本权利的影响，包括具体的损害风险，并将评估结果通知市场监督机关		✓				
第 41 条 共同规范 →制定提供者遵守欧盟委员会制定的共同规范的程序	✓					
第 43 条 符合性评估 →为某些提供者提供证明符合符合性评估程序的选项	✓					
第 44 条 证书 →允许某些提供者请求延长公告机构颁发的证书的有效期	✓					
第 47 条 欧盟符合性声明 →要求提供者起草一份欧盟符合性声明，保留 10 年，以供国家主管机关使用	✓					
第 48 条 CE 认证标志 →制定 CE 标志的可访问性和显示标准	✓					

（续表）

法律条款	提供者	部署者	产品制造者	授权代表	进口者	分销者
第49条 登记 →要求提供者、授权代表（如适用）和部署者在第71条所述的欧盟数据库中登记自己及其系统	✓	✓		✓		
第71条 附件三所列欧盟高风险人工智能系统数据库 →要求根据第49条和第60条登记的提供者、授权代表（如适用）和部署者将数据输入欧盟委员会建立的欧盟数据库	✓	✓		✓		
第72条 提供者对高风险人工智能系统的上市后监测和上市后监测计划 →要求提供者建立并记录一个与人工智能技术的性质和高风险人工智能系统的风险相称的上市后监测系统	✓	✓				
第73条 严重事件的报告 →要求提供者根据严重程度在不同的时间范围内向事件发生地成员国的市场监督机关报告任何严重事件	✓	✓				
第86条 解释个人决策的权利 →根据部署者的某些决定，任何受影响的人都有权从部署者那里获得明确而有意义的解释		✓				

来源：IAPP, EU AI Act Compliance Matrix, https://iapp.org/media/pdf/resource_center/eu_ai_act_compliance_matrix.pdf, visited on 2024-09-30。

2. 人工智能系统场景下法律主体的义务

表 2-2

法律条款	提供者	部署者	产品制造者	授权代表	进口者	分销者
第 4 条 人工智能素养 →要求提供者和部署者采取措施,培养其工作人员和代表他们操作、使用人工智能系统的其他人员的人工智能素养	√	√				
第 49 条 登记 →要求提供者和授权代表(如适用)在第 71 条所述的欧盟数据库中登记自己及其系统	√			√		
第 50 条 特定人工智能系统提供者和部署者的透明度义务 →确保与自然人直接交互的人工智能系统提供者向自然人明确表示他们正在与人工智能系统交互	√	√				
第 71 条 附件三所列欧盟高风险人工智能系统数据库 →要求根据第 6 条第 4 款和第 49 条登记的人工智能系统的提供者、授权代表(如适用)和部署者将数据输入欧盟委员会建立的欧盟数据库	√	√		√		

来源:IAPP, EU AI Act Compliance Matrix, https://iapp.org/media/pdf/resource_center/eu_ai_act_compliance_matrix.pdf, visited on 2024-09-30。

3. 通用人工智能模型场景下法律主体的义务

表 2-3

法律条款	提供者	部署者	产品制造者	授权代表	进口者	分销者
第41条 共同规范 →规定了提供者遵守欧盟委员会制定的共同规范的要求	✓					
第51条 将通用人工智能模型分类为有系统性风险的通用人工智能模型 →列出了通用人工智能模型应被归类为具有系统性风险的通用人工智能模型的条件	✓					
第52条 程序 →为符合第51条条件的通用人工智能模型的提供者制定程序,如通知欧盟委员会或要求重新评估	✓					
第53条 通用人工智能模型提供者的义务 →制定起草和更新有关模型训练、测试、评估和与人工智能系统集成的技术文档的要求	✓					
第54条 通用人工智能模型提供者的授权代表 →规定了在第三国设立的提供者在欧盟任命授权代表的规则	✓			✓		

（续表）

法律条款	提供者	部署者	产品制造者	授权代表	进口者	分销者
第55条 具有系统性风险的通用人工智能模型提供者的义务 →要求具有系统性风险的通用人工智能模型提供者进行模型评估，评估并降低可能的系统性风险	√					
第56条 实践准则 →概述了通用人工智能模型提供者和下游提供者参与制定实践准则并遵守这些准则的程序	√					
第89条 监测行动 →使下游提供者能够提出指控违反《人工智能法》的投诉	√					

来源：IAPP, EU AI Act Compliance Matrix, https://iapp.org/media/pdf/resource_center/eu_ai_act_compliance_matrix.pdf, visited on 2024-09-30。

合规第三步

确认是否属于欧盟《人工智能法》的适用范围

一、《人工智能法》所涵盖的法律主体

为了确保公平的竞争环境,有效保护欧盟个人的权利和自由,《人工智能法》制定的规则应以非歧视的方式适用于人工智能系统的提供者,无论是在欧盟境内建立还是在第三国建立,也适用于在欧盟境内建立的人工智能系统的部署者。根据《人工智能法》第2条第1款的规定,这些主体包括:

(1) 在欧盟境内将人工智能系统投放市场、提供服务或将通用人工智能模型投放市场的提供者,无论这些提供者是设立于欧盟还是位于第三国。

(2) 在欧盟境内设立或者位于欧盟境内的人工智能系统的部署者。

(3) 在第三国设有营业场所或者位于第三国的人工智能系统的提供者和部署者,其系统产生的输出用于欧盟。为防止规避《人工智能法》的要求,并确保有效保护欧盟境内的自然人,该法应适用于在第三国设立的人工智能系统的提供者和部署者,只要这些系统产生的输出结果意图在欧盟境内使用。

(4) 人工智能系统的进口者和分销者。

(5) 产品制造者以自己的名称或商标将人工智能系统与其产品一起投放市场或提供服务。

(6) 未在欧盟境内设立营业场所的提供者的授权代表。

(7) 位于欧盟境内的受影响者。

还有一种场景,即使相关主体既没有将人工智能系统投放市场、提供服务,也没有在欧盟境内使用该系统,鉴于其数字化的性质,也应属于《人工智能法》的适用范围。例如,在欧盟境内设立的经营者将特定服务承包给在欧

盟外设立的经营者,由人工智能系统执行特定的高风险活动。在这种情况下,欧盟以外的经营者所使用的人工智能系统可以处理在欧盟境内合法收集并从欧盟转移的数据,并向欧盟境内的签约经营者提供该系统在处理过程中产生的输出结果,而无须将该系统投放到欧盟市场、提供服务或在欧盟境内加以使用。

二、高风险人工智能系统是否适用《人工智能法》?

高风险人工智能系统只有在遵守一系列严格的规定和要求,包括但不限于透明度、数据治理、记录保存、人工监督和稳健性等方面具体要求的情况下,才能进入欧盟市场、提供服务或加以使用。这些要求应确保在欧盟提供的高风险人工智能系统,或其输出在欧盟加以使用的高风险人工智能系统,不会对欧盟法律承认和保护的重要欧盟公共利益构成不可接受的风险。关于高风险人工智能系统的定义与相关要求,请参考本书"合规第五步"部分。总之,进入欧盟市场、提供服务或加以使用的高风险人工智能系统适用《人工智能法》。

三、其他欧盟协调立法涉及的产品或系统是否适用《人工智能法》?

《人工智能法》附件一第 B 节所列的其他欧盟协调立法(交通安全和设备安全)中所涉及的作为安全组件的人工智能系统,如果属于第 6 条第 1 款规定的高风险人工智能系统,则适用第 102—109 条以及第 112 条。

第 102—109 条是对欧盟协调立法的修订,以确保欧盟委员会在根据这些立法未来通过任何相关的授权法案或实施法案时,根据各部门的技术和监管的特殊性,并在不干扰现有治理、符合性评估、执行机制以及其中建立的权威机构的情况下,考虑《人工智能法》对高风险人工智能系统规定的强制性要求。

第 112 条对人工智能系统的评估与审查作出了规定。欧盟委员会应在《人工智能法》生效后每年评估一次在附件三列明的清单和第 5 条列举的禁止人工智能行为的清单是否需要修订,直至第 97 条规定的授权期限届满。

欧盟委员会应向欧洲议会和欧盟理事会提交评估结果。考虑到对《人工智能法》适用范围的影响,欧盟委员会应每年评估一次修订附件三所列清单和禁止人工智能行为清单的必要性。此外,在《人工智能法》生效后四年内,以及此后每四年,欧盟委员会应评估并向欧洲议会和欧盟理事会报告是否有必要修订附件三中的高风险领域,第四章透明度义务范围内的人工智能系统、监督和治理系统的有效性,以及关于通用人工智能模型节能开发的标准化可交付成果的开发进度,包括是否有必要采取进一步措施或行动。最后,在生效后四年内,以及此后每三年,欧盟委员会应评估自愿行为准则的影响和有效性,以促进高风险人工智能系统以外的人工智能系统应用第三章第二节中的要求,以及可能对此类人工智能系统提出的其他额外要求。

附件一第B节所列的其他欧盟协调立法包括:(1)关于民用航空安全领域共同规则的第(EC)300/2008号条例;(2)关于两轮或三轮车辆和四轮车审批和市场监督的第(EU)168/2013号条例;(3)关于农林车辆审批和市场监督的第(EU)167/2013号条例;(4)关于船用设备的第2014/90/EU号指令;(5)关于欧盟内部铁路系统互操作性的第(EU)2016/797号指令;(6)关于机动车辆等审批和市场监督的第(EU)2018/858号条例;(7)关于机动车辆及其挂车等在一般安全和保护车内人员及易受伤害的道路使用者方面的类型批准要求的第(EU)2019/2144号条例;(8)关于民用航空领域共同规则和建立欧盟航空安全局的第(EU)2018/1139号条例。

四、人工智能监管沙盒在什么情况下属于《人工智能法》监管的范围?

《人工智能法》引入了"人工智能监管沙盒"的概念。根据《人工智能法》第57条第1款的设定,人工智能监管沙盒提供一个受控环境,以促进创新,并在根据提供者或潜在提供者与主管机关商定的具体沙盒计划将这些系统投放市场或提供使用之前的有限时间内,为创新型人工智能系统的开发、训练、测试和验证提供便利。此类沙盒可包括在其中受到监督的真实世界条件下进行的测试。人工智能监管沙盒是一种创新的监管工具,允许在受控环境中开发、测试创新的人工智能技术,以规避传统监管模式可能带来的创新抑制。监管沙盒为企业提供了一个"安全空间",在这里,它们可以在不立即承担所有监管后果的情况下测试创新产品、服务、商业模式和交付机制。但是，只有对高风险人工智能系统的要求已经纳入欧盟协调立法的情况下，第57条才适用。

五、《人工智能法》豁免适用的场景

《人工智能法》有些不适用的场景，根据该法第2条的规定，具体豁免场景包括：

（1）欧盟法律适用范围之外的区域，且不影响成员国在国家安全方面的权限。

（2）专门为军事、国防或国家安全目的而投放市场、提供服务或者经修改或不经修改而使用的人工智能系统。也就是说，只要人工智能系统出于军事、国防或国家安全目的投放市场、提供服务或加以使用，无论这些系统是否经过修改，都应被排除在《人工智能法》的适用范围之外，不管开展这些活动的是哪类组织，无论是公共组织还是私营组织。尽管如此，如果为军事、国防或国家安全目的而开发、投放市场、提供服务或加以使用的人工智能系统在这些目的之外临时或永久地用于其他目的，如民用目的或人道主义目的、执法或公共安全目的，则将适用《人工智能法》。为军事、国防或国家安全等除外目的以及民用或执法等一个或多个非除外目的而投放市场或提供服务的人工智能系统属于《人工智能法》的适用范围，这些系统的提供者应确保遵守《人工智能法》。在这些情况下，人工智能系统可能属于《人工智能法》的适用范围这一事实不应影响开展军事、国防或国家安全活动的组织——无论这些组织属于何种类型——为军事、国防或国家安全目的使用人工智能系统的可能性。而为民用或执法目的投放市场的人工智能系统，无论是否经过修改，出于军事、国防或国家安全目的加以使用的，均不应属于《人工智能法》的适用范围，无论开展这些活动的组织属于何种类型。

（3）未在欧盟投放市场或提供服务的人工智能系统，或者其在欧盟输出但仅用于军事、国防或国家安全目的。

（4）在与欧盟进行执法和司法合作的国际合作或协议框架内使用人工

智能系统的第三国公共机关或国际组织,条件是这些第三国或国际组织在保护个人基本权利和自由方面提供了充分保障。这主要是考虑到现有安排以及未来与外国合作伙伴进行信息和证据交换合作的特殊需要。在相关情况下,受第三国委托执行具体任务以支持此类执法和司法合作的组织的活动,也不适用《人工智能法》。通常,欧盟成员国与第三国之间,或欧盟、欧洲刑警组织和其他欧盟机构与第三国或国际组织之间,通过双边方式建立了此类国际合作或协议框架。根据《人工智能法》,负责监督执法和司法机关的主管机关,应评估这些国际合作或协议框架是否包括关于保护个人基本权利和自由的充分保障措施。受到协助的成员国机关和在欧盟内使用此类成果的接收成员国机关以及欧盟机构、组织、办公室和机关仍须对其使用符合欧盟法律负责。在今后修订这些国际协议或缔结新协议时,缔约方应尽最大努力使协议符合《人工智能法》的要求。

(5) 专为科学研究和开发目的而开发和提供服务的人工智能系统或模型,包括其输出。《人工智能法》支持创新,尊重科学自由,而不应损害研发活动。因此,有必要将专门为科学研究和开发目的而开发和提供服务的人工智能系统或模型排除在其适用范围之外。此外,有必要确保《人工智能法》不会影响人工智能系统或模型在投放市场或提供服务之前的科学研发活动。至于以产品为导向的人工智能系统或模型的研究、测试和开发活动,在它们提供服务或投放市场之前,《人工智能法》的规定也不应适用。但这并不影响属于《人工智能法》适用范围的人工智能系统或模型因研发活动而投放市场或提供服务时遵守其规定的义务,也不影响有关人工智能监管沙盒和在真实世界条件下进行测试的规定的适用。此外,在不影响上述关于专门为科学研究和开发目的而开发和提供服务的人工智能系统或模型的前提下,可能用于开展任何研究和开发活动的其他人工智能系统或模型仍应遵守《人工智能法》的规定。在任何情况下,任何研发活动都应按照公认的科学研究道德和专业标准进行,并应根据适用的欧盟法律进行。

(6) 人工智能系统或模型在投放市场或提供服务前的任何研究、测试和开发活动,这些活动应按照适用的欧盟法律开展。但是,在真实世界条件下进行的测试不在此豁免范围内。

(7) 在纯粹个人非专业活动中使用人工智能系统的自然人部署者。

(8) 欧盟或成员国保留或引入在雇主使用人工智能系统方面更有利于保护劳动者权利的法律、条例或行政规定,或者鼓励或允许适用更有利于劳动者的集体协议。

(9) 根据自由和开源许可发布的人工智能系统,除非这些系统作为高风险人工智能系统或者属于禁止的人工智能系统和特定人工智能系统投放市场或提供服务。

合规第四步

确认是否属于禁止性人工智能行为

一、禁止性人工智能行为的范围

根据欧盟《人工智能法》第 5 条第 1、8 款及鉴于部分第 45 条的规定,下列人工智能行为应被禁止:

(1) 在市场上投放、提供服务或使用采用超越个人意识的潜意识技术或者有目的的操纵或欺骗性技术的人工智能系统,该系统的目的或效果是通过显著损害个人或群体作出知情决定的能力,实质性地扭曲他们的行为,从而导致他们作出本不会作出的决定,给个人、他人或群体造成或很可能造成重大伤害。

(2) 在市场上投放、提供服务或使用利用自然人或特定群体因其年龄、残疾或者特定社会经济状况而存在的任何脆弱性的人工智能系统,该系统的目的或效果是实质性地扭曲该人或属于该群体的人的行为,从而给该人或他人造成或很可能造成重大伤害。

(3) 在市场上投放、提供服务或使用根据自然人或群体在一定时间内的社会行为或者已知、推断或预测的个人或个性特征进行评估或分类的人工智能系统,该系统的社会评分导致以下任一或两种情况:

其一,在与最初生成或收集数据背景无关的社会情境下,对特定自然人或群体造成有害或不利的对待;

其二,特定自然人或群体受到与其社会行为或其严重性不相称的有害或不利的对待。

(4) 在市场上投放、提供服务或使用专门用于对自然人进行风险评估的人工智能系统,以评估或预测自然人实施刑事犯罪的风险,该系统的依据完全是对自然人的画像或对其个性特征和行为特质的评估。但是,这一禁令不适用于支持人工评估某人是否参与犯罪活动的人工智能系统,因为此类评估已经以与犯罪活动直接相关的客观和可核实的事实为依据。

(5) 在市场上投放、提供服务或使用专门用于通过从互联网或闭路电视监控录像中无针对性地获取面部图像来创建或扩展面部识别数据库的人工智能系统。

(6) 在市场上投放、提供服务或使用专门用于在工作场所和教育机构中推断自然人的情绪的人工智能系统,但出于医疗或安全原因打算将人工智能系统投入使用或投放市场的情况除外。

(7) 在市场上投放、提供服务或使用专门根据生物特征分类系统对自然人进行单独分类,以推断或推测其种族、政治观点、工会成员身份、宗教或哲学信仰、性生活或性取向的生物特征分类系统。这一禁令不包括根据生物特征数据对合法获取的生物特征数据集(如图像)进行标记或过滤,或在执法领域对生物特征数据进行分类。

(8) 为执法目的在公共场所使用实时远程生物特征识别系统,除非出于《人工智能法》相关条款规定的目的之一,并且这种使用是绝对必要的。为执法目的在公共场所使用实时远程生物特征识别系统的条件及需要履行的义务详见下述第二部分第11、12问。

上述禁止性规定不影响适用于违反其他欧盟法律的人工智能做法的行为禁令,欧盟法律(包括数据保护相关法律、非歧视相关法律、消费者保护法和竞争相关法律)禁止的行为不受《人工智能法》的影响。

二、禁止性人工智能行为的定义、适用场景及禁止原因

1. 什么是采用超越个人意识的潜意识技术或者有目的的操纵或欺骗性技术的人工智能系统?为什么要禁止将此类系统投放市场、提供服务或加以使用?

根据《人工智能法》鉴于部分第29条,人工智能驱动的操纵技术可能使人们作出违反自身意愿的行为,或诱导人们作出某些决定。这类会实质性

扭曲人类行为效果的人工智能系统采用了人们无法感知的潜意识组成部分,如音频、图像、视频刺激,这些刺激超出了人的感知范围,或采用其他操纵或欺骗技术,以一种人们无法意识到的方式或即使意识到但仍然会被欺骗,或者以人们无法控制或抵制的方式破坏或损害人的自主性、决策或自由选择。例如,使用脑机接口或虚拟现实技术的人工智能系统可能会助长上述情况的发生,因为它们允许对呈现给人的刺激进行更高程度的控制,这些刺激可能以明显有害的方式实质性地扭曲人的行为。

将此类旨在或具有实质性扭曲人类行为效果的人工智能系统投放市场、提供服务或加以使用可能会造成重大伤害,特别是对人的身体、心理健康或经济利益产生足够重大的不利影响,这种行为特别危险,因此应当予以禁止。

2. 什么是利用自然人或特定群体因其年龄、残疾或者特定社会经济状况而存在的任何脆弱性,其目的或效果是实质性地扭曲该人或属于该群体的人的行为的人工智能系统?为什么要禁止将此类系统投放市场、提供服务或加以使用?

根据《人工智能法》鉴于部分第29条,此类人工智能系统可能会利用个人或特定群体的弱点(包括年龄、残疾),或可能使其更容易受到剥削的特定的社会经济状况(如生活在极端贫困中的个人、少数民族或宗教少数群体)。将此类人工智能系统投放市场、提供服务或加以使用的目的或效果会实质性地扭曲个人的行为,并对该人或其他人或群体造成或有合理可能性造成重大伤害,包括可能长期积累的伤害,因此应当予以禁止。

3. 在什么情况下人工智能系统不会被判定存在扭曲行为的意图?

根据《人工智能法》鉴于部分第29条,如果扭曲行为是人工智能系统外部因素造成的,且这些因素超出了人工智能系统的提供者或部署者的控制范围,即可能存在无法合理预见的因素,提供者或部署者也不可能减轻这些因素的影响,就不能认定人工智能系统存在扭曲行为的意图。

然而,出于对欧洲议会和欧盟理事会第2005/29/EC号指令所载规定的补充,在任何情况下,只要这种损害是由人工智能操纵或剥削行为造成的,则禁止此类人工智能行为,此时提供者或部署者不一定要有造成重大损害的意图。特别是在任何情况下都禁止对消费者造成经济或金融损害的不公平商业行为,无论这些行为是通过人工智能系统还是其他方式实施的。

4.《人工智能法》对操纵性和剥削性做法禁止适用的不适用场景是什么？

包括根据相关法律和医疗标准(如得到个人或其法律代理人的明确同意)进行的医疗方面的实践,如精神疾病的心理治疗或身体康复;符合法律规定的一些常见的合法商业行为,如广告领域的行为。

5. 为什么禁止将根据自然人或群体在一定时间内的社会行为或者已知、推断或预测的个人或个性特征进行评估或分类的人工智能系统投放市场、提供服务或加以使用？这一禁令的不适用场景是什么？

根据《人工智能法》第5条第1款和鉴于部分第31条,此类人工智能系统会根据与自然人或其群体在多种情境下的社会行为相关的数据点,或者根据已知、推断或预测的个人或个性特征,在特定时间段内对其进行评估或分类,其社会评分会导致以下任一或两种情况:

(1)在与最初生成或收集数据背景无关的社会情境下,对特定自然人或群体造成有害或不利的对待;

(2)特定自然人或群体受到与其社会行为或其严重性不相称的有害或不利的对待。

由于这种对自然人进行社会评分的人工智能系统可能导致歧视性结果和排斥特定群体,侵犯自然人的人格尊严和不受歧视的权利以及平等和公正的价值观,因此,应当禁止将其投放市场、提供服务或加以使用。

然而,这一禁令不应影响这种人工智能系统根据欧盟和成员国法律为特定目的而对自然人进行的合法评价实践。

6. 为什么禁止将仅根据对自然人的画像或对其个性特征和行为特质的评估以预测自然人实施刑事犯罪风险的人工智能系统投放市场、提供服务或加以使用？这一禁令不适用的场景是什么？

根据《人工智能法》鉴于部分第42条,基于无罪推定原则,欧盟的自然人应始终根据其实际行为进行判断。在没有客观和可核实的事实合理怀疑自然人参与犯罪活动且未经人工评估的情况下,绝不能仅根据其画像、个性特征或行为特质,如国籍、出生地、居住地、子女人数、债务水平或汽车类型,对自然人的行为进行人工智能预测判断。因此,应当禁止仅根据对自然人的画像或对其个性特征和行为特质的评估而进行风险评估,以评估其犯罪可能性,或者预测实际或潜在刑事犯罪的发生。

这一禁令不适用于支持人工评估自然人是否参与犯罪活动的人工智能系统,因为该评估已经以与犯罪活动直接相关的客观和可核实的事实为依据。在任何情况下,这一禁令都不涉及或触及并非基于个人画像或个人个性特征和行为特质的风险分析,如人工智能系统使用风险分析评估企业通过可疑交易进行金融欺诈的可能性,或使用风险分析工具预测海关机关根据已知的贩运路线等查获麻醉药品或非法货物的可能性。

7. 为什么禁止将专门用于通过从互联网或闭路电视监控录像中无针对性地获取面部图像来创建或扩展面部识别数据库的人工智能系统投放市场、提供服务或加以使用?

根据《人工智能法》鉴于部分第 43 条,此类人工智能系统会通过非定向抓取互联网或闭路电视监控录像中的面部图像来创建或扩展面部识别数据库。如果将此类人工智能系统投放市场、提供服务或加以使用,会加剧数据主体被大规模监控的感觉,并可能导致其包括隐私权在内的基本权利被严重侵犯,因此应当予以禁止。

8. 为什么禁止将专门用于在工作场所和教育机构中推断自然人情绪的人工智能系统投放市场、提供服务或加以使用?这一禁令不适用的场景是什么?

根据《人工智能法》鉴于部分第 44 条,因为情绪表达在不同文化和场景下存在很大差异等原因,人们往往十分关注旨在识别或推断情绪的人工智能系统的科学依据。根据生物特征数据识别或推断自然人情绪或意图的人工智能系统存在一些缺点,主要包括有限的可靠性、缺乏特异性和有限的通用性,使得此类人工智能系统可能导致歧视性结果,并可能侵犯特定个人的权利和自由。考虑到工作或教育领域的权力不平衡,再加上此类系统具有可能导致特定自然人或整个自然人群体受到有害或不利对待的侵扰性质,应当禁止将旨在用于检测个人在工作场所和教育场景下情绪状态的人工智能系统投放市场、提供服务或加以使用。

这一禁令不应涵盖严格基于医疗或安全原因而投放市场的人工智能系统,如用于治疗的系统。

9. 哪类生物特征分类人工智能系统应被禁止？这一禁令不适用的场景是什么？

根据《人工智能法》第 5 条第 1 款 g 项及鉴于部分第 16、30、54 条，如果人工智能系统是专门根据生物特征数据(如个人的面部或指纹)对自然人进行单独分类，推断或推测个人的种族、政治观点、工会成员身份、宗教或哲学信仰、性生活或性取向的生物特征分类系统，则禁止将其投放市场、提供服务或加以使用。

这一禁令不应包括根据生物特征数据对按照欧盟或成员国法律获取的生物特征数据集进行合法的标记、过滤或分类(如根据头发颜色或眼睛颜色对图像进行分类)，也就是说可以将此类系统用于执法领域。

由于生物特征数据是一类特殊类型的个人数据，因此，只要相关的欧盟和成员国法律允许使用生物特征系统，就应当将生物特征系统的几种关键使用情况都列为高风险。此种分类不包括用于身份验证等生物特征验证的人工智能系统及仅用于网络安全和个人数据保护措施的生物特征系统。具体内容详见"合规第五步：确认是否属于高风险人工智能系统"部分介绍。

10. 为什么禁止为执法目的在公共场所使用实时远程生物特征识别系统？

根据《人工智能法》鉴于部分第 32、33 条，为执法目的在可进入的公共场所使用人工智能系统对自然人进行实时远程生物特征识别，特别侵犯有关个人的权利和自由，因为这可能影响很大部分人的私人生活，使人产生被持续监视的感觉，并间接妨碍其行使集会自由和其他基本权利。对自然人进行远程生物特征识别的人工智能系统如果存在技术上的不准确性，可能会导致出现(特别是在年龄、民族、种族、性别或残疾方面)有偏差的结果并产生歧视性影响。此外，在执法活动或受其影响的背景下使用此类实时运行的系统，由于其影响的即时性和进一步检查或纠正的机会有限，会给相关人员的权利和自由带来更大的风险。因此，应当禁止为执法目的使用此类系统，除非是在详尽列举和严格界定场景的情况下，且使用此类系统对于实现重大公共利益是绝对必要的，其重要性超过了风险。

11. 在什么情况下可以为执法目的在公共场所使用实时远程生物特征识别系统？

根据《人工智能法》第 5 条第 1 款 h 项、第 2 款、第 3 款，如果使用此类系

统是绝对必要的,则基于以下目的使用此类系统不受禁止:

(1) 有针对性地搜寻特定的绑架、人口贩运或性剥削受害者,以及搜寻失踪人员;

(2) 防止对自然人的生命或人身安全造成具体、重大和紧迫的威胁(如关键基础设施受到严重破坏),或防止发生真正且现实的或真正且可预见的恐怖袭击威胁;

(3) 对涉嫌犯罪的人进行定位或识别,以便对《人工智能法》附件二所述罪行(包括恐怖主义,贩卖人口,对儿童的性剥削和儿童色情制品,非法贩运麻醉药品或精神药物,非法贩运武器、弹药或爆炸物,谋杀、严重人身伤害,人体器官或组织的非法贸易,非法贩运核材料或放射性材料,绑架、非法拘禁或劫持人质,国际刑事法院管辖范围内的罪行,非法扣押飞机或船只,强奸,环境犯罪,有组织或武装抢劫,蓄意破坏,以及参与涉及上述一种或多种犯罪的犯罪组织)进行刑事调查、起诉或执行刑事处罚,并且这些罪行在有关成员国可处以至少四年的监禁或拘留令。

根据《人工智能法》鉴于部分第33、34条,采用实时远程生物特征识别技术在很大程度上应当是必要且成比例的。在公共场所为执法目的使用实时远程生物特征识别系统,只能用于确认具体目标个人的身份,并应仅限于在时间、地理和个人范围方面绝对必要的情况,尤其应考虑到有关威胁、受害者或刑事犯罪行为人的证据或迹象。在任何情况下,都不能只根据远程生物特征识别系统的输出结果作出对个人产生不利法律影响的决定。

此外,《人工智能法》保留执法、边境管制、移民或庇护机关根据欧盟和成员国法律规定的身份检查条件,在当事人在场的情况下进行身份检查的能力,特别是上述机关应当能够依据欧盟或成员国法律使用信息系统,识别在身份检查期间拒绝被识别或者无法说明或证明其身份的人,而无须根据《人工智能法》的相关规定事先获得授权。

12. 在公共场所为执法目的使用实时远程生物特征识别系统需要履行什么义务?

根据《人工智能法》第5条第2—6款和鉴于部分第35条,相关义务包括:

(1) 应当遵守与使用有关的必要和相称的保障措施和条件

在公共场所使用实时远程生物特征识别系统为《人工智能法》规定的目

的进行执法时,应根据授权使用该系统的国家法律,遵守与使用有关的必要和相称的保障措施和条件,特别是在时间、地理和个人限制方面。

(2)应当完成基本权利影响评估并在欧盟数据库中登记该系统

只有在执法机关完成了《人工智能法》第27条规定的基本权利影响评估,并根据该法第49条在欧盟数据库中进行登记的情况下,才可以授权在公共场所使用实时远程生物特征识别系统。然而,在有正当理由的紧急情况下,可以在欧盟数据库中尚未登记的情况下就开始使用这种系统,只要能够在没有不当拖延的情况下完成这种登记。此处的基本权利影响评估及登记义务详见"合规第五步:确认是否属于高风险人工智能系统"部分的相关内容。

(3)应当事先获得司法机关或其决定对使用该系统的成员国具有约束力的独立行政机关的授权

在公共场所为执法目的使用实时远程生物特征识别系统,每次都应当事先获得司法机关或其决定对使用该系统的成员国具有约束力的独立行政机关的授权,授权应根据《人工智能法》第5条第5款提及的国内法详细规则,在提出合理要求后发出。这种授权原则上应在使用人工智能系统识别某人或某些人之前获得。

如果有正当理由证明在开始使用相关人工智能系统之前实际且客观上无法获得授权的,可以不经授权而开始使用该系统。但是,使用应限制在绝对必要的最低限度,并应遵守适当的保障措施和条件,这些措施和条件由国家法律确定,并由执法机关在每个紧急使用个案的场景下进行具体规定。另外,执法机关不得无故拖延,且应当最迟在24小时内请求获得授权,同时说明未能提前申请授权的原因。如果授权申请被拒绝,执法机关应立即停止使用与该授权相关的实时远程生物特征识别系统,并应丢弃和删除相关的所有数据(包括人工智能系统在使用过程中直接获取的输入数据,以及与该授权相关的使用结果和输出,但不应包括根据欧盟或成员国其他法律合法获取的输入数据)。

(4)应当按照有关国家规则通知有关市场监督机关和国家数据保护机关

每次为执法目的在公共场所使用实时远程生物特征识别系统时,均应按照《人工智能法》第5条第5款提及的国家规则通知有关市场监督机关和国家数据保护机关。

成员国的国家市场监督机关和国家数据保护机关在被告知有关主体为执法目的在公共场所使用实时远程生物特征识别系统时,应向欧盟委员会提交关于这种使用情况的年度报告。欧盟委员会应在上述年度报告的基础上,根据成员国的汇总数据,发布关于为执法目的在公共场所使用实时远程生物特征识别系统的年度报告。上述年度报告不应包括相关执法活动的敏感业务数据。

三、对相关个人数据处理的冲突性规定的适用

这里主要涉及对使用人工智能系统进行生物特征识别所产生的生物特征数据和其他个人数据处理的冲突性规定如何适用的问题。

《人工智能法》应作为特别法适用于第(EU)2016/680号指令第10条所规定的生物特征数据处理规则,从而以详尽的方式规范此类使用和所涉及的生物特征数据处理。因此,只能在符合《人工智能法》规定的框架内,由主管机关以执法为目的,基于第(EU)2016/680号指令第10条所列的理由使用此类系统并处理相关数据。

除《人工智能法》规定的为执法目的在公共场所使用实时远程生物特征识别系统外,任何对使用人工智能系统进行生物特征识别所涉及的生物特征数据和其他个人数据的处理,应继续遵守第(EU)2016/680号指令第10条规定的所有要求。对于执法以外的目的,第(EU)2016/679号条例(即GDPR)第9条第1款和第(EU)2018/1725号条例第10条第1款禁止处理生物特征数据,但这些条款规定的有限例外情况除外。在适用GDPR第9条第1款时,成员国数据保护机关已作出禁止将远程生物特征识别用于执法以外目的的决定。

相关法律规定如下:

(1)第(EU)2016/680号指令第10条规定:"特殊类别个人数据的处理:仅在绝对必要的情况下,才允许处理揭示种族或民族血统、政治观点、宗教或哲学信仰或工会成员身份的个人数据,以及处理遗传数据、用于唯一识别自然人的生物特征数据、有关健康的数据或有关自然人的性生活或性取向的数据,受数据主体权利和自由的适当保护措施的约束,并且仅:(i)在欧盟或成员国法律授权的情况下;(ii)保护数据主体或其他自然人的切身利益;

或(iii)此类处理涉及数据主体明显公开的数据。"

（2）GDPR 第 9 条第 1 款规定：禁止处理揭示种族或民族血统、政治观点、宗教或哲学信仰或工会成员身份的个人数据，以及处理遗传数据、用于唯一识别自然人的生物特征数据、有关健康的数据或有关自然人的性生活或性取向的数据。

（3）第(EU)2018/1725 号条例第 10 条第 1 款规定：禁止处理揭示种族或民族血统、政治观点、宗教或哲学信仰或工会成员身份的个人数据，以及处理遗传数据、用于唯一识别自然人的生物特征数据、有关健康的数据或有关自然人的性生活或性取向的数据。

四、禁止性人工智能行为适用的除外规定

部分国家对于禁止性人工智能行为适用作出了除外规定，见表 4-1。

表 4-1

国家	不适用条款及其主要内容	不适用依据
爱尔兰	（1）《人工智能法》第 5 条第 1 款 g 项（禁止在市场上投放、提供服务或使用专门根据生物特征数据对自然人进行单独分类，以推断或推测其种族、政治观点、工会成员身份、宗教或哲学信仰、性生活或性取向的生物特征分类系统）不适用于在警务合作和刑事司法合作领域活动中使用生物特征分类系统。 （2）不适用《人工智能法》第 5 条第 1 款 d 项（禁止在市场上投放、提供服务或使用专门用于对自然人进行风险评估，以评估或预测自然人实施刑事犯罪的风险，其依据完全是对自然人的画像或对其个性特征和行为特质的评估的人工智能系统）。 （3）不适用《人工智能法》第 5 条第 1 款 h 项（禁止为执法目的在公共场所使用实时远程生物特征识别系统），同时不适用《人工智能法》第 5 条第 2 至 6 款的相关规定。	《欧盟条约》和《欧洲联盟运作条约》附件《关于英国和爱尔兰在自由、安全和司法领域的立场的第 21 号议定书》第 6a 条
丹麦	（4）不受《人工智能法》第 26 条第 10 款规则的约束，该条款规定："在不影响第(EU)2016/680 号指令的情况下，在对涉嫌或被判定犯有刑事罪的人进行定向搜查的调查框架内，用于事后远程生物特征识别的高风险人工智能系统的部署者应事先或在不无故拖延且不迟于 48 小时内，向司法机关或其决定具有约束力并接受司法审查的行政机关请求授权使用该系统，除非该系统用于与罪行直接相关的客观和可核实的事实初步识别潜在嫌疑人的情况。每次使用应仅限于对具体刑事犯罪调查所严格必要的范围。"	《欧盟条约》和《欧洲联盟运作条约》附件《关于丹麦立场的第 22 号议定书》第 2 条和第 2a 条

五、其他相关定义

1. 什么是"画像"?

"画像"是指欧盟 GDPR 第 4 条第 4 款所定义的画像,即"为了评估自然人的某些条件而对个人数据进行的任何自动化处理,特别是为了评估自然人的工作表现、经济状况、健康、个人偏好、兴趣、可靠性、行为方式、位置或行踪而进行的处理"。

2. 什么是"生物特征数据""生物特征识别"?

"生物特征数据"是指通过特定技术处理而产生的与自然人的身体、生理或行为特征有关的个人数据,如面部图像或指纹数据。

"生物特征识别"是指自动识别人的身体、生理、行为或心理特征,通过将该自然人的生物特征数据与数据库中存储的个人生物特征数据进行比较,从而确定该自然人的身份。这不包括旨在用于生物特征验证(包括身份验证)的人工智能系统,其唯一目的是确认特定自然人就是他或她声称的那个人,并仅为了获得服务、解锁设备或安全进入场所而确认自然人的身份。

3. 什么是"生物特征分类""生物特征分类系统"?

《人工智能法》中提到的"生物特征分类"概念应界定为根据生物特征数据将自然人归入特定类别。这些特定类别涉及性别、年龄、发色、眼睛颜色、文身、行为或个性特征、语言、宗教、少数民族身份、性取向或政治倾向等方面。

"生物特征分类系统"是指根据自然人的生物特征数据将其归入特定类别的人工智能系统。但是,作为另一项商业服务的辅助系统,且出于客观技术原因而绝对必要的纯粹辅助功能的生物特征分类系统除外。这意味着由于客观技术原因,生物特征不能在没有主服务的情况下使用,并且生物特征或功能的整合不得作为规避《人工智能法》规则适用性的手段。

与另一项商业服务有内在联系的纯粹辅助功能包括以下一些情形:

(1) 在线市场上使用的对面部或身体特征进行分类的滤镜。它们只能用于与主服务相关的部分,而主服务是通过允许消费者预览产品在其身上的显示效果并帮助消费者作出购买决定来销售产品。

(2)在线社交网络服务中使用的滤镜。它们对用户的面部或身体特征进行分类,以便用户添加或修改图片或视频。这可被视为辅助功能,因为如果没有社交网络服务的主服务(在线分享内容),就不能使用这种滤镜。

4. 什么是"远程生物特征识别系统""实时远程生物特征识别系统"?

"远程生物特征识别系统"是指无须自然人主动参与,通常在远距离通过将个人的生物特征数据与参考数据库中的生物特征数据进行比较来识别自然人的人工智能系统。

"实时远程生物特征识别系统"是指一种远程生物特征识别系统,在该系统中,生物特征数据的采集、比较和识别都没有明显的延迟,不仅包括即时识别,还包括为避免规避法律而产生的有限的短时延迟。

合规第五步

确认是否属于高风险人工智能系统

一、高风险的含义和高风险人工智能系统的范围

除禁止性人工智能行为、特定人工智能系统以及通用人工智能模型外，欧盟《人工智能法》也对高风险人工智能系统作出专门规定，具体内容规定在《人工智能法》第6—49、71—73条及鉴于部分第46—96、122—131、146、155—161、165、166条。可以说，关于高风险人工智能系统部分的规定是《人工智能法》的核心内容。

1. 什么是高风险？

按照《人工智能法》第3条第2款的定义，风险是指发生危害的可能性和危害的严重性的组合。也就是说，在判断人工智能系统是否构成高风险时，需要结合考虑发生风险的可能性和危害的严重性两方面因素。例如，发生风险的可能性虽然较大，但并不会产生严重危害后果的，或者虽然会产生严重危害后果，但发生风险的可能性并不大，均不一定被判定为高风险。

根据《人工智能法》鉴于部分第46条的规定，高风险人工智能系统只有在符合特定的强制性要求的情况下，才能进入欧盟市场、提供服务或使用以确保在欧盟提供的高风险人工智能系统或其输出不会对欧盟法律承认和保护的重要公共利益构成不可接受的风险。同时，被识别为高风险的人工智能系统应仅限于对欧盟境内人员的健康、安全和基本权利有重大有害影响的系统，以最大限度地减少对国际贸易产生任何潜在障碍。

鉴于部分第48条进一步规定了欧盟所保护的基本权利，包括人格尊严权、尊重私人和家庭生活权、个人数据保护权、言论和信息自由、集会和结社

自由、不受歧视的权利、受教育权、消费者保护、劳动者权利、残疾人权利、性别平等、知识产权、获得有效救济和公平审判的权利、辩护权和无罪推定、善治、保护儿童以及高水平环境保护的权利。欧盟规定的受保护的基本权利非常广泛。

对于高风险的判断,结合第6条和鉴于部分第52条的规定,《人工智能法》区分了以下两种情形：

(1) 人工智能系统作为产品安全组件或者人工智能系统本身就是产品

根据《人工智能法》鉴于部分第50条的规定,如果产品根据欧盟协调立法需要经过第三方符合性评估机构进行符合性评估,则可以被划归为高风险人工智能系统。换言之,只要欧盟协调立法中的产品需要经过第三方符合性评估,《人工智能法》就可以将相关人工智能系统视为高风险。欧盟协调立法涉及的需要进行第三方符合性评估的产品包括机械、玩具、电梯、用于潜在爆炸性环境的设备和保护系统、无线电设备、压力设备、游艇、索道装置、燃气设备、医疗器械、体外诊断医疗器械、汽车和航空设备,被列举在《人工智能法》附件一欧盟协调立法清单中。

结合《人工智能法》鉴于部分第87条的规定,作为产品安全组件的人工智能系统,没有独立于产品投放市场或提供服务,这些产品的制造者应当承担《人工智能法》规定的提供者义务,确保嵌入最终产品中的人工智能系统符合该法的要求。

《人工智能法》鉴于部分第46条特别提示,根据新的立法框架及欧盟委员会《2022年欧盟产品规则实施"蓝色指南"》的解释,同一个产品可能适用多个欧盟协调立法,如果包含多个高风险人工智能系统的产品需要进入欧盟市场,应当确保符合所有适用的欧盟法律规定。

(2) 独立的人工智能系统

人工智能系统未作为产品安全组件或者人工智能系统本身不构成产品时,为独立的人工智能系统。由于独立的人工智能系统没有欧盟协调立法作为依据或者参考,根据《人工智能法》鉴于部分第52条的规定,判断其是否为高风险,需要考虑系统的预期用途、对人的健康和安全或基本权利的影响、可能造成的危害的严重程度及发生概率,以及用于《人工智能法》预定义的一些领域,并且可以根据技术发展的速度与人工智能系统使用方式的潜在变化进行调整。欧盟委员会将根据技术的发展和人工智能系统使用方式,通过授权法案确定识别这些系统的方法和标准并适时修订。

可见,在判断人工智能系统是否构成高风险时,《人工智能法》采用了一种开放定义的方式,其原则性规定为根据风险发生的概率和危害严重程度进行判断。对欧盟协调立法中已经涉及的产品的安全组件中含有的人工智能系统(或者人工智能系统本身构成产品),如果已经要求第三方进行符合性评估,则一般也为高风险人工智能系统;独立的人工智能系统由于不构成欧盟协调立法中的产品,无法参考欧盟协调立法,是否为高风险人工智能系统,《人工智能法》持开放态度,并且会根据实际情况进行调整。这种不确定性也为将来合规带来潜在负担与风险。但无论如何,判定独立的人工智能系统是否构成高风险,其标准和已有清单中的高风险人工智能系统应保持一致。

需要注意的是,《人工智能法》下的高风险和欧盟协调立法下的高风险是两个概念。《人工智能法》鉴于部分第 51 条特别说明,《人工智能法》规定的高风险人工智能系统不一定为欧盟协调立法下的高风险产品,在适用中需要注意区分。也就是说,要区分人工智能系统带来的"新"高风险和传统产品既有的"旧"高风险,列举在《人工智能法》附件一的对人身和财产具有高风险威胁的电子设备、交通工具、医疗设备等产品由欧盟协调立法规定,《人工智能法》在此基础上规制其人工智能风险。这尤其适用于第(EU)2017/745 号条例和第(EU)2017/746 号条例,其中规定,中等风险和高风险产品需要进行第三方符合性评估。换言之,《人工智能法》下的高风险有可能不是欧盟协调立法认为的高风险,欧盟协调立法下的中等风险则可以构成《人工智能法》下的高风险。其中,第(EU)2017/745 号条例为医疗器械方面的规定,第(EU)2017/746 号条例为体外诊断医疗器械方面的规定,由于直接涉及人身安全,因此《人工智能法》更加慎重。

总之,《人工智能法》出台后,对产品风险的评估,除人身和财产外,还要增加是否构成人工智能风险这一维度。

2. 高风险人工智能系统的范围有哪些?

《人工智能法》并未对高风险人工智能系统进行专门定义,而是通过《人工智能法》第 6 条和附件一、三列举的方式说明高风险人工智能系统的范围。《人工智能法》第 6 条第 1、2 款规定的高风险人工智能系统具体包括:(1) 打算用作《人工智能法》附件一所列产品的安全组件的人工智能系统;(2)人工智能系统本身就是《人工智能法》附件一所列欧盟协调立法所涵盖的产品;(3)《人工智能法》附件三所指的人工智能系统。安全组件是指产品或系统的一个组件,该组件履行产品或系统的安全功能,其失灵或发生故障会危及人身或财产的健康和安全。

如果高风险人工智能系统属于前述规定的作为产品的安全组件或者本身构成产品的情形,则必须经过第三方的符合性评估,且人工智能系统是否嵌入投放市场或者提供服务的产品中,还是本身就是独立的人工智能系统,不影响关于高风险的判定。这意味着高风险人工智能系统既有可能以软件系统形态存在,也有可能以硬件产品形态存在;高风险人工智能系统既可以为独立的软件系统,也可以作为硬件产品中的软件系统部分。

《人工智能法》第 6 条第 5 款规定,欧盟委员会应在咨询欧洲人工智能委员会后,于 2026 年 2 月 2 日前提供具体实施有关高风险人工智能系统规定的指导方针,以及一份人工智能系统高风险和非高风险使用案例的综合实例清单。建议关注该指导方针和清单制定情况进展。

3. 哪些是《人工智能法》附件一欧盟协调立法所涵盖的产品?

《人工智能法》附件一欧盟协调立法清单分为 A 和 B 两节,第 A 节为基于新立法框架的欧盟协调立法清单,第 B 节为欧盟其他协调立法清单。

第 A 节基于新立法框架的欧盟协调立法清单中列举的产品包括:(1)机械;(2)玩具安全;(3)游艇和个人水上摩托艇;(4)电梯和电梯安全组件;(5)在潜在爆炸性气体环境中使用的设备和保护系统;(6)无线电设备;(7)压力设备;(8)索道装置;(9)个人防护装备;(10)燃烧气体燃料的器具;(11)医疗器械;(12)体外诊断医疗器械。

第 B 节欧盟其他协调立法清单中列举的产品包括:(1)民用航空安全领域;(2)两轮或三轮车辆和四轮车;(3)农林车辆;(4)船用设备;(5)欧盟内部铁路系统互操作性;(6)机动车辆及其挂车,以及用于此类车辆的系统、组件和独立技术单元;(7)无人驾驶飞机及其发动机、螺旋桨、零部件和遥控设备。

4. 哪些是《人工智能法》附件三所指的人工智能系统?

《人工智能法》附件三所指的人工智能系统具体包括:(1)生物特征;

(2)关键基础设施;(3)教育和职业培训;(4)就业、劳动者管理和个体经营;(5)获得和享受基本私人服务以及基本公共服务和福利;(6)执法;(7)移民、庇护和边境控制管理;(8)司法和民主进程。《人工智能法》鉴于部分第54—63条进行了立法意图说明,并对不属于高风险的例外情形进行了说明。

(1)涉及生物特征的高风险人工智能系统

根据《人工智能法》第3条第34款的规定,生物特征数据是指通过特定技术处理而产生的与自然人的身体、生理或行为特征有关的个人数据,如面部图像或指纹数据。

根据使用生物特征数据的目的和方法的不同,《人工智能法》进行了三个层次的区分。涉及生物特征的人工智能系统有一部分被完全禁止,有一部分被列为高风险,还有一部分不属于高风险。具体来说,下述欧盟或者成员国法律允许使用的生物特征系统为高风险人工智能系统:① 远程生物特征识别系统(不包括生物特征验证系统);② 基于对敏感或受保护的属性或特征的推断,根据自然人的生物特征数据将其归入特定类别、用于生物特征分类的人工智能系统,除非它是另一项商业服务的辅助系统,且出于客观技术原因而绝对必要(即不能在没有主服务的情形下为分类而分类);③ 用于根据自然人的生物特征数据识别或推断其情感或意图的情感识别人工智能系统。

涉及生物特征但不为高风险的人工智能系统包括:① 生物特征验证系统。《人工智能法》鉴于部分第54条对远程生物特征识别系统的风险和生物特征验证系统的风险进行了说明。用于对自然人进行远程生物特征识别的人工智能系统无须自然人主动参与,通常在远距离通过将个人的生物特征数据与参考数据库中的生物特征数据进行比较来识别自然人,在技术上的不准确性可能导致有偏见的结果,并产生歧视性影响,这在涉及年龄、民族、种族、性别或残疾时尤其明显。因此,鉴于远程生物特征识别系统所带来的风险,应将其归类为高风险系统。但是,用于身份验证等生物特征验证的人工智能系统,通过将自然人的生物特征数据与先前提供的生物特征数据进行比较,从而对自然人的身份进行一对一的自动验证(包括认证),其唯一目的是确认特定自然人的身份,以便该人能够获得服务、解锁设备或安全进入场所,因此不属于高风险人工智能系统。② 仅用于网络安全和个人数据保护措施的生物特征系统不应被视为高风险人工智能系统。

可见,《人工智能法》对于生物特征数据分析十分谨慎,用于远程识别个人、对人分类、情感识别时,属于高风险;仅用于生物特征验证或者用于网络安全和个人数据保护的技术措施,不属于高风险。

(2) 涉及关键基础设施的高风险人工智能系统

涉及关键基础设施的高风险人工智能系统是指在重要的数字基础设施、道路交通或供水、供气、供热或供电的管理和运行中作为安全组件使用的人工智能系统。

根据《人工智能法》鉴于部分第55条,关键基础设施出现故障或失灵可能会大规模地危害到公众的生命和健康,并导致社会和经济活动的显著中断。关键基础设施(包括关键数字基础设施)的安全组件所指称的安全是指物理系统的完整性或人员和财产的健康和安全,如云计算中心的水压监测系统或火警控制系统。这里的安全不包括网络安全,仅用于网络安全目的的组件不应被视为安全组件。

(3) 涉及教育和职业培训的高风险人工智能系统

涉及教育和职业培训的高风险人工智能系统包括:① 用于确定自然人入学资格或将自然人分配到各级教育和职业培训机构的人工智能系统;② 用于评估学习成果的人工智能系统(包括当这些成果被用于指导各级教育和职业培训机构中自然人的学习过程时);③ 在教育和职业培训机构内,用于评估个人将接受或能够接受的适当教育水平的人工智能系统;④ 在教育和职业培训机构内,用于监控和检测学生考试期间违禁行为的人工智能系统。

《人工智能法》鉴于部分第56条分析了教育领域人工智能系统的利弊。其利在于可以促进高质量的数字教育和培训,所有学习者和教师获得并分享必要的数字技能和能力,包括媒介素养和批判性思维,从而积极参与经济、社会和民主进程。但是,这类系统也存在一些弊端,特别是用于确定入学或录取、将人员分配到各级教育和职业培训机构或项目、评估个人的学习成果、评估个人的适当教育水平并实质性地影响个人将接受或能够获得的教育和培训水平、监测和检测学生在考试中的违纪行为的人工智能系统,可能决定一个人的教育和职业生涯,从而影响其谋生能力。如果设计和使用不当,这类系统可能特别具有侵入性,并可能侵犯个人受教育和培训的权利以及不受歧视的权利,并可能延续历史上的歧视模式,如针对妇女、特定年龄段的人、残疾人或特定种族、民族或性取向的人。

（4）涉及就业、劳动者管理和个体经营的高风险人工智能系统

涉及就业、劳动者管理和个体经营的高风险人工智能系统包括：① 用于招聘或选拔自然人的人工智能系统，特别是用于发布有针对性的招聘广告、分析和筛选求职申请以及评估候选人；② 用于作出影响工作相关关系条款、晋升或终止工作相关合同关系的决定，根据个人行为、个性特征或行为特质分配任务，或监控和评估此类关系中人员的表现和行为的人工智能系统。

《人工智能法》鉴于部分第57条解释了上述系统可能对这些人员的未来职业前景、谋生手段和劳动者的权利产生重大影响，在整个招聘过程中以及在评估、晋升或保留工作相关合同关系中的人员时，这些系统可能会延续历史上的歧视模式，如针对女性、特定年龄段的人、残疾人或特定种族、民族或性取向的人。用于监控这些人员表现和行为的人工智能系统也可能会损害他们的数据保护权和隐私权。

（5）涉及获得和享受基本私人服务以及基本公共服务和福利的高风险人工智能系统

涉及获得和享受基本私人服务以及基本公共服务和福利的高风险人工智能系统包括：① 拟供公共机关或代表公共机关使用的人工智能系统，用于评估自然人享受基本公共援助福利和服务（包括医疗保健服务）的资格，以及发放、减少、撤销或收回此类福利和服务；② 用于评估自然人信用或确定其信用评分的人工智能系统，但用于侦查金融欺诈的人工智能系统除外；③ 在人寿保险和健康保险中用于自然人风险评估和定价的人工智能系统；④ 用于对自然人的紧急呼叫进行评估和分类，或用于调度或确定调度优先顺序的紧急急救服务，包括警察、消防员和医疗救助，以及紧急医疗患者分流系统的人工智能系统。

《人工智能法》鉴于部分第58条详细说明了将上述四类人工智能系统列为高风险的原因。就提供基本公共福利而言，特定必要的私人和公共服务及福利是人们充分参与社会或提高生活水平所必需的。特别是申请或接受公共机关提供的基本公共援助福利和服务的自然人，如医疗服务、社会保障福利、提供保护的社会服务（如产假、疾病、工伤、赡养或老年、失业以及社会和住房补助）等场景下的自然人通常依赖于这些福利和服务，相对于主管机关而言处于弱势地位。如果主管机关使用人工智能系统来决定这些福利和

服务是否应当给予、拒绝、减少、撤销或追回,包括决定受益人是否合法享有这些福利或服务,这些系统可能会对人们的生计产生重大影响,并可能侵犯他们的基本权利,如社会保护权、非歧视权、人的尊严或有效救济权,因此应被列为高风险系统。当然,《人工智能法》不应阻碍公共行政领域创新方法的开发和使用,以从更广泛使用合规和安全的人工智能系统中受益,只要这些系统不会对法人和自然人带来高风险。

就评估自然人信用而言,评估自然人信用评分或信用度的人工智能系统决定了这些人获得金融资源或住房、电力和电信服务等基本服务的机会。用于这些目的的人工智能系统可能会导致对个人或群体的歧视,可能会延续历史上的歧视模式,如基于种族或民族、性别、残疾、年龄或性取向的歧视,或可能会产生新的歧视性影响。然而,根据欧盟法律提供的用于检测金融服务诈骗以及出于审慎目的计算信贷机构和保险公司资本要求的人工智能系统,不应被视为《人工智能法》下的高风险系统。

就人寿和健康保险中风险评估和定价而言,旨在进行自然人健康和人寿保险风险评估和定价的人工智能系统也可能对个人生计产生重大影响,如果设计、开发和使用不当,可能会侵犯个人的基本权利,并对其生活和健康产生严重后果,包括金融排斥和歧视。

就对紧急呼叫进行评估和分类及调度紧急急救服务而言,用于评估和分类自然人紧急呼叫、调度或确定紧急响应服务(包括警察、消防员和医疗援助)的优先级,以及用于紧急医疗患者分诊系统的人工智能系统,因为在非常紧急的情况下会对人的生命和健康及其财产作出决策,所以属于高风险系统。

(6)执法机关使用的高风险人工智能系统

经欧盟法律或者成员国法律允许,由执法机关使用的高风险人工智能系统包括:① 拟供执法机关或代表其使用,或由欧盟机构、组织、办公室或机关支持执法机关使用,以评估自然人成为刑事犯罪受害者的风险的人工智能系统;② 拟供执法机关或代表其使用,或由欧盟机构、组织、办公室或机关支持执法机关作为测谎仪或类似工具使用的人工智能系统;③ 拟供执法机关或代表其使用,或由欧盟机构、组织、办公室或机关支持执法机关使用,以便在调查或起诉刑事犯罪过程中评估证据的可靠性的人工智能系统;④ 拟供执法机关或代表其使用,或由欧盟机构、组织、办公室或机关支持执法机关使用,以评估自然人犯罪或再犯罪的风险,而不仅仅是基于第(EU)2016/680号指令第3条第4款所述的自然人画像分析,或评估自然人或群体的个性特征和行为特质或过去的犯罪行为的人工智能系统;⑤ 拟供执法机关或代表其使用,或由欧盟机构、组织、办公室或机关支持执法机关使用,以便在侦查、调查或起诉刑事犯罪过程中进行第(EU)2016/680号指令第3条第4款所述的自然人画像分析的人工智能系统。

《人工智能法》鉴于部分第59条认为,执法机关在刑事犯罪领域使用特定人工智能系统时有显著的权力不平衡性,对个人的实体权利和程序权利均会造成很大影响。从实体权利来看,可能导致对自然人的监控、逮捕或剥夺其自由,以及对《欧盟基本权利宪章》所保障的基本权利产生其他不利影响。特别是,如果人工智能系统没有使用高质量的数据进行训练,未满足性能、准确性或稳健性方面的适当要求,或在投放市场或提供服务前没有经过充分设计和测试,它可能以歧视性或其他不正确、不公正的方式挑选出人群。从程序性权利来看,有效救济权、公正审判权、辩护权和无罪推定权可能会受到阻碍,尤其是在这些人工智能系统缺乏足够的透明度、可解释性和文档记录时。因此,需要确保人工智能系统的准确性、可靠性和透明度,避免产生不利影响、保持公众信任以及确保问责制和有效救济。

但是,专门用于税务和海关机关的行政程序,以及金融情报单位根据欧盟反洗钱法执行分析信息的行政任务的人工智能系统,不应被归类为执法机关为预防、侦查、调查和起诉刑事犯罪而使用的高风险人工智能系统。

总之,执法机关及其他相关机关使用人工智能工具不应成为不平等或排斥的因素。人工智能工具对嫌疑人辩护权的影响不应被忽视,因为他们难以获得关于这些系统运作的有意义信息,由此导致在法庭上难以挑战这些系统得出的结论,这对于正在被调查的自然人来说尤其明显。

(7) 涉及移民、庇护和边境控制管理的高风险人工智能系统

经欧盟法律或者成员国法律允许使用,涉及移民、庇护和边境控制管理的高风险人工智能系统包括:① 拟供主管公共机关或代表其使用,或由欧盟机构、组织、办公室或机关使用,用作测谎仪和类似工具的人工智能系统;② 拟供主管公共机关或代表其使用,或由欧盟机构、组织、办公室或机关使用,以评估拟进入或已进入成员国领土的自然人带来的风险(包括安全风险、非正常移民风险或健康风险)的人工智能系统;③ 拟供主管公共机关或

代表其使用,或由欧盟机构、组织、办公室或机关使用,以协助主管公共机关审查庇护、签证或居留许可申请,以及与申请特定身份的自然人的资格相关投诉(包括对证据可靠性的相关评估)的人工智能系统;④ 拟供主管公共机关或代表其使用,或由欧盟机构、组织、办公室或机关使用,以便在移民、庇护或边境控制管理方面检测、识别或辨认自然人的人工智能系统,但旅行证件核查除外。

《人工智能法》鉴于部分第60条说明,受移民、庇护和边境控制管理中使用的人工智能系统影响的人,往往处于特别弱势的地位,他们依赖于主管机关的行动结果。因此,确保在这些情况下使用的人工智能系统的准确性、非歧视性和透明度对于保证尊重受影响者的基本权利尤为重要,特别是他们的自由迁徙权、不受歧视权、私人生活和个人数据受保护权、国际保护和善治等权利。移民、庇护和边境控制管理领域的人工智能系统应当符合欧洲议会和欧盟理事会第(EC)810/2009号条例、第2013/32/EU号指令以及欧盟其他相关法律规定的相关程序要求。同时,欧盟成员国或欧盟机构、组织、办公室或机关不能将该人工智能系统用来规避其根据联合国《关于难民地位的公约》《关于难民地位的议定书》规定所承担的国际义务,也不得以任何方式侵犯不驱回原则,或剥夺进入欧盟领土的安全和有效的法律途径,包括获得国际保护的权利。

(8) 涉及司法和民主进程的高风险人工智能系统

涉及司法和民主进程的高风险人工智能系统包括:① 拟供司法机关或代表其使用,以协助其研究和解释事实和法律,并将法律适用于一系列具体事实,或以类似方式用于替代性争议解决的人工智能系统。② 拟用于影响选举或全民公决结果,或影响自然人在选举或全民公决中投票行为的人工智能系统。这不包括自然人不会直接接触到其输出结果的人工智能系统,如从行政或后勤角度用于组织、优化或构建政治运动的工具。

《人工智能法》鉴于部分第61条对用于司法和民主进程管理的人工智能系统应被归类为高风险进行了说明,认为它们对民主、法治、个人自由以及有效救济和公正审判权可能产生重大影响,会产生潜在的偏见、错误和不透明的风险。用于替代性争议解决机构的人工智能系统,在其产生的替代性争议解决结果对各方产生法律效力时,也应被视为高风险。人工智能工具可以支持法官的决策权或司法独立,但不应取而代之:最终的决策应由人类主导。

需要说明的是,行政或者后勤角度使用的人工智能系统,不会影响个案的实际司法判断,如司法裁决、文件或数据的匿名化或假名化、人员之间的通信、行政任务等,因此不属于高风险人工智能系统。

另外,《人工智能法》鉴于部分第62条对用于选举投票的人工智能系统应被归类为高风险进行了说明,认为这类系统可能使投票权受到不当外部干预,并对民主和法治产生不利影响。但自然人不直接接触其输出结果的人工智能系统除外,如仅从行政和后勤角度组织、优化和结构化政治竞选的工具。

需要说明的是,《人工智能法》附件三所指的人工智能系统范围不是固定的。根据《人工智能法》第7、112条的规定,欧盟委员会每年在按照《人工智能法》规定的标准评估后,可以对附件三进行修正。从提供者角度看,需要关注欧盟委员会后续的立法动向。

5. 什么情况下《人工智能法》附件三所列的人工智能系统不被视为高风险?

《人工智能法》第6条第3款和鉴于部分第53条规定,如果人工智能系统对自然人的健康、安全或基本权利不构成重大损害风险,包括不会对决策结果产生重大影响,则不应被视为高风险系统。如果人工智能系统符合以下一项或多项标准,则属于这种情况:

(1) 执行狭义的程序任务。如将非结构化数据转换为结构化数据的人工智能系统、将收到的文件分类的人工智能系统,或用于检测大量应用程序中重复内容的人工智能系统。这些任务的范围很窄、性质单一,只能带来有限的风险,也不会因为使用附件中列为高风险用途的人工智能系统而增加风险。

(2) 旨在改进先前完成的人类活动的结果。这类人工智能系统只是为人类活动提供了一个附加层,从而降低了风险。例如,这一条件适用于旨在改进先前起草的文件中所用语言的人工智能系统,如在专业语气、学术语言风格方面,或通过使文本与特定品牌信息保持一致。

(3) 用于检测决策模式或其偏离情况,而不是在未经适当人工审查的情况下取代或影响先前完成的人工评估。这类人工智能系统的使用是基于先前已完成的人工评估,而不是要在未经适当的人工审查情形下取代或影响人工评估。例如,人工智能系统可以在给定教师某种评分模式的情况下,事后检查该教师是否偏离了评分模式,以发现潜在的不一致或异常情况。

(4) 用于评估人工智能系统是否属于《人工智能法》附件三所列范围的准备性工作。包括索引、搜索、文本和语音处理或将数据链接到其他数据源等各种功能,或用于翻译初始文件的人工智能系统。但是,如果附件三所指的人工智能系统在对自然人进行画像时,应始终被视为高风险人工智能系统。

对于不属于上述高风险的人工智能系统,应在该系统投放市场或提供服务前起草评估文件,并应根据要求向成员国主管机关提供该文件,提供者有义务在根据《人工智能法》建立的欧盟数据库中登记该系统。后续欧盟委员会和欧盟理事会将制定一份高风险和非高风险人工智能系统使用的全面实例清单。

《人工智能法》第 6 条第 6、7、8 款规定,欧盟委员会可以修改前述《人工智能法》附件三所列的人工智能系统不构成高风险的范围,但是《人工智能法》设置了原则性的前提条件,这些条件是:(1) 在前述不构成高风险人工智能系统的情形之上进行增加或者修改,即通过扩大不构成高风险人工智能系统的范围来缩小构成高风险人工智能系统的可能性,需要有可靠的证据表明不会对自然人的健康、安全或基本权利造成重大危害;(2) 删除任何一项前述不构成高风险人工智能系统的情形,即通过缩小不构成高风险人工智能系统的范围来扩大构成高风险人工智能系统的可能性,需要有具体可靠的证据表明这对保持欧盟对健康、安全和基本权利的保护水平是必要的。此外,无论增加、修改或者删除前述不构成高风险人工智能系统的情形,均不得降低欧盟对健康、安全和基本权利的总体保护水平,并应考虑到市场和技术的发展。

6. 高风险人工智能系统与成员国法律的关系

《人工智能法》鉴于部分第 63 条特别说明,根据该法将某个人工智能系统归类为高风险的事实,不应被解释为该系统在欧盟其他法律或与欧盟法律兼容的成员国法律下的使用是合法的,如关于保护个人数据、关于使用测谎仪及类似工具或检测自然人的情绪状态的其他系统。也就是说,《人工智能法》仅提供判断和分类依据,即使人工智能系统属于该法指称的高风险系统,但是否可以使用仍然应当根据成员国的法律及可能适用的欧盟其他法律规定作出判断,如果某个人工智能系统在成员国被禁止使用,则应当符合成员国法律的规定。

二、高风险人工系统需要符合的要求

《人工智能法》从高风险人工智能系统需要符合的整体要求和不同参与方的法律义务两个角度对高风险人工智能系统应当符合的要求进行了规定。高风险人工智能系统需要符合的整体要求包括:建立风险管理体系、确保数据集的质量和相关性、保存技术文档和记录、确保透明度和向部署者提供信息、人工监督,以及确保系统的稳健性、准确性和网络安全。《人工智能法》第8—15条对上述内容进行了规定,鉴于部分第64—78条进行了解释说明。不同参与方的法律义务包括:提供者、授权代表、进口者、分销者、部署者以及价值链各自与整体责任。《人工智能法》第16—25条对此进行了规定,鉴于部分第79—90条进行了解释说明。这些是《人工智能法》对高风险人工智能系统的核心法律要求。

(一)《人工智能法》对高风险人工智能系统的整体要求

1. 如何建立高风险人工智能系统风险管理体系?

《人工智能法》第8条第1款规定,高风险人工智能系统应考虑到其预期目的以及人工智能及相关技术的行业发展水平,并考虑到第9条规定的风险管理体系。从文件准备和流程来看,第8条第2款和鉴于部分第64条规定,高风险人工智能系统提供者可选择酌情将其提供的与产品有关的必要测试和报告流程、信息和文件纳入附件一第A节所列欧盟协调立法要求的现有文件和程序中。这是为了减少提供者等的管理负担与成本,使《人工智能法》与欧盟协调立法更好地协调适用。

《人工智能法》第9条规定,建立、实施、记录和维护与高风险人工智能系统有关的风险管理体系是该法的强制性规定。风险管理体系是在高风险人工智能系统的整个生命周期内规划和运行的一个持续迭代过程,需要定期进行系统审查和更新。具体包括以下步骤：(1) 识别和分析高风险人工智能系统在按照其预期目的使用时可能对健康、安全或基本权利造成的已知和可合理预见的风险；(2) 估计和评估高风险人工智能系统在按照其预期目的和在可合理预见的滥用条件下使用时可能出现的风险；(3) 根据对从《人工智能法》第72条提及的上市后监测系统中收集的数据的分析，评估其他可能出现的风险；(4) 为应对第一点所确定的风险采取适当的、有针对性的风险管理措施。

在确定最合适的风险管理措施时，应确保以下几点：(1) 在设计和开发中识别和评估风险与消除和减少风险；(2) 如果风险无法消除，采取适当措施减少和控制风险；(3) 提供充分的信息并对部署者进行培训。高风险人工智能系统应当经过测试，并且重点评估对18岁以下人群的不利影响以及考虑对其他弱势群体的不利影响。

《人工智能法》鉴于部分第65条补充说明，风险管理体系应根据人工智能领域的最新技术，采取最合适的风险管理措施。在确定最合适的风险管理措施时，提供者应记录和解释所作的选择，并在相关情况下让专家和外部利益相关者参与进来。任何已知或可预见的与高风险人工智能系统按照其预期目的或在合理可预见的误用条件下使用相关的情况，可能导致健康、安全或基本权利风险的，均应包含在提供者提供的使用说明中，即使超出了人工智能系统的直接预期目的。就培训而言，提供者针对高风险人工智能系统进行专门的额外培训属于鼓励性规定，非强制性规定。

2. 如何对高风险人工智能系统进行数据治理？

(1) 对高风险人工智能系统进行数据治理的原因

《人工智能法》鉴于部分第67条规定，高质量数据及其获取在为许多人工智能系统提供结构和确保其性能方面起着至关重要的作用，尤其是在使用模型训练技术时，以确保高风险人工智能系统按预期安全运行，并且不会成为欧盟法律禁止的歧视源。用于训练、验证和测试的数据集需要进行适当的数据治理和管理实践。

(2) 对高风险人工智能系统进行数据治理的要求

《人工智能法》第10条规定，高风险人工智能系统如使用数据训练模型技术，在训练、验证和测试数据集时，应满足质量标准并遵守与人工智能系统预期目的相适应的适当数据治理和管理办法(对于不使用涉及人工智能模型训练技术的高风险人工智能系统的开发,上述规定仅适用于测试数据集)。具体包括:① 相关的设计选择;② 数据收集过程和数据来源,如果是个人数据,应说明收集的初始目的;③ 相关的数据准备处理操作,如注释、标记、清理、更新、丰富和聚合;④ 提出假设,特别是关于数据应衡量和代表的信息的假设;⑤ 评估所需数据集的可用性、数量和适用性;⑥ 考虑偏见和歧视的影响;⑦ 发现、防止和减少偏见;⑧ 确定妨碍遵守《人工智能法》的相关数据差距或缺陷,以及如何解决这些差距和缺陷。对于不使用涉及人工智能模型训练技术的高风险人工智能系统的开发,上述规定仅适用于测试数据集。

训练、验证和测试数据集应具有相关性、足够的代表性,并在最大可能的范围内做到没有错误,而且从预期目的来看是完整的。数据集应具有适当的统计特性,包括在适用的情况下,与打算使用高风险人工智能系统的个人或群体有关的统计特性。数据集的这些特性可以在单个数据集或数据集组合的层面上得到满足。

数据集应在预期目的的要求的范围内,考虑到高风险人工智能系统预期使用的具体地理、背景、行为或功能环境所具有的特征或要素。

(3) 高风险人工智能系统使用特殊类别个人数据的要求

为防止人工智能系统的偏见和歧视,提供者可以例外处理特殊类别的个人数据,但必须满足如下条件:① 通过处理其他数据,包括合成数据或匿名数据,无法有效地检测和纠正偏见;② 特殊类别的个人数据在重复使用上受到技术限制,并采取最先进的安全和隐私保护措施,包括假名化;③ 对特殊类别的个人数据应采取措施,确保所处理的个人数据安全可靠、受到保护、有适当的保障措施,包括严格的访问控制和记录,以避免被滥用,并确保只有负有适当保密义务的授权人员才能查阅这些个人数据;④ 不得向其他方传送、转让或以其他方式获取特殊类别的个人数据;⑤ 一旦偏差得到纠正或个人数据的保存期结束(以先到者为准),特殊类别的个人数据应被删除;⑥ 处理活动记录包括为什么处理特殊类别的个人数据对于检测和纠正偏见是绝对必要的,以及为什么处理其他数据无法实现该目标。

(4) 数据集的开放共享

《人工智能法》鉴于部分第68条规定,在高风险人工智能系统的开发和评估过程中,特定参与者,如提供者、公告机构以及其他相关组织或个体(如欧洲数字创新中心、测试和实验设施及研究人员),应能够在其与《人工智能法》相关的活动领域内访问和使用高质量的数据集。欧盟委员会建立的欧洲共同数据空间,以及促进企业之间和与政府之间在公共利益方面的数据共享,将有助于为人工智能系统的训练、验证和测试提供可信、负责和非歧视性的高质量数据访问。例如,在健康领域,欧洲健康数据空间将以隐私保护、安全、及时、透明和可信的方式,且通过适当的机构治理,促进对健康数据的无歧视访问以及人工智能算法在这些数据集上的训练。提供或支持数据访问的相关主管机关,包括部门主管机关,也可支持为人工智能系统的训练、验证和测试提供高质量数据。

(5)隐私权和个人数据保护权

《人工智能法》鉴于部分第 69 条规定,隐私和个人数据必须在人工智能系统的整个生命周期内得到保障。当处理个人数据时,欧盟数据保护法律中规定的数据最小化原则以及数据保护设计和默认原则均适用。提供者为确保遵守这些原则所采取的措施不仅包括匿名化和加密,还包括使用允许算法直接在数据上进行处理的技术,这种技术允许在不传输或复制原始数据或结构化数据的情况下进行人工智能系统的训练,同时不影响《人工智能法》规定的数据治理要求。

3. 如何编制高风险人工智能系统的技术文件?

《人工智能法》第 11 条规定,高风险人工智能系统的技术文件应在该系统投放市场或提供服务之前编制,并应不断更新。在编制时应当考虑技术文件能证明高风险人工智能系统符合《人工智能法》的要求并对外提供。具体编制要求详见《人工智能法》附件四,中小微企业可以从简编制技术文件。

《人工智能法》鉴于部分第 71 条对编制高风险人工智能系统的技术文件和留存系统记录或日志进行了说明。掌握关于高风险人工智能系统如何开发以及它们在整个生命周期中如何运行的可理解信息,对于实现这些系统的可追溯性、验证其是否符合《人工智能法》的要求以及监控其操作和上市后监测至关重要。这就要求保存记录和提供技术文件,其中包含评估人工智能系统是否符合相关要求和促进上市后监测所需的信息。这些信息应包括系统的一般特点、功能和限制,所使用的算法、数据及训练、测试和验证过程,以及相关风险管理体系的文件,并以清晰和全面的形式编写。在人工智能系统的整个生命周期内,技术文件都应保持最新。此外,高风险人工智能系统应在技术上允许通过日志自动记录系统生命周期内发生的事件。

4. 如何留存高风险人工智能系统记录或者日志?

《人工智能法》第12条规定,高风险人工智能系统在技术上应允许自动记录系统生命周期内的事件("日志"),确保可追溯和与预期目的相适应。具体应记录以下相关事件:(1) 识别风险或者实质性修改;(2) 促进上市后监测;(3) 监测《人工智能法》第26条第5款所指的高风险人工智能系统的运行。

对于《人工智能法》附件三第1条a项所述的高风险人工智能系统,日志记录至少应包括以下内容:(1) 记录每次使用系统的时间(每次使用的开始日期和时间以及结束日期和时间);(2) 系统检查输入数据所依据的参考数据库;(3) 搜索结果匹配的输入数据;(4) 第14第5款所述参与结果核查的自然人的身份信息。

5. 高风险人工智能系统如何履行透明度义务以及向部署者提供信息?

《人工智能法》第13条规定,高风险人工智能系统应简明、完整、正确和清晰地说明以下信息:(1) 提供者的身份信息和联系方式,以及(如适用)其授权代表的身份信息和联系方式;(2) 高风险人工智能系统的特点、能力和性能限制;(3) 在初始符合性评估时由提供者预先确定的对高风险人工智能系统及其性能所作的更改(如有);(4) 人工监督措施,包括为便于部署者解释高风险人工智能系统的输出结果而采取的技术措施;(5) 所需的计算和硬件资源、高风险人工智能系统的预期寿命,以及任何必要的维护和保养措施,包括其频率,以确保该人工智能系统的正常运行,包括软件更新;(6) 在相关情况下,说明高风险人工智能系统所包含的机制,使部署者能够正确收集、储存和解释日志。

在说明高风险人工智能系统的特点、能力和性能限制时,要考虑:(1) 系统的预期目的;(2) 系统已经过测试和验证并可预期的准确性水平,以及可能对可预期的准确性水平、稳健性和网络安全产生影响的各种情况;(3) 可能导致健康和安全或基本权利风险的情况;(4) 提供与解释系统输出相关信息的技术能力和特点;(5) 系统适用于特定个人或群体的性能;(6) 系统的预期目的、输入数据的规格,或所使用的训练、验证和测试数据集方面的任何其他相关信息;(7)提供使部署者能够解释系统的输出结果并加以适当使用的相关信息。

《人工智能法》鉴于部分第72条规定,为了应对特定人工智能系统的不透明性和复杂性问题,并帮助部署者履行其在《人工智能法》下的义务,高风险人工智能系统在投放市场或提供服务之前应具有透明性。高风险人工智能系统的设计应使部署者能够理解人工智能系统的工作原理、评估其功能,并理解其优势和局限性。

高风险人工智能系统应附有适当的使用说明信息。这些信息应包括人工智能系统的特征、功能和性能的局限性。这些信息将涵盖与使用高风险人工智能系统有关的已知或可预见情况的信息,包括部署者可能影响系统行为和性能的操作,在这种场景下,人工智能系统可能导致健康、安全和基本权利的风险,以及已由提供者预先确定和评估合规的变更及相关的人工监督措施,包括帮助部署者解释人工智能系统输出的措施。

透明性,包括随附的使用说明,应协助部署者使用系统并支持其作出知情决策。部署者应能够更好地根据适用的义务选择他们计划使用的系统,了解预期和禁止使用的情况,并正确且适当地使用人工智能系统。

为了增强使用说明信息的可读性和可访问性,必要时应包括示例说明,如系统的限制和预期使用及禁止使用情况。提供者应确保包括使用说明在内的所有文档包含有意义的、全面的、易获取和理解的信息,同时兼顾目标部署者的需求和可预见的知识水平。使用说明应以目标部署者容易理解的语言提供,具体语言由相关成员国确定。

6. 如何对高风险人工智能系统进行人工监督?

《人工智能法》第14条规定,高风险人工智能系统的设计和开发方式应包括适当的人机界面工具,以便在人工智能系统使用期间能由自然人进行有效监督,防止滥用和对健康、安全或者基本权利造成的风险。监督措施应与高风险人工智能系统的风险、自主程度和使用环境相称。在高风险人工智能系统投放市场或者提供服务之前,由提供者直接在系统中设置人工干预控制措施,也可以由提供者设定后由部署者实施。

《人工智能法》第14条第4款规定了在提供者向部署者提供高风险人工

智能系统时,应使具体实施人工监督的自然人可以:(1) 正确理解高风险人工智能系统的相关能力和局限性,并能对其运行进行适当的监控,以便发现和处理异常情况、故障和未预计到的表现;(2) 保持对自动依赖或过度依赖高风险人工智能系统输出结果(自动化偏见)可能性的警觉,尤其是对于为自然人决策提供信息或建议的高风险人工智能系统;(3) 正确解读高风险人工智能系统的输出结果,同时考虑到现有的解读工具和方法;(4) 决定在任何特定情况下不使用高风险人工智能系统,或以其他方式忽略、覆盖或逆转高风险人工智能系统的输出;(5) 干预高风险人工智能系统的运行,或者通过"停止"按钮或类似程序中断系统,使系统在安全状态下停止运行。

对于人工监督的人员数量,《人工智能法》也作出了规定。即远程生物特征识别系统应当由两名自然人单独核实确认后,部署者才可以根据该系统产生的识别结果采取行动或者作出决定。但是,在成员国另行规定的情况下,该两名自然人单独核实的要求不适用于为执法、移民、边境管制或庇护目的而使用的高风险人工智能系统。换言之,为执法、移民、边境管制或庇护目的而使用高风险人工智能系统的,可以仅由一名自然人进行人工监督。这些人可以来自一个或多个组织,包括操作或使用系统的人。这一要求不应造成不必要的负担或延误,只要在系统生成的日志中自动记录不同人员分别进行的核实即可。

《人工智能法》鉴于部分第 73 条解释了人工监督的必要性。高风险人工智能系统应使得自然人能够监督其运行,确保其按预期使用,并在系统生命周期内消除其影响。为此,系统提供者应在系统投放市场或提供服务之前确定适当的人工监督措施。特别是在适当情况下,这些措施应保证系统具有内置的操作限制,无法被系统自身覆盖,并且能够响应人类操作员的指令,同时被指定负责监督的自然人具备履行该角色所必要的能力、经过培训和享有权限。此外,还必须确保高风险人工智能系统包含一些机制,以引导和告知被指定负责监督的自然人是否、在何时以及如何进行干预,以避免负面后果或风险的发生,或在系统未按预期运行时停止系统。

7. 高风险人工智能系统对于准确性、稳健性和网络安全的具体要求有哪些?

《人工智能法》第 15 条规定,高风险人工智能系统的设计和开发应使其达到适当的准确性、稳健性和网络安全水平,并确保整个生命周期均符合这些要求,欧盟委员会将促进制定具体基准和衡量方法。具体包括:(1)高风险人工智能系统的准确度等级和相关准确度指标应在随附的使用说明中声明;(2)高风险人工智能系统应尽可能具有弹性,避免出现错误或者故障;(3)高风险人工智能系统的稳健性可通过技术冗余解决方案来实现,包括备份或故障安全计划;(4)高风险人工智能系统在投放市场或提供服务后仍在继续学习,对它的开发应尽可能消除或减少可能有偏见的输出影响未来操作输入("反馈回路")的风险,并采取适当的缓解措施;(5)高风险人工智能系统应具有弹性,可抵御未经授权的第三方利用系统漏洞改变其使用、输出或性能的企图;(6)旨在确保高风险人工智能系统网络安全的技术解决方案应适合相关情况和风险;(7)针对人工智能特定漏洞的技术解决方案应酌情包括预防、检测、应对、解决和控制试图篡改训练数据集("数据中毒")或用于训练的预训练组件("模型中毒")的攻击,旨在导致人工智能模型出错的输入("对抗样本"或"模型规避"),保密攻击或模型缺陷等措施。

《人工智能法》鉴于部分第74—78条对高风险人工智能系统的准确性、稳健性和网络安全及与成员国等其他法律的协调适用进行了更加详细的说明。

(二)高风险人工智能系统各方的合规义务

1. 如何识别高风险人工智能系统适用的主体?

《人工智能法》适用于多方组织或者主体,各方承担不同的合规义务。《人工智能法》适用的组织或者主体包括提供者、产品制造者、部署者、授权代表、进口者、分销者、运营者。需要注意的是,运营者指提供者、产品制造者、部署者、授权代表、进口者或分销者的统称。运营者可能同时扮演多个角色,如同时成为分销者和进口者。这些组织和主体承担的法律义务不仅针对健全人,还包括残疾人。《人工智能法》鉴于部分第80条特别规定,欧盟和成员国有遵守联合国《残疾人权利公约》的义务,确保残疾人有平等地使用人工智能技术的权利和隐私被保护的权利,并使人工智能系统在设计上符合无障碍要求。

2. 提供者的义务

(1)提供者有哪些义务?

《人工智能法》第16条规定,高风险人工智能系统提供者应当遵守的义务共有12项,分别为:① 确保高风险人工智能系统符合《人工智能法》第8—15条规定的关于风险管理体系、数据和数据治理、技术文件、保存记录、透明度和向部署者提供信息、人工监督,以及准确性、稳健性和网络安全的要求;② 在高风险人工智能系统上标明其名称、注册商号或注册商标、联系地址,如无法标明,则在其包装或随附文件上标明;③ 建立符合《人工智能法》第17条要求的质量管理体系;④ 保存《人工智能法》第18条提及的文件;⑤ 保存提供者能控制的《人工智能法》第19条所述的高风险人工智能系统自动生成的日志;⑥ 确保高风险人工智能系统在投放市场或提供服务之前,经过《人工智能法》第43条所述的符合性评估;⑦ 根据《人工智能法》第47条起草欧盟符合性声明;⑧ 根据《人工智能法》第48条,在高风险人工智能系统上加贴CE标志,如无法加贴,则在其包装或者随附文件上加贴;⑨ 遵守《人工智能法》第49条第1款规定的登记义务;⑩ 采取必要的纠正措施,并提供《人工智能法》第20条所要求的信息;⑪ 应国家主管机关的合理要求,证明高风险人工智能系统符合《人工智能法》第8—15条规定的要求;⑫ 确保高风险人工智能系统符合无障碍要求。

前述高风险人工智能系统提供者的义务广泛地交叉引述了《人工智能法》其他条款的内容,在具体采取合规措施时,需要仔细甄别和回溯不同的规定。

(2) 提供者如何构建质量管理体系?

根据《人工智能法》第17条的规定,高风险人工智能系统的质量管理体系应以书面政策、程序和指令的形式系统、有序地记录下来,至少应当包括以下方面内容:① 符合监管合规战略,包括遵守符合性评估程序和管理高风险人工智能系统修改的程序;② 用于高风险人工智能系统的设计、设计控制和设计验证的技术、程序和系统行动;③ 用于高风险人工智能系统的开发、质量控制和质量保证的技术、程序和系统性行动;④ 在开发高风险人工智能系统之前、期间和之后要执行的检查、测试和验证程序,以及执行这些程序的频率;⑤ 应采用的技术规范,包括标准,如果相关的统一标准没有完全采用,或没有涵盖《人工智能法》第三章第二节中列出的所有相关要求,应采用何种手段确保高风险人工智能系统符合这些要求;⑥ 数据管理系统和程序,包括数据采集、数据收集、数据分析、数据标注、数据存储、数据过滤、数据挖掘、数据聚合、数据保留,以及在高风险人工智能系统投放市场或提供服务之前,或者为了投放市场或提供服务的目的而进行的与数据有关的任何其他操作;⑦《人工智能法》第9条规定的风险管理体系;⑧根据《人工智能法》第72条建立、实施和维护上市后监测系统;⑨根据《人工智能法》第73条报告严重事件的相关程序;⑩处理与国家主管机关、其他相关机构(包括提供或支持数据访问的机构)、公告机构、其他运营者、客户或其他相关方的沟通;⑪所有相关文件和信息的记录保存系统和程序;⑫资源管理,包括与供应安全有关的措施;⑬问责制框架,规定管理层和其他工作人员在这里所列各方面的责任。

提供者在建立高风险人工智能系统的质量管理体系时需要注意两点:第一,高风险人工智能系统与质量管理体系的关系。如果高风险人工智能系统提供者在质量管理体系或相关欧盟行业法律规定的同等功能方面负有义务,相关法律规定可能会将前述规定纳入质量管理体系的一部分。第二,高风险人工智能系统与金融服务的关系。对于须遵守欧盟金融服务立法对其内部治理、安排或流程要求的金融机构,除上述第七点规定的风险管理体系,第八点规定的建立、实施和维护上市后监测系统,以及第九点规定的报告严重事件的相关程序外,建立质量管理体系的义务应被视为通过遵守相关欧盟金融服务立法的内部治理安排或流程规则而履行,即以遵守金融服务立法为主。

《人工智能法》鉴于部分第81条规定,提供者应建立健全质量管理体系,确保完成所需的符合性评估程序,起草相关文件,并建立健全上市后监测体系。对于根据欧盟相关领域的法律要履行质量管理体系义务的高风险人工智能系统提供者,应当将《人工智能法》规定的质量管理体系要素纳入欧盟其他领域法律规定的现有质量管理体系中。在未来的标准化活动或欧盟委员会通过的指导方针中,应考虑《人工智能法》与欧盟现有领域法律之间的互补性。公共机关为自身而投入使用高风险人工智能系统时,可以酌情采用和实施作为在成员国或地区层面采用的质量管理体系一部分的质量管理体系规则,同时考虑到相关领域的具体情况以及涉及的公共机关的权限和组织。

(3)提供者如何保存文件?

《人工智能法》第18条第1款规定,在高风险人工智能系统投放市场或提供服务后的10年内,提供者应随时向国家主管机关报告下列事项:①《人工智能法》第 11 条提及的技术文件;②《人工智能法》第 17 条所述质量管理体系的相关文件;③ 公告机构批准的变更相关文件(如适用);④ 公告机构发布的决定和其他文件(如适用);⑤《人工智能法》第 47 条所述的欧盟符合性声明。

提供者保存文件需注意两点:第一,根据第 18 条第 2 款的规定,成员国法律对破产或者停业的提供者保存文件的要求。根据《人工智能法》的规定,各成员国应当确定在前述 10 年期限内,即使提供者或其在该成员国境内设立的授权代表破产或停止活动,国家主管机关仍可支配文件的条件。第二,根据第 18 条第 3 款的规定,金融机构保存文件的要求。提供者如果是金融机构,其内部治理、安排或流程受欧盟金融服务立法要求的约束,则应将技术文件作为根据相关欧盟金融服务立法保存的文件的一部分进行维护。

(4) 提供者如何管理自动生成的日志?

《人工智能法》第 19 条规定,高风险人工智能系统的提供者应保存高风险人工智能系统自动生成的第 12 条第 1 款所述日志,只要这些日志在其控制范围之内。在不影响适用的欧盟或成员国法律的情况下,日志应至少保存六个月,以适应高风险人工智能系统的预期目的,除非适用的欧盟或成员国法律,特别是有关保护个人数据的欧盟法律另有规定。

根据欧盟金融服务立法,金融机构的内部治理、安排或流程必须符合相关要求,作为根据相关金融服务立法保存的文件的一部分,提供者应保存其高风险人工智能系统自动生成的日志。

(5) 提供者如何纠正不符合要求的高风险人工智能系统并提供信息和通知相关方?

《人工智能法》第 20 条规定,提供者如认为或有理由认为其投放市场或提供服务的高风险人工智能系统不符合该法的规定,应立即采取必要的纠正措施,使该系统符合规定,酌情予以撤销、禁用或召回。他们应通知有关高风险人工智能系统的分销者,并酌情通知部署者、授权代表和进口者。如果高风险人工智能系统存在《人工智能法》第 79 条第 1 款意义上的风险,且提供者意识到该风险,则应立即与报告的部署者(如适用)合作调查原因,并通知其在市场上提供高风险人工智能系统的一个或多个成员国的市场监督机关,以及(如适用)根据《人工智能法》第 44 条为该高风险人工智能系统颁发证书的公告机构,特别是告知其不合规的性质和所采取的任何相关纠正措施。

(6) 提供者如何与主管机关合作？

《人工智能法》第 21 条规定，提供者应在主管机关提出合理要求时，向该机关提供证明高风险人工智能系统符合该法第三章第二节所列要求所必需的所有信息和文件，应使用有关成员国所指定的欧盟机构官方语言之一，且易于该机关理解。在主管机关提出合理要求后，提供者还应酌情允许提出要求的主管机关查阅《人工智能法》第 12 条第 1 款所述高风险人工智能系统自动生成的日志，只要这些日志在其控制范围之内。主管机关对此负有保密义务。

3. 授权代表的义务

(1) 在什么情况下提供者需要指定授权代表？

《人工智能法》第 22 条第 1、2 款规定，在欧盟境外设立的提供者在欧盟市场上提供其高风险人工智能系统之前，应通过书面授权，指定一名在欧盟境内设立的授权代表。提供者应确保其授权代表能够执行该法规定的任务。

(2) 提供者的授权代表应当遵守哪些规定？

《人工智能法》第 22 条第 3 款规定，授权代表应执行提供者授权书中规定的任务。授权代表应根据请求，以国家主管机关确定的欧盟机构官方语言之一，向市场监督机关提供一份授权书副本。授权书应授权授权代表执行以下任务：

① 核实义务。确认《人工智能法》第 47 条中的欧盟符合性声明和该法第 11 条中的技术文件是否已经起草，提供者是否已经执行了适当的符合性评估程序。

② 保存义务。在高风险人工智能系统投放市场或提供服务后的 10 年内，向主管机关和《人工智能法》第 74 条第 10 款所指的国家机关或机构提供指定授权代表的提供者的详细联系信息、《人工智能法》第 47 条中的欧盟符合性声明副本、技术文件以及（如适用）公告机构签发的证书。

③ 提供义务。应合理请求，向主管机关提供证明高风险人工智能系统符合《人工智能法》第三章第二节规定要求所需的所有信息和文件，包括上述第二点所述的信息和文件，包括访问《人工智能法》第 12 条第 1 款所述的

由高风险人工智能系统自动生成的日志,只要这些日志在提供者的控制之下。

④ 合作义务。在主管机关提出合理请求时,配合其对高风险人工智能系统采取的任何行动,特别是减少和降低高风险人工智能系统带来的风险。

⑤ 登记义务。在适用的情况下,遵守《人工智能法》第 49 条第 1 款所述的登记义务,或者如果登记是由提供者自行进行的,则确保《人工智能法》附件八第 A 节第 3 点所述的信息正确无误。

授权书应赋予授权代表在所有与确保遵守《人工智能法》有关的问题上,可以在提供者之外,直接接受主管机关的问询。如果授权代表认为或有理由认为提供者的行为违反了《人工智能法》规定的义务,则应终止授权。在这种情况下,授权代表应立即向相关市场监督机关与相关公告机构(如适用)通报授权终止及其原因。

4. 进口者的义务

《人工智能法》第 23 条第 1 款规定,在将高风险人工智能系统投放市场之前,进口者应确保此类系统符合下列要求:

(1) 核实高风险人工智能系统的提供者是否已执行了《人工智能法》第 43 条所述的相关符合性评估程序;

(2) 核实提供者是否已根据《人工智能法》第 11 条和附件四编制了技术文件;

(3) 核实系统是否带有所需的 CE 标志,并附有《人工智能法》第 47 条所述的欧盟符合性声明和使用说明;

(4) 核实提供者是否已根据《人工智能法》第 22 条第 1 款指定了授权代表。

此外,《人工智能法》第 23 条第 2—7 款还规定了进口者负有如下义务:

(1) 防止伪造和通知义务。如果进口者有充分理由认为高风险人工智能系统不符合《人工智能法》的规定,或者是伪造的,或者附有伪造的文件,则进口者在该系统符合规定之前不得将其投放市场。如果高风险人工智能系统存在《人工智能法》第 79 条第 1 款所指的风险,进口者应将此情况通知系统提供者、授权代表和市场监督机关。

(2) 标注义务。进口者应在其包装或随附文件(如适用)上标明其名称、注册商号或注册商标,以及与高风险人工智能系统有关的联系地址。

(3) 保障储存和运输条件义务。进口者应确保,当高风险人工智能系统在其责任范围内时,储存或运输条件(如适用)不会危及其符合《人工智能法》第三章第二节规定的要求。

(4) 保存证书义务。进口者应在高风险人工智能系统投放市场或提供服务后的 10 年内,保存一份由公告机构颁发的证书(如适用)、使用说明和《人工智能法》第 47 条所述的欧盟符合性声明的副本。

(5) 提供信息和文件义务。进口者应在相关主管机关提出合理要求时,向其提供证明高风险人工智能系统符合《人工智能法》第三章第二节要求的所有必要的信息和文件,包括上述第四点所述的保存的信息和文件,且其语言应易于理解。为此,进口者还应确保向这些机关提供技术文件。

(6) 合作义务。进口者应与相关主管机关合作,采取任何与进口者投放市场的高风险人工智能系统有关的行动,特别是减少和降低该系统带来的风险。

5. 分销者的义务

《人工智能法》第 24 条规定了分销者的义务,包括:

(1) 核实义务。在市场上提供高风险人工智能系统之前,分销者应核实该系统是否带有所需的 CE 标志,是否附有《人工智能法》第 47 条所述的欧盟符合性声明和使用说明,以及该系统的提供者和进口者是否遵守了《人工智能法》第 16 条 b 项、c 项以及第 23 条第 3 款规定的各自义务。

(2) 不提供不符合要求的系统和通知义务。分销者如根据其掌握的信息认为或有理由认为高风险人工智能系统不符合《人工智能法》第三章第二节所列的要求,则在该系统符合这些要求之前,不得在市场上提供该系统。此外,如果高风险人工智能系统存在《人工智能法》第 79 条第 1 款所指的风险,分销者应酌情将此情况通知该系统的提供者或进口者。

(3) 保障储存和运输条件义务。分销者应确保在其负责高风险人工智能系统期间,储存或运输条件不会危及该系统符合《人工智能法》第三章第二节规定的要求。

(4) 纠正、撤回、召回系统的义务。分销者如根据其掌握的信息认为或有理由认为其在市场上提供的高风险人工智能系统不符合《人工智能法》第三章第二节所列要求,则应采取必要的纠正措施使该系统符合这些要求,或者撤回或召回该系统,或者确保提供者、进口者或任何相关运营者酌情采取这些纠正措施。如果高风险人工智能系统存在《人工智能法》第79条第1款所指的风险,分销者应立即将此情况通知该系统的提供者或进口者以及其提供产品的成员国的国家主管机关,特别是提供不符合要求的详细情况和所采取的纠正措施。

(5) 提供信息和文件义务。在国家主管机关提出合理要求后,高风险人工智能系统的分销者应向该主管机关提供有关其根据《人工智能法》第24条第1—4款采取的行动的所有必要信息和文件,以证明该系统符合《人工智能法》第三章第二节规定的要求。

(6) 合作义务。分销者应与国家主管机关合作,采取任何与他们在市场上分销的高风险人工智能系统有关的行动,特别是减少或降低该系统造成的风险。

6. 部署者的义务

(1) 部署者的义务有哪些?

《人工智能法》第26条规定了部署者的义务,包括:

① 按照说明使用义务。应采取适当的技术和组织措施,确保按照《人工智能法》第26条第3款和第6款的规定,根据系统所附的使用说明使用这些系统。

② 人工监督义务。在部署者对高风险人工智能系统行使控制权的情况下,应确保被指派对高风险人工智能系统进行人工监督的自然人具备必要能力、经过培训和享有权限,并获得必要的支持。上述第一、二点中的义务不影响欧盟或成员国法律规定的其他部署者义务,也不影响部署者为实施提供者所述指示的人工监督措施而自行安排资源和活动的自由。

③ 输入数据符合预期及有代表性义务。在不影响上述第一、二点的情况下,如果部署者对输入数据行使控制权,则应确保输入数据与高风险人工智能系统的预期目的相关并具有充分代表性。

④ 通知义务。部署者应根据使用说明监控高风险人工智能系统的运行情况,并在必要时根据《人工智能法》第72条通知提供者。当部署者有理由认为按照使用说明使用可能导致人工智能系统出现《人工智能法》第79条第

1 款所指的风险时,他们应立即通知提供者或分销者和有关市场监督机关,并暂停使用该系统。如果部署者无法联系到提供者,则应比照适用《人工智能法》第 73 条。这项义务不包括执法机关作为人工智能系统部署者的敏感操作数据。对于根据欧盟金融服务立法须遵守内部治理、安排或流程要求的金融机构部署者而言,遵守相关金融服务立法规定的内部治理安排、流程和机制规则,即视为履行了监控义务。

⑤ 保存日志义务。部署者应将高风险人工智能系统自动生成的日志保存在其控制的范围内,保存期应与高风险人工智能系统的预期目的相适应,至少为六个月,除非适用的欧盟或成员国法律,特别是欧盟个人数据保护法另有规定。如果部署者是金融机构,须遵守欧盟金融服务立法对其内部治理、安排或流程的要求,保存日志,作为根据相关欧盟金融服务立法保存的文件的一部分。

⑥ 告知劳动者义务。在工作场所投入或使用高风险人工智能系统之前,作为雇主的部署者应告知劳动者代表和受影响的劳动者,他们将使用高风险人工智能系统。在适用的情况下,应根据欧盟和成员国关于劳动者及其代表信息通报的法律和实践中规定的规则和程序提供这些信息。

⑦ 登记义务。部署者如果是公共机关或欧盟机构、组织、办公室或机关,则应遵守《人工智能法》第 49 条所述的登记义务。当这些部署者发现他们打算使用的高风险人工智能系统尚未在《人工智能法》第 71 条所指的欧盟数据库中登记时,他们不得使用该系统,并应通知提供者或分销者。

⑧ 数据保护影响评估义务。在适用的情况下,高风险人工智能系统的部署者应使用根据《人工智能法》第 13 条提供的信息,以履行其根据 GDPR 第 35 条或第(EU)2016/680 号指令第 27 条开展数据保护影响评估的义务。

⑨ 事后远程生物特征识别义务。用于事后远程生物特征识别的高风险人工智能系统的部署者应:

a. 获得授权。在不影响第(EU)2016/680 号指令的情况下,在对涉嫌或被判定犯有刑事罪的人进行定向搜查的调查框架内,用于事后远程生物特征识别的高风险人工智能系统的部署者应事先或在不无故拖延且不迟于 48 小时内,向司法机关或其决定具有约束力并接受司法审查的行政机关请求授权使用该系统,除非该系统用于与罪行直接相关的客观和可核实的事实初步识别潜在嫌疑人的情况。每次使用应仅限于对具体刑事犯罪调查所严格必要的范围。如果授权请求被拒绝,则应立即停止使用与该授权请求相关联的事后远程生物特征识别系统,并删除与高风险人工智能系统的使用相关联的个人数据。

b. 不能无差别地识别。在任何情况下,用于事后远程生物特征识别的高风险人工智能系统都不得以无针对性的方式用于执法目的,且不得与刑事犯罪、刑事诉讼、真正且现实的或真正且可预见的刑事犯罪威胁或寻找具体的失踪人员无关。应确保执法机关不得仅根据这种事后远程生物特征识别系统的输出结果作出对个人产生不利法律影响的决定。这不影响关于生物特征数据处理的 GDPR 第 9 条和第(EU) 2016/680 号指令第 10 条的规定。

c. 记录。无论目的或部署者如何,此类高风险人工智能系统的每次使用都应记录在相关警方档案中,并应根据要求提供给相关市场监督机关和国家数据保护机关,但不包括与执法有关的敏感操作数据的披露。这不得损害第(EU) 2016/680 号指令赋予监管机关的权力。

d. 报告。部署者应向有关市场监督机关和国家数据保护机关提交年度报告,说明其使用事后远程生物特征识别系统的情况,但不包括披露与执法有关的敏感操作数据。报告可以汇总以涵盖多个部署情况。

成员国可根据欧盟法律,对使用事后远程生物特征识别系统制定限制性更强的法律。

⑩ 告知义务。在不影响《人工智能法》第 50 条的情况下,附件三所述高风险人工智能系统的部署者在作出或协助作出与自然人有关的决定时,应告知自然人其使用了高风险人工智能系统。对于用于执法目的的高风险人工智能系统,应适用第(EU)2016/680 号指令第 13 条的规定。

⑪ 合作义务。部署者应与相关主管机关合作,采取与高风险人工智能系统有关的任何行动,以执行《人工智能法》。

(2) 在什么情形下部署者应当对高风险人工智能系统进行基本权利影响评估?

《人工智能法》第 27 条规定,在部署《人工智能法》第 6 条第 2 款所指的高风险人工智能系统之前,除打算用于附件三第 2 点所列领域的高风险人工智能系统外,受公法管辖的组织或提供公共服务的私营组织,以及附件三第 5 点 b 项和 c 项所指的高风险人工智能系统的部署者,应评估使用这种系统可能对基本权利产生的影响。

（3）部署者应当对高风险人工智能系统进行哪些方面的基本权利影响评估？

根据《人工智能法》第 27 条第 1 款，部署者应当进行以下评估：① 描述部署者按照预期目的使用高风险人工智能系统的流程；② 说明每个高风险人工智能系统的使用期限和频率；③ 在特定情况下，可能受其使用影响的自然人和群体的类别；④ 考虑到提供者根据《人工智能法》第 13 条提供的信息，可能对根据上述第三点确定的各类自然人或群体产生影响的具体伤害风险；⑤ 根据使用说明，说明人工监督措施的执行情况；⑥ 当这些风险出现时应采取的措施，包括内部管理和投诉机制的安排。

（4）部署者对高风险人工智能系统进行基本权利影响评估的形式和程序性问题有哪些？

《人工智能法》第 27 条第 1 款规定的部署者的评估义务适用于高风险人工智能系统的首次使用。在类似情况下，部署者可依赖以前进行的基本权利影响评估或提供者进行的现有影响评估。如果在使用高风险人工智能系统期间，部署者认为任何要素已发生变化或不再是最新的，部署者应采取必要措施更新信息。

一旦进行了评估，部署者应将评估结果通知市场监督机关，包括填写并提交《人工智能法》第 27 条第 5 款所述的模板，作为通知的一部分。在《人工智能法》第 46 条第 1 款所述情况下，部署者可免除通知义务。

如果《人工智能法》第 27 条所规定的任何义务已在根据 GDPR 第 35 条或第（EU）2016/680 号指令第 27 条进行的数据保护影响评估中得到遵守，则根据《人工智能法》第 27 条第 1 款进行的基本权利影响评估应作为该数据保护影响评估的补充。

人工智能办公室应开发一个问卷模板，包括通过自动化工具，方便部署者以简化的方式履行这里规定的义务。

7. 人工智能价值链上的责任

（1）什么是高风险人工智能系统价值链责任？

《人工智能法》第 25 条和鉴于部分第 84 条规定，在下列任何一种情况下，任何分销者、进口者、部署者或其他第三方均应被视为高风险人工智能系统的提供者,均应承担《人工智能法》第 16 条规定的提供者义务:① 在已投放市场或提供服务的高风险人工智能系统上标注自己的名称或商标,但不影响合同中规定的义务分配方式;② 对已投放市场或提供服务的高风险人工智能系统进行实质性修改,但根据《人工智能法》第 6 条的规定,该系统仍属于高风险人工智能系统;③ 改变了未被列为高风险的、已投放市场或提供服务的人工智能系统(包括通用人工智能系统)的预期用途,使该人工智能系统成为《人工智能法》第 6 条所指的高风险人工智能系统。

结合《人工智能法》鉴于部分第 86 条的规定,如果出现上述情况,最初将人工智能系统投放市场或提供服务的提供者将不再被视为《人工智能法》所指的特定人工智能系统的提供者。最初提供者应与新提供者密切合作,提供必要的信息和合理预期的技术访问及其他协助,以履行该法规定的义务,特别是关于高风险人工智能系统符合性评估的义务。这一规定不适用于最初提供者已明确规定不得将其人工智能系统更改为高风险人工智能系统的情况,因此不承担移交文件的义务。《人工智能法》鉴于部分第 85 条还专门说明,就通用人工智能系统而言,其本身可作为高风险人工智能系统,也可作为其他高风险人工智能系统的组成部分。此类系统的提供者应与相关高风险人工智能系统的提供者密切合作,使其能够遵守《人工智能法》规定的相关义务,并与主管机关合作,而不论其他提供者是将其作为高风险人工智能系统本身,还是将其作为高风险人工智能系统的组件。

(2) 如果高风险人工智能系统属于欧盟协调立法所涵盖产品的安全组件,如何实现价值链责任?

如果高风险人工智能系统是《人工智能法》附件一第 A 节所列欧盟协调立法所涵盖产品的安全组件,则产品制造者应被视为高风险人工智能系统的提供者,并应在以下任一情况下履行《人工智能法》第 16 条规定的义务:① 高风险人工智能系统与产品一起以产品制造者的名义或商标投放市场;② 产品投放市场后,高风险人工智能系统以产品制造者的名义或商标提供服务。

但是,提供安全组件的一方也应与提供者签署书面协议,承担一定的义务。根据《人工智能法》鉴于部分第 88 条的说明,在人工智能价值链中,通常是多方提供人工智能系统、工具和服务,以及被提供者纳入人工智能系统的组件或流程,目的包括模型训练、模型再训练、模型测试和评估、软件集成或其他模型开发。这些参与方在价值链中扮演着重要角色,应该通过书面协议向高风险人工智能系统的提供者提供必要的信息、能力、技术访问权限和其他基于公认技术水平的协助,以使提供者能够完全履行《人工智能法》中规定的义务,同时又不损害其自身的知识产权或商业秘密。

(3)高风险人工智能系统价值链上各方如何约定责任?

高风险人工智能系统的提供者与提供高风险人工智能系统中使用或集成的人工智能系统、工具、服务、组件或流程的第三方应通过书面协议,根据公认的技术水平,明确必要的信息、能力、技术访问和其他协助,以使高风险人工智能系统的提供者能够充分履行《人工智能法》规定的义务。这一规定不适用于在自由和开源许可下向公众提供工具、服务、流程或组件(通用人工智能模型除外)的第三方。根据《人工智能法》鉴于部分第89条的说明,这是出于鼓励自由和开源工具、服务、流程或人工智能组件的开发者(通用人工智能模型除外)采用广泛接受的文档做法,如模型卡和数据表,以加快人工智能价值链中的信息共享,从而促进在欧盟内可信人工智能系统的发展。

人工智能办公室可为高风险人工智能系统提供者与提供高风险人工智能系统使用或集成的工具、服务、组件或流程的第三方之间制定并推荐合同的自愿性示范条款。在制定这些自愿性示范条款时,人工智能办公室应考虑到适用于特定部门或商业案例的可能合同要求。自愿性示范条款应以易于使用的电子格式公布并免费提供。

三、高风险人工智能系统的符合性评估

1. 什么是符合性评估?

高风险人工智能系统要想获得高度可信性,在投放市场和提供服务之前应接受符合性评估。根据《人工智能法》第3条和第43条的规定,符合性评估是指证明《人工智能法》第三章第二节中有关高风险人工智能系统的要求是否得到满足的过程。《人工智能法》鉴于部分第123—130条对符合性评估进行了解释说明。

《人工智能法》第3条规定,符合性评估机构是指执行第三方符合性评估活动的组织,包括测试、认证和检查。在需要进行第三方符合性评估时,成员国主管机关应通知公告机构,这些公告机构必须符合一系列要求,特别是

关于独立性、能力、无利益冲突和适当的网络安全等要求。但是,《人工智能法》鉴于部分第 125 条专门说明,应当限制第三方符合性评估,除生物特征系统的符合性评估外,一般均由提供者自行评估,因此不同的高风险人工智能系统适用不同的符合性评估。

为了最大限度地减轻运营者的负担并避免任何可能的重复,《人工智能法》的要求不应影响相关欧盟协调立法规定的符合性评估的具体逻辑、方法或一般结构。

2.《人工智能法》附件三第 1 点所列的高风险人工智能系统如何开展符合性评估?

对于《人工智能法》附件三第 1 点所列的高风险人工智能系统为生物特征人工智能系统,如果在证明生物特征高风险人工智能系统符合《人工智能法》第三章第二节规定的要求时,提供者采用了《人工智能法》第 40 条所述的统一标准,或在适用的情况下采用了《人工智能法》第 41 条所述的共同规范,则提供者应选择下列符合性评估程序之一:(1)《人工智能法》附件六所述的内部控制;或(2)在《人工智能法》附件七所述公告机构的参与下,评估质量管理体系和技术文件。提供者应遵循附件七所列的符合性评估程序,其中包括:(1)《人工智能法》第 40 条所述的统一标准不存在,第 41 条所述的共同规范也不可用;(2) 提供者未采用或仅采用了部分统一标准;(3) 第 41 条所述的共同规范已经存在,但提供者尚未应用;(3) 第 40 条所述的一项或多项统一标准在发布时受到限制,且仅限于标准中受到限制的部分。

就《人工智能法》附件七所述的符合性评估程序而言,提供者可选择任何一个公告机构。不过,如果高风险人工智能系统是由执法、移民或庇护机关或欧盟机构、组织、办公室或机关投入使用的,则《人工智能法》第 74 条第 8 款或第 9 款所述的市场监督机关(如适用)应作为公告机构。

3.《人工智能法》附件三第 2—8 点所列的高风险人工智能系统如何开展符合性评估?

对于《人工智能法》附件三第 2—8 点所述的高风险人工智能系统,提供者应遵循附件六所述的基于内部控制的符合性评估程序,该程序未规定公告机构的参与。

《人工智能法》附件三第 2—8 点规定的高风险人工智能系统涉及关键基

础设施,教育和职业培训,就业、劳动者管理和个体经营,获得和享受基本私人服务以及基本公共服务和福利,执法,移民、庇护和边境控制管理,以及司法和民主进程。

4.《人工智能法》附件一第 A 节所列的高风险人工智能系统如何开展符合性评估?

对于《人工智能法》附件一第 A 节所列欧盟协调立法所涵盖的高风险人工智能系统,提供者应遵循这些法案所要求的相关符合性评估程序。《人工智能法》第三章第二节规定的要求应适用于这些高风险人工智能系统,并应成为评估的一部分。《人工智能法》附件七第 4.3、4.4、4.5 点和第 4.6 点的第 5 段也应适用。为评估之目的,已根据上述法案获得通知的公告机构有权控制高风险人工智能系统是否符合《人工智能法》第三章第二节规定的要求,条件是这些公告机构是否按照《人工智能法》第 31 条第 4、5、10、11 款规定的要求已根据上述法案的通知程序进行了评估。如果《人工智能法》附件一第 A 节所列的法案使产品制造者可以选择不进行第三方符合性评估,前提是该制造者必须采用了涵盖全部相关要求的统一标准,则该制造者只有在同时采用了涵盖《人工智能法》第三章第二节所列要求的统一标准或第 41 条所述的共同规范(如适用)的情况下才可以使用该选择。

5.《人工智能法》中关于符合性评估的其他规定

已经接受过符合性评估程序的高风险人工智能系统,在进行实质性修改时,无论修改后的系统是拟进一步发布,还是由当前的部署者继续使用,都应接受新的符合性评估程序。

对于投放市场或提供服务后仍在继续学习的高风险人工智能系统,如果提供者在初次进行符合性评估时已预先确定对高风险人工智能系统及其性能的更改,而且这些更改是《人工智能法》附件四第 2 点 f 项所述技术文件所载信息的一部分,则不应构成实质性修改。

欧盟委员会有权根据《人工智能法》第 97 条通过授权法案,根据技术进展情况修订《人工智能法》附件六和附件七。欧盟委员会有权根据第 97 条通过授权法案,将附件三第 2—8 点所述的高风险人工智能系统纳入附件七或其部分内容所述的符合性评估程序。

此外,《人工智能法》还指出,应当促进符合性评估机构的国际互认。鉴于部分第 127 条规定,根据欧盟在世界贸易组织《技术性贸易壁垒协定》中所作的承诺,只要根据第三国法律建立的符合性评估机构符合《人工智能法》的适用要求,且欧盟已就此缔结协定,就足以促进符合性评估机构所产生的符合性评估结果的相互承认,而不受这些机构所在领土的限制。为此,欧盟委员会应积极探索可能的国际文件,特别是与第三国缔结相互承认协议。

四、对高风险人工智能系统的持续监督和管理

(一) 欧盟高风险人工智能系统数据库的要求

《人工智能法》第八章专章规定了欧盟高风险人工智能系统数据库,包含一个条款,即第 71 条。根据第 71 条第 1 款的规定,欧盟委员会应当与成员国合作,建立并维护高风险人工智能系统数据库。在设定该数据库的功能规范时,欧盟委员会应征求相关专家的意见;在更新该数据库的功能规范时,欧盟委员会应征求欧洲人工智能委员会的意见。具体范围和要求如下:

1. 第 6 条第 2 款提及的根据第 49 条登记的高风险人工智能系统

(1) 高风险人工智能系统登记的普遍要求。《人工智能法》第 6 条第 2 款规定的高风险人工智能系统为附件三所指的人工智能系统,具体涉及生物特征,关键基础设施,教育和职业培训,就业、劳动者管理和个体经营,获得和享受基本私人服务以及基本公共服务和福利,执法,移民、庇护和边境控制管理,以及司法和民主进程八种人工智能系统。这些人工智能系统(除附件三第 2 点关键基础设施外)需要根据《人工智能法》第 49、60 条由提供者或授权代表进行登记。

(2) 非高风险人工智能系统也需要登记。根据《人工智能法》第 49 条第 2 款的规定,即使在将人工智能系统投放市场或提供服务之前,提供者已根据第 6 条第 3 款规定(即人工智能系统对自然人的健康、安全或基本权利不构成重大损害风险,包括不会对决策结果产生重大影响)得出结论认为该系统不属于高风险系统,也需要进行登记。

(3) 部署者是公共机关、欧盟机构、组织、办公室或机关的登记要求。根据《人工智能法》第 49 条第 3 款的规定,如果高风险人工智能系统的部署者是公共机关、欧盟机构、组织、办公室或机关,在将附件三所列的高风险人工

智能系统(除附件三第2点所指的关键基础设施外)提供服务或使用之前,也应在欧盟数据库中登记。

(4)部分高风险人工智能系统登记有限的信息。根据《人工智能法》第49条第4款的规定,对于附件三第1、6和7点所述执法、移民、庇护和边境控制管理领域的高风险人工智能系统,登记应当在欧盟数据库的安全非公开部分进行,并应仅包括以下信息:① 附件八第A节第1—10点,第6、8和9点除外;② 附件八第B节第1—5点和第8、9点;③ 附件八第C节第1—3点;④ 附件九第1、2、3、5点。只有第74条第8款所述的欧盟委员会和国家机关才能访问上述欧盟数据库的相应限制部分。

(5)成员国层面的登记。根据《人工智能法》第49条第5款的规定,附件三第2点所述涉及关键基础设施的高风险人工智能系统应在成员国国家层级进行登记。

2. 第6条第2款提及的根据第60条登记的高风险人工智能系统

《人工智能法》第60条是关于在人工智能监管沙盒之外的真实世界中测试附件三涉及的高风险人工智能系统的规定,提供者或潜在提供者只有在满足法定条件的情况下,才能在真实世界条件下进行测试,其中即包括登记,分为以下三种情况:

(1)根据第60条第4款c项的规定,提供者或潜在提供者(附件三第1、6和7点所述执法及移民、庇护和边境控制管理领域的高风险人工智能系统,以及附件三第2点所述涉及关键基础设施的高风险人工智能系统除外)必须根据第71条第4款,使用欧盟范围内唯一的单一识别号和附件九规定的信息登记了真实世界条件下的测试,才算满足了开展真实世界测试的条件之一。

(2)附件三第1、6和7点所述执法及移民、庇护和边境控制管理领域的高风险人工智能系统的提供者或潜在提供者,也必须根据第49条第4款d项在欧盟数据库的安全非公开部分,使用欧盟范围内唯一的单一识别号和其中规定的信息登记真实世界条件下的测试。

(3)附件三第2点所述涉及关键基础设施的高风险人工智能系统的提供者或潜在提供者,需要根据第49条第5款登记真实世界条件下的测试,即在成员国国家层级进行登记。

上述规定的核心内容为,无论高风险人工智能系统投放市场或提供服务之前还是开展真实世界测试,均需在高风险人工智能数据库中进行登记。但是,根据系统涉及的内容不同,登记的信息以及信息开放范围不同,附件三第1、6和7点所述执法及移民、庇护和边境控制管理领域的高风险人工智能系统,仅向欧盟委员会和特定国家机关开放;除了在欧盟数据库中登记,附件三第2点所述涉及关键基础设施的高风险人工智能系统应当在成员国国家层级进行登记。

3. 根据第6条第3款不被视为高风险但根据第6条第4款和第49条登记的人工智能系统

根据《人工智能法》第6条第3款的规定,如果附件三中的人工智能系统对自然人的健康、安全或基本权利不构成重大损害风险,包括不会对决策结果产生重大影响,则不应被视为高风险系统。但第6条第4款又规定,认为附件三所述人工智能系统不是高风险系统的提供者应在该系统投放市场或提供服务之前记录评估结果,履行第49条第2款规定的登记义务。在国家主管机关要求时,提供者应提供评估文件。

另外,《人工智能法》第71条第2—6款还规定了一些高风险人工智能系统数据库登记的程序性规则。具体包括:

(1) 附件八第A节所列数据应由提供者或其授权代表输入欧盟数据库。

(2) 附件八第C节所列数据应由一个公共机关、机关或组织作为部署者或上述主体的代表根据第49条第3、4款的规定输入欧盟数据库。

(3) 除第49条第4款和第60条第4款c项所述部分外,根据第49条登记的欧盟数据库中包含的信息应以用户友好的方式可被访问并向公众开放。该信息应易于浏览和机器可读。根据第60条登记的信息只应向市场监督机关和欧盟委员会开放,除非潜在提供者或提供者也同意向公众开放这些信息。

(4) 欧盟数据库应仅包含根据《人工智能法》收集和处理信息所必需的个人数据。这些信息应包括负责登记系统并拥有代表提供者或部署者的法律授权的自然人的姓名和联系方式。

(5) 欧盟委员会应是欧盟数据库的控制者。它应向提供者、潜在提供者和部署者提供充分的技术和行政支持。欧盟数据库应符合适用的无障碍访问的要求。

根据《人工智能法》第83条的规定，未根据第71条在欧盟数据库中登记高风险人工智能系统属于违规行为，成员国的市场监督机关应要求相关提供者在其规定的期限内停止有关违规行为。

（二）提供者设立高风险人工智能系统上市后监测系统

根据《人工智能法》第16、17条的规定，高风险人工智能系统提供者应当建立质量管理体系，质量管理体系的重要环节即包括根据该法第72条建立、实施和维护上市后监测系统。根据第72条第1款的规定，提供者建立上市后监测系统时应当考虑：(1) 与人工智能技术的性质相称；(2) 与高风险人工智能系统的风险相称。同时，应当对上市后监测系统的情况进行记录。具体规定如下：

1. 持续的数据分析

根据《人工智能法》第72条第2款的规定，上市后监测系统应当对使用人工智能系统的部署者产生的数据进行持续监控。提供者的上市后监测系统应积极和系统地收集、记录和分析可能由部署者提供或通过其他来源收集的关于高风险人工智能系统整个生命周期性能的相关数据，并使提供者能够评估人工智能系统是否持续符合第三章第二节规定的要求。此外，上市后监测还应包括分析与其他人工智能系统的相互作用。但是，如果部署者为执法机构，则不应当监测作为执法机构的部署者的敏感操作数据。

2. 上市后监测计划

根据《人工智能法》第72条第3款的规定，提供还应当建立上市后监测计划。上市后监测计划应作为附件四所述技术文件的一部分。欧盟委员会应在2026年2月2日之前通过一项实施法案，详细规定上市后监测计划的模板以及计划中应包括的要素清单，并根据第98条第2款（即第(EU)182/2011号条例第5条）提及的审查程序予以通过。

3. 欧盟协调立法所涵盖的高风险人工智能系统

根据《人工智能法》第72条第4款第1项的规定，对于附件一第A节所列欧盟协调立法所涵盖的高风险人工智能系统，如果已经根据该立法建立了上市后监测系统和计划,为了确保一致性、避免重复和尽量减少额外负担,提供者应当可以选择酌情使用第72条第3款中提及的模板,将第1、2和3款中描述的必要元素整合到根据该立法已经存在的系统和计划中,前提是其达到同等的保护水平。

4. 获得和享受基本私人服务以及基本公共服务和福利的高风险人工智能系统

根据《人工智能法》第72条第4款第2项的规定,附件三第5点规定了获得和享受基本私人服务以及基本公共服务和福利的高风险人工智能系统,这些系统由金融机构投放市场或提供服务,这些机构在其内部治理、安排或流程方面须遵守欧盟金融服务立法的要求,其上市监测系统的设立适用上述关于欧盟协调立法所涵盖的高风险人工智能系统的规定。

合规第六步

确认是否属于特定人工智能系统

一、特定人工智能系统的透明度义务及排除适用场景

1. "透明度"的定义

根据《人工智能法》鉴于部分第 27 条,透明度是指开发和使用人工智能系统的方式应允许适当的可追溯性和可解释性,同时让人们意识到他们与人工智能系统进行了交流或互动,并适当告知部署者该人工智能系统的能力和局限性,向受影响者说明他们享有的权利。

2. 特定人工智能系统的提供者需要履行的透明度义务及其不适用的范围

(1) 特定人工智能系统的提供者应确保旨在与自然人直接互动的人工智能系统在设计和开发时,让相关自然人知道他们正在与一个人工智能系统互动,除非考虑到使用的情况和背景,从一个合理知情、善于观察和谨慎的自然人的角度来看这一点是显而易见的。

此项义务不适用于经法律授权用于侦查、预防、调查或起诉刑事犯罪的人工智能系统(可供公众举报刑事犯罪的人工智能系统除外),但应有适当的保障措施保护第三方的权利和自由。

(2) 生成合成音频、图像、视频或文本内容的人工智能系统(包括通用人工智能系统)的提供者,应确保人工智能系统的输出以机器可读的格式标示,并可检测为是人工智能生成或处理的。提供者应根据相关技术标准,确保其技术解决方案在技术可行的范围内是有效的、可互操作的、稳健的和可

靠的,同时考虑到现有的技术或这些技术的组合(如水印、元数据识别、证明内容出处和真实性的加密方法、日志记录方法、指纹或其他适当的技术)。在履行此项义务时,提供者还应考虑到不同类型内容的特殊性和局限性、实施成本和公认的最先进技术。这些技术和方法可以在人工智能系统层面或人工智能模型(包括生成内容的通用人工智能模型)层面实施,从而促进人工智能系统下游提供者履行此项义务。

此项义务不适用于人工智能系统执行标准编辑的辅助功能,或不实质性改变部署者提供的输入数据或其语义,或法律授权侦查、预防、调查和起诉刑事犯罪的情况。

3. 特定人工智能系统的部署者需要履行的透明度义务及其不适用的范围

(1) 情感识别系统或生物特征分类系统的部署者应将该系统的运行情况告知接触该系统的自然人,并应根据 GDPR、第(EU)2018/1725 号条例以及第(EU)2016/680 号指令(如适用)处理个人数据。在履行此项义务时,如果人工智能系统打算与因年龄或残疾而属于弱势群体的自然人互动,应考虑到这些人的特点。

如果人工智能系统通过处理自然人的生物特征数据,可以识别或推断出这些人的情绪或意图,或将他们归入特定类别(可能涉及性别、年龄、发色、眼睛颜色、文身、个人特征、种族出身、个人喜好和兴趣等方面),则应通知自然人。此类信息和通知应以无障碍格式提供给残疾人。

此项义务不适用于法律允许用于侦查、预防或调查刑事犯罪的生物特征分类和情感识别的人工智能系统,但须有适当的保障措施保护第三方的权利和自由,并符合欧盟法律。

(2) 特定人工智能系统的部署者在生成或处理构成深度伪造的图像、音频或视频内容时,应披露该内容是人工智能生成或处理的。除系统提供者采用的技术解决方案外,系统的部署者还应当通过相应地标记人工智能输出并披露其人工智能来源,明确和可区别地披露该内容是人工智能创建或操纵的。此项义务不适用于经法律授权用于侦查、预防、调查或起诉刑事犯罪的情况。

如果内容构成明显具有艺术性、创造性、讽刺性、虚构性或类似性质的作品或节目的一部分,此项义务仅限于以不妨碍作品展示或欣赏的适当方式披露此类生成或处理内容的存在,即应当既不妨碍作品的展示或欣赏(包括作品的正常开发和使用),又能保持作品的效用和质量。

(3) 如果人工智能系统生成或处理的文本是为了向公众提供有关公共利益事项的信息而发布的,其部署者应披露该文本是人工智能生成或处理的。

此项透明度义务不适用于以下情况:① 法律授权使用人工智能系统侦查、预防、调查和起诉刑事犯罪;② 除系统提供者采用的技术解决方案外,人工智能生成的内容经过人工审核或编辑控制并且自然人或法人对发布的内容负有编辑责任。

二、其他相关定义

1. 情感识别系统

根据《人工智能法》鉴于部分第 18 条的规定,情感识别系统是指根据自然人的生物特征数据识别或推断其情感或意图的人工智能系统。这里的情感或意图包括快乐、悲伤、愤怒、惊讶、厌恶、尴尬、兴奋、羞愧、蔑视、满意和消遣等。

此类系统不涉及诸如疼痛或疲劳等身体状态,因此用于检测职业飞行员或司机疲劳状态以防止事故发生的系统被排除在外。此类系统也不包括仅仅检测容易察觉的表情、手势或动作的系统,除非该系统是被用来识别或推断情感的。

2. 深度伪造

根据《人工智能法》第 3 条第 60 款的规定,深度伪造是指人工智能生成或操纵的图像、音频或视频内容,这些内容与现有的人物、物体、地点、组织或事件相似,会让人误以为是真实的或可信的内容。

三、其他提示性规定

前述提及的特定人工智能系统的提供者与部署者基于透明度义务所涉

及的信息,最迟应在首次互动或接触时以清晰可辨的方式提供给相关自然人。信息应符合适用的可访问要求。

上述透明度义务不影响欧盟或成员国法律为人工智能系统部署者规定的其他透明度义务及《人工智能法》第三章"高风险人工智能系统"中规定的要求和义务(详见"合规第五步:确认是否属于高风险人工智能系统"相关内容)。

此外,由于欧盟委员会有权通过实施法案,以批准为了促进有效履行关于检测和标示人工智能生成或处理内容的义务而在欧盟层面起草的实践准则,并且欧盟委员会有权根据审查程序通过实施法案,以明确规定履行这些义务的共同规范。因此,人工智能系统的提供者和部署者需要持续关注后续欧盟委员会通过的实施法案中对于履行关于检测和标示人工智能生成或处理内容的义务的规定。

合规第七步

确认是否属于通用人工智能模型

一、通用人工智能模型的定义

根据《人工智能法》第3条第63款,通用人工智能模型是指在使用大量数据进行大规模自我监督训练时,无论以何种方式投放市场,都显示出显著的通用性,能够胜任各种不同的任务,并可集成到各种下游系统或应用中的人工智能模型。这不包括在投放市场前用于研究、开发和原型设计活动的人工智能模型。换言之,通用人工智能模型是指具有通用性,且能够胜任各种任务的人工智能模型。与传统的人工智能模型不同,通用人工智能模型具有更广泛的使用范围和自主性,其平滑的可扩展性使其无须经大量训练即可处理来自不同领域的输入。大型生成式人工智能模型是通用人工智能模型的典型范例,因为它们可以灵活地生成内容,如文本、音频、图像或视频形式的内容,可随时适应各种不同的任务。

在这里,通用人工智能模型需要与人工智能系统的定义区分开来,以确保法律的确定性。通用人工智能模型的关键功能特征,是通用性和胜任各种不同任务的能力。通用人工智能模型通常通过自我监督、无监督或强化学习等各种方法在大量数据上进行训练,可以通过多种方式投放市场,包括通过库、应用程序编程接口(API)、直接下载或实物拷贝。通用人工智能模型还可以进一步修改或微调为新的模型。虽然通用人工智能模型是人工智能系统的重要组成部分,但其本身并不构成人工智能系统。通用人工智能模型需要添加更多的组件,如用户界面,才能成为人工智能系统。通用人工智能模型通常被集成到人工智能系统中,成为人工智能系统的一部分。

二、通用人工智能模型提供者的义务

通用人工智能模型的提供者在人工智能价值链中具有特殊的作用和责任,因其所提供的模型可能构成一系列下游系统的基础,而这些系统往往是由下游提供者提供的,下游提供者需要充分了解通用人工智能模型及其功能,以便能够将这些模型集成到其产品中,并履行《人工智能法》或其他法律规定的义务。因此,通用人工智能模型的提供者应制定适度的透明度措施,包括起草和不断更新技术文件,以及提供有关通用人工智能模型的信息,供下游提供者使用。在人工智能办公室和国家主管机关提出要求时,还应向它们提供技术文件。《人工智能法》的多个附件分别概述了此类文件中包含的最基本的要件。欧盟委员会应根据不断发展的技术,通过授权法案对这些附件进行修订。

虽然在投放市场前仅用于研究、开发和原型设计活动的人工智能模型不需要遵守相关义务,但在此类活动之后将模型投放市场时,则需要遵守《人工智能法》规定的义务。当通用人工智能模型的提供者将自己的模型集成到自己的人工智能系统中并将该系统在市场上提供或提供服务时,该模型应被视为已投放市场,因此,除了要适用人工智能系统的义务外,还应适用《人工智能法》中有关模型的义务。在任何情况下,当自有模型用于纯粹的内部流程,而这些流程对于向第三方提供产品或服务并不重要,且自然人的权利不受影响时,则不适用《人工智能法》中针对模型规定的义务。

对于通用人工智能模型的提供者,《人工智能法》规定了以下四项义务:

1. 维护技术文件

通用人工智能模型的提供者需要编制并不断更新该模型的技术文件,包括其训练和测试过程及其评估结果等信息,以便应要求向人工智能办公室和国家主管机关提供。技术文件需要包括《人工智能法》附件十一所列的内容:通用人工智能模型的概况、要素以及开发过程的相关信息。

根据《人工智能法》附件十一第一节,通用人工智能模型的概况包括以下内容:

(1) 模型将要执行的任务,以及可将其集成到其中的人工智能系统的类

型和性质;

(2) 适用的可接受使用政策;

(3) 发布日期和分发方法;

(4) 结构和参数数量;

(5) 输入和输出的方式(如文本、图像)和格式;

(6) 许可证。

根据《人工智能法》附件十一第一节,通用人工智能模型的要素与开发过程的相关信息包括以下内容:

(1) 将通用人工智能模型纳入人工智能系统所需的技术手段(如使用说明、基础设施、工具);

(2) 模型和训练过程的设计规范,包括训练方法和技术、关键设计选择(包括理由和假设);在适用情况下,包括模型设计的优化目标和不同参数的相关性;

(3) 用于训练、测试和验证的数据信息(如适用),包括数据类型和来源、整理方法(如清洗、过滤等)以及数据点的数量、范围和主要特点;如果适用,还应包含数据的获得和选择方式,以及所有其他检测数据源不适合性的措施和检测可识别偏见的方法;

(4) 训练模型所用的计算资源(如浮点运算次数)、训练时间以及与训练有关的其他相关细节;

(5) 已知或估计的模型能耗,如果不知道模型的能耗,可根据所使用计算资源的信息来确定。

2. 向将通用人工智能模型集成到其人工智能系统的提供者提供信息和文件

通用人工智能模型的提供者需要编制、不断更新关于模型的信息和文件,并向意图将该模型集成到其人工智能系统的提供者提供,在不影响根据欧盟和成员国法律尊重和保护知识产权和商业机密信息或商业秘密的情况下,以便人工智能系统的提供者能够很好地了解通用人工智能模型的能力和局限性。根据《人工智能法》附件十二,这些信息和文件的内容至少应包括通用人工智能模型的概况、要素及其开发过程的说明。

具体来说,通用人工智能模型的概况应包括以下内容:

(1) 该模型意图执行的任务,以及可将其集成到其中的人工智能系统的类型和性质;

(2) 适用的可接受使用政策;

(3) 发布日期和分发方法;

(4) 在适用的情况下,该模型如何或如何使用该模型与不属于该模型本身的硬件或软件进行交互;

(5) 与使用通用人工智能模型有关的相关软件版本(如适用);

(6) 结构和参数数量;

(7) 输入和输出的方式(如文本、图像)和格式;

(8) 模型的许可证。

通用人工智能模型的要素及其开发过程的说明包括以下内容:

(1) 将通用人工智能模型集成到人工智能系统所需的技术手段(如使用说明、基础设施、工具);

(2) 输入和输出的方式(如文本、图像等)和格式及其最大尺寸(如上下文窗口长度等);

(3) 用于训练、测试和验证的数据信息(如适用),包括数据类型和来源以及管理方法(如清洗、过滤等)。

3. 尊重欧盟版权法

通用人工智能模型的提供者应制定政策,尊重欧盟关于版权和相关权利的法律,特别是识别和尊重版权持有人根据关于数字单一市场版权和相关权利的第(EU)2019/790号指令第4条第3款表达的权利保留。任何将通用人工智能模型投放到欧盟市场的提供者都应遵守这一义务,无论这些模型的训练所依据的版权相关行为发生在哪个司法管辖区。这对于确保通用人工智能模型提供者之间的公平竞争环境是必要的,任何提供者都不能通过采用低于欧盟规定的版权标准在欧盟市场上获得竞争优势。

通用人工智能模型,特别是能够生成文本、图像和其他内容的大型生成模型,为艺术家、作家和其他创作者及其创作内容的创作、传播、使用和消费方式带来了独特的创新机遇,但也带来了挑战。开发和训练此类模型需要获取大量文本、图像、视频和其他数据。在这种情况下,文本和数据挖掘技术可广泛地用于检索和分析这些内容,而这些内容可能受到版权和相关权利的保护。对受版权保护内容的任何使用都必须获得相关版权持有人的授权,除非适用相关的版权例外和限制。第(EU)2019/790号指令引入了例外和限制,允许在特定条件下为文本和数据挖掘的目的复制和提取作品或其他主题。根据这些规则,版权持有人可以选择保留对其作品或其他主题的权利,以防止文本和数据挖掘,除非是为了科学研究的目的。在以适当方式明确保留选择退出权的情况下,通用人工智能模型的提供者如果想对这些作品进行文本和数据挖掘,需要获得版权持有人的授权。

4. 提供通用人工智能模型训练的摘要

为了提高通用人工智能模型在预训练和训练中使用的数据的透明度,包括受版权法保护的文本和数据,此类模型的提供者应就通用人工智能模型训练中使用的内容制定足够详细的摘要并公布于众。

在充分考虑保护商业秘密和商业机密信息的同时,该摘要的范围应是总体上全面,而不是在技术上详细,以方便包括版权所有者在内的合法权益方行使和执行其在欧盟法律下的权利,如列出用于训练模型的主要数据集合或数据集,包括大型私人或公共数据库或数据档案,并对所使用的其他数据来源进行解释性说明。人工智能办公室宜提供一个摘要模板,该模板应简单、有效,并允许提供者以叙述形式提供所需的摘要。

三、关于通用人工智能模型透明度的例外

如果通用人工智能模型的参数,包括权重、模型结构信息和模型使用信息,是在自由且开源的许可下发布的,模型提供者可在模型的透明度相关要求方面享有例外,除非这些模型被认为会带来系统性风险。在这种情况下,模型是透明的并附有开源许可,不应被视为排除遵守《人工智能法》规定的义务的充分理由。在任何情况下,鉴于在自由且开源许可下发布通用人工智能模型,并不一定披露有关用于模型训练或微调的数据集以及如何确保尊重版权法等信息,因此为通用人工智能模型提供的遵守透明度相关要求的例外情况,不应涉及编制有关模型训练所用内容摘要的义务,以及制定遵守欧盟版权法的政策的义务。

四、通用人工智能模型的系统性风险

通用人工智能模型可能带来系统性的风险,包括但不限于:与重大事故、关键部门的中断以及对公众健康与安全的严重后果有关的任何实际的或可合理预见的负面影响;对民主进程、公共和经济安全的任何实际的或可合理预见的负面影响;传播非法、虚假或歧视性内容。

因为通用人工智能模型的高影响能力,其影响范围广泛而对内部市场产生重大影响,并对公众健康与安全、公共安全、基本权利或整个社会产生实际或可合理预见的负面影响,可在整个价值链中大规模传播,这类风险就是欧盟层面的系统性风险。

系统性风险会随着模型能力的提升和模型覆盖范围的增加而不断扩大,可能在模型的整个生命周期中出现,并受到误用条件、模型可靠性、模型公平性和模型安全性、模型自主性水平、获取工具的途径、新模式或组合模式、发布和传播策略、移除防护栏的可能性以及其他因素的影响。特别是,迄今为止,国际实践已确定需要关注以下风险:潜在的故意滥用或与人类意图相一致的非故意控制问题;化学、生物、辐射和核风险,如降低准入门槛的方式,包括武器开发、设计获取或使用;攻击性网络能力,如发现、利用或操作使用漏洞的方式;交互作用和工具使用的影响,包括控制物理系统和干扰关键基础设施的能力等;模型制作自己的副本或"自我复制"或训练其他模型的风险;模型可能导致有害偏见和歧视的方式,给个人、社区或社会带来风险;为虚假信息提供便利或损害隐私,给民主价值观和人权带来威胁;特定事件可能导致连锁反应,产生相当大的负面影响,可能影响到整个城市、整个领域的活动或整个社区。

五、对通用人工智能模型进行系统性风险评估

应该制定一种归类方法,衡量是否将通用人工智能模型归类为具有系统性风险的通用人工智能模型。由于系统性风险源于特别高的能力,如果通用人工智能模型根据适当的技术工具和方法进行评估,被认为具有高影响能力,或由于其影响范围而对内部市场产生重大影响,则应将其视为具有

系统性风险。通用人工智能模型中的高影响能力是指与最先进的通用人工智能模型中记录的能力相匹配或超过这些能力的能力。在模型投放市场后或部署者与模型互动时,可以更好地了解模型的全部能力。根据《人工智能法》生效时的技术水平,以浮点运算衡量的通用人工智能模型训练所用的累计计算量是模型能力的相关近似值之一。衡量计算速度的单位,确实常用于描述硬件性能,尤其是计算机处理器的性能。浮点运算的数值表示计算机每秒可以执行的浮点运算次数。例如,评估特定型号 GPU 的计算算力,可以看作是其为模型提供的计算速度。此外,也可以用来衡量深度学习模型在 GPU 上实际运行时的性能,即模型在 GPU 提供的计算速度下进行训练、推理的任务。

用于训练的计算量是在部署前旨在提高模型能力的各项活动和方法(如预训练、合成数据生成和微调)中所用计算量的累积。因此,应设定一个浮点运算的初始阈值,如果通用人工智能模型达到了这个阈值,就可以推定该模型是一个具有系统性风险的通用人工智能模型。这一阈值应随着时间的推移而调整,以反映技术和产业的变化,如算法的改进或硬件效率的提高,并且应当辅之以模型能力的基准和指标。

由于系统性风险源于特别高的能力,当一个通用人工智能模型用于训练的累计计算量,以浮点运算计大于 10^{25} 时,应推定该模型具有高影响能力。达到高影响能力适用阈值的通用人工智能模型应被推定为具有系统性风险的通用人工智能模型。

人工智能办公室应与科学界、产业界、民间社会和其他专家合作,制定评估高影响力能力的阈值以及工具和基准,从而能够有力地预测通用人工智能模型的通用性、能力和相关系统性风险,并可考虑到模型投放市场的方式或可能影响的用户数量。如果发现某个通用人工智能模型的能力或影响等同于设定阈值所涵盖的能力或影响,欧盟委员会应有可能作出个别决定,将该模型指定为具有系统性风险的通用人工智能模型。这一决定应基于对一些标准的整体评估,如训练数据集的质量或规模、业务和最终用户的数量、其输入和输出模式、其自主性水平和可扩展性,或其可使用的访问工具。

以下是可以用来衡量通用人工智能模型是否具有系统性风险的几个标准:

（1）模型参数的数量；

（2）数据集的质量或规模，如通过令牌（tokens）衡量；

（3）训练模型所使用的计算量，通常以浮点运算衡量，或由其他变量组合表示，如训练的估计成本、估算的训练时间或估算的训练能耗；

（4）模型的输入和输出模式，如文本到文本（大语言模型）、文本到图像、多模式、确定每种模式高影响能力的最新阈值，以及输入和输出的具体类型（如生物序列）；

（5）模型能力的基准测试和评估，包括考虑无须额外训练的任务数量、适应学习新任务的能力、模型的自主性和可扩展性以及模型所能使用的工具；

（6）是否因其覆盖范围而对内部市场产生较大影响，如已提供给至少一万个设立在欧盟之内的最终注册用户；

（7）最终注册用户的数量。

如果被指定为具有系统性风险的通用人工智能模型的提供者提出合理的请求，欧盟委员会应加以考虑，并可决定重新评估该模型是否仍被视为具有系统性风险。如果欧盟委员会意识到一个通用人工智能模型符合归类为具有系统性风险的通用模型的要求，而以前并不知道或相关提供者没有通知欧盟委员会，欧盟委员会应有权将其归类为具有系统性风险的通用模型。除了人工智能办公室的监测活动外，一个附条件的警示系统应确保人工智能办公室从科学小组那里了解到有可能被归类为具有系统性风险的通用人工智能模型。

六、具有系统性风险的通用人工智能模型提供者的额外义务

因为训练通用人工智能模型需要进行大量的规划，包括计算资源的前期分配，因此，通用人工智能模型的提供者能够在训练完成之前就知道其模型是否会达到阈值。在向人工智能办公室发出通知时，提供者应当能够证明，由于其具体特点，通用人工智能模型在特殊情况下不会带来系统性风险，因此不应被归类为具有系统性风险的通用人工智能模型。这些信息对于人工智能办公室预测具有系统性风险的通用人工智能模型投放市场很有

价值,提供者可以尽早开始与人工智能办公室接触。这对于计划以开源方式发布的通用人工智能模型尤为重要,因为在开源模型发布后,确保遵守《人工智能法》规定义务的必要措施可能更加难以实施。

考虑到其潜在的重大负面影响,对于存在系统性风险的通用人工智能模型提供者,除了为通用人工智能模型提供者规定的义务外,还有以下一些义务:

(1) 旨在识别和降低系统性风险并确保适当程度的网络安全保护,无论是作为独立模型提供还是嵌入人工智能系统或产品中提供。为实现这些目标,《人工智能法》要求提供者对模型进行必要的评估,特别是在首次投放市场之前,包括对模型进行对抗测试并记录在案,也可酌情通过内部或独立外部测试进行。此外,具有系统性风险的通用人工智能模型提供者应持续评估和降低系统性风险,包括制定风险管理政策,如问责制和治理流程,实施上市后监测,在整个模型生命周期内采取适当措施,并与人工智能价值链上的相关参与者合作。达到高影响能力适用阈值的通用人工智能模型应被推定为具有系统性风险的通用人工智能模型。提供者最迟应在满足要求或得知通用人工智能模型将满足导致推定的要求两周后通知人工智能办公室。

(2) 如果尽管努力识别和预防与可能带来系统性风险的通用人工智能模型有关的风险,但该模型的开发或使用仍造成了严重事件,通用人工智能模型提供者应毫不迟疑地跟踪该事件,并向欧盟委员会和成员国主管机关报告任何相关信息和可能的纠正措施。

(3) 在整个模型生命周期内,通用人工智能模型提供者应酌情确保对模型及其物理基础设施提供适当程度的网络安全保护。与恶意使用或攻击相关的系统性风险的网络安全保护应充分考虑模型的意外泄露、未经授权的发布、规避安全措施,以及防御网络攻击、未经授权的访问或模型失窃。可以通过确保模型权重、算法、服务器和数据集的安全来促进这种保护,如通过信息安全的操作安全措施、具体的网络安全政策、适当的技术和既定解决方案,以及网络和物理访问控制,以适应相关情况和所涉及的风险。

(4) 具有系统性风险的通用人工智能模型提供者在更新和编制该模型的技术文件时,除了要包括《人工智能法》附件十一第一节规定的所有通用人工智能模型提供者应提供的信息外,还需要至少包括附件十一第二节规定的与模型的规模和风险状况相适应的以下信息:

① 根据现有的公共评价协议和工具或其他评价方法,详细说明评价策略,包括评价结果。评价策略应包括评价标准、指标和识别局限性的方法。

② 在适用情况下,详细说明为进行内部和/或外部对抗测试(如红队测试)、模型调整(包括对齐和微调)所采取的措施。

③ 在适用情况下,详细描述系统架构,解释软件组件如何相互构建或融合,并整合到整体处理过程中。

七、实践准则概述

人工智能办公室应鼓励和促进实践准则的起草、审查和修改,同时考虑到国际实践。可以邀请所有通用人工智能模型的提供者参与。为确保实践准则反映最新情况并适当考虑到各种不同的观点,人工智能办公室应与相关国家主管机关合作,并可酌情与民间社会组织和包括科学小组在内的其他利益相关方和专家协商,以起草此类准则。实践准则应涵盖通用人工智能模型和具有系统性风险的通用人工智能模型提供者的义务。此外,关于系统性风险,实践准则应有助于在欧盟层面建立系统性风险类型和性质的风险分类,包括其来源。实践准则还应侧重于具体的风险评估和缓解措施。

实践准则应成为通用人工智能模型提供者正确履行《人工智能法》规定的义务的核心工具。提供者应能依靠实践准则来证明其遵守了相关义务。通过实施法案,欧盟委员会可决定批准一项实践准则,并在欧盟范围内赋予其普遍效力,或者如果在《人工智能法》开始适用时,实践准则尚未最终确定或被人工智能办公室认为还不够充分的,欧盟委员会也可决定为履行相关义务提供共同规则。一旦统一标准公布并被人工智能办公室评估为适合涵盖相关义务,遵守欧洲统一标准的提供者应被推定为符合标准。此外,如果没有实践准则或统一标准,或选择不依赖这些准则或标准,通用人工智能模型的提供者应能够使用其他适当的方法来证明其合规性。

合规第八步

确认识别监管机构及罚则

一、《人工智能法》下的监管机构[①]

1. 欧盟层面的监管机构

在欧盟层面,《人工智能法》规定的监管机构包括:

(1) 欧盟委员会

欧盟委员会是负责在欧盟层面促进《人工智能法》实施和执行的机构。具体来说,欧盟委员会通过制定授权法案、促进国家主管机关之间以及公告机构之间的合作、指定欧盟人工智能测试支持机构、确保欧盟人工智能测试支持机构和独立专家科学小组的活动有效、支持人工智能监管沙盒的创建和运行、设置和维护高风险人工智能系统的欧盟数据库列表和清单等,促进《人工智能法》的实施和执行。

(2) 欧洲人工智能委员会

欧洲人工智能委员会旨在向欧盟委员会、人工智能办公室和欧盟成员国提供建议和帮助,以促进《人工智能法》一致有效实施。在对通用人工智能模型监管方面,《人工智能法》为确保欧洲人工智能委员会的参与,在多处规定了人工智能办公室等其他机构与欧洲人工智能委员会的信息通知和咨询义务,如《人工智能法》第 90 条第 2 款规定,欧盟委员会在收到科学小组关于通用人工智能模型存在系统性风险的警示后需通知欧洲人工智能委员会。此外,欧洲人工智能委员会的职责还包括为欧盟委员会和成员国主管

[①] 参见欧盟《人工智能法》第 28—50、64—70、84 条及鉴于部分第 148—164 条。

机关提供组织发展和技术知识、帮助人工智能办公室支持成员国主管机关创建和运营人工智能监管沙盒及促进合作、帮助制定市场经营者和主管机关之间的共同标准、在网络安全和数据保护等各个领域与欧盟机构开展合作、支持成员国主管机关之间的协调以促进统一的实践等。

欧洲人工智能委员会委员由每个成员国指定的一名代表组成,每位代表任期三年,可连任一次,主席由成员国的一名代表担任。此外,欧洲数据保护专员和人工智能办公室作为无表决权的观察员出席会议。委员会设立两个常设小组,分别为市场监督常设小组和通知机关常设小组,作为就相关问题进行合作和交流的平台。委员会还可酌情设立其他常设或临时小组,以审查具体问题。人工智能办公室为欧洲人工智能委员会提供秘书处,根据主席的要求召集会议,并根据《人工智能法》及其议事规则规定的欧洲人工智能委员会任务拟定议程。

(3) 人工智能办公室

人工智能办公室设立在欧盟委员会通信网络、内容和技术总局(Directorate-General for Communication Networks, Content and Technology)下,按照欧盟委员会内部流程运作,是欧盟委员会促进和监督《人工智能法》实施的执行机构。人工智能办公室的成立不影响国家主管机关以及欧盟机构、办公室在监督人工智能系统方面的权力和权限。

人工智能办公室的职责主要体现在四个方面:支持《人工智能法》的实施并执行通用人工智能模型规则、加强可信人工智能的开发和使用、促进国际合作,以及与机构、专家和利益相关者开展合作。在支持《人工智能法》的实施并执行通用人工智能模型规则方面,人工智能办公室主要利用其专业知识开展以下工作:促进《人工智能法》在成员国的协调一致应用,包括在欧盟层面设立咨询机构,促进支持和信息交流;开发工具、方法和基准,用于评估通用人工智能模型的功能和范围,并对具有系统性风险的模型分类;与领先的人工智能开发人员、科学界和其他专家合作,制定最先进的行为准则以详细说明规则;调查可能的违规行为,包括评估模型能力,并要求通用人工智能模型的提供者采取纠正措施;准备指引和指南、实施授权法案以及其他工具,以支持《人工智能法》的有效实施并监督对其的遵守情况。在加强可信人工智能的开发和使用方面,人工智能办公室通过在整个欧盟开展行动和推行政策,以获得人工智能的社会和经济效益;为人工智能提供有关最佳实践的建议,并支持随时接入沙盒测试、实际测试和其他支持机构;鼓励建立值得信赖的人工智能创新生态系统,以提高欧盟的竞争力和经济增长;协助欧盟委员会充分利用变革性人工智能工具,同时加强人工智能知识普及。在促进国际合作方面,人工智能办公室通过与全球类似机构合作推广欧盟可信人工智能方法、制定和实施人工智能国际协定以确保其成为全球示范。在与机构、专家和利益相关者合作方面,人工智能办公室将与欧洲人工智能委员会、欧洲算法透明度中心(ECAT)、独立专家科学小组、咨询论坛、个人专家以及中小企业民间智库等开展广泛合作。

人工智能办公室由以下五个部门组成:监管和合规部门、人工智能安全部门、人工智能与机器人卓越部门、人工智能公益部门、人工智能创新和政策协调部门。其中,监管和合规部门负责协调统一实施《人工智能法》并与成员国紧密合作,开展调查、处理潜在违规行为并实施制裁。人工智能安全部门负责关注通用人工智能模型的系统性风险、可能的缓解措施以及评估和测试方法。人工智能与机器人卓越部门负责支持和资助研发,促进卓越生态系统的发展,协调"GenAI4EU 计划"①,推动模型开发及其在创新应用中的整合。人工智能公益部门负责设计和实施人工智能办公室在公益领域的国际合作,如天气建模、癌症诊断和数字孪生重建。人工智能创新和政策协调部门负责监督欧盟人工智能战略的执行,监测趋势和投资,通过欧洲数字创新中心和人工智能工厂网络促进人工智能的采用,并支持监管沙盒和真实世界测试。

(4)咨询论坛

咨询论坛主要就《人工智能法》的实施向人工智能办公室和欧盟委员会提供建议和技术专业知识。咨询论坛每年至少举行两次会议,并编写和公开其活动年报。

咨询论坛成员由欧盟委员会从行业界、初创企业、中小企业、民间社会和学术界等在人工智能领域具有公认专业知识的利益相关方中任命,任期两年,最长可延长四年。基本权利机构(Fundamental Rights Agency)、欧盟网络安全局(ENISA)、欧洲标准化委员会(CEN)、欧洲电工标准化委员会

---

① 2024年1月,欧盟委员会推出了一项人工智能创新计划,以支持初创公司和中小企业开发符合欧盟价值观和规则的值得信赖的人工智能。"GenAI4EU 计划"和人工智能办公室都是该一揽子计划的一部分。它们将共同为欧洲14个工业生态系统以及公共部门的新型用例和新兴应用的开发做出贡献,应用领域包括机器人、健康、生物技术、制造、移动出行、气候和虚拟世界。

(CENELEC)和欧洲电信标准化协会(ETSI)是咨询论坛的常任成员。论坛将从成员中选出两名联席主席,联席主席的任期为两年,可连任一次。

(5) 独立专家科学小组

独立专家科学小组主要为人工智能办公室提供咨询和支持,通过向人工智能办公室就通用人工智能模型在欧盟层面可能面临的系统性风险发出警示、支持开发评估通用人工智能模型和系统能力的工具和方法、就具有系统性风险的通用人工智能模型的分类提供建议、协助开发工具和模板、根据市场监督机关的要求支持其工作、在不影响市场监督机关权力的情况下支持跨境市场监管活动等发挥作用。

(6) 欧洲数据保护专员

欧洲数据保护专员负责监督欧盟机构遵守《人工智能法》的情况,有权对该法范围内的欧盟机构、机关和组织处以罚款。此外,欧洲数据保护专员还可作为欧盟机构、组织的主管市场监督机关。

(7) 欧盟人工智能测试支持机构

欧盟人工智能测试支持机构可应欧盟委员会或市场监督机关的要求对人工智能系统产品和通用人工智能模型产品进行测试、开发新的分析程序支持欧盟对人工智能系统的市场监督。此外,人工智能测试支持机构可根据欧盟委员会、人工智能委员会或市场监督机关的要求,提供独立的技术或科学建议。

(8) 欧洲标准化组织

欧洲标准化组织可根据欧盟委员会的标准化要求制定统一标准,将《人工智能法》的规则和义务转化为具体的技术要求。

2. 成员国层面的监管机构

成员国层面的监管机构负责在成员国国内实施和执行《人工智能法》。具体而言,成员国需制定违法行为的处罚和执行措施、指定通知机关和市场监督机关、为国家主管机关提供充足资源和基础设施并向欧盟委员会定期报告、确保国家主管机关与其他成员国主管机关联合建立一个或多个人工智能监管沙盒、查明和保存保护基本权利的国家主管机关的公开名单并通知欧盟委员会、支持中小企业参与人工智能的开发和遵守《人工智能法》、制定有关法律以全面或部分授权在一定限度内为执法目的在公众可进入的空间内使用实时远程生物特征识别系统、可以根据欧盟法律对实时远程生物特征识别系统的使用出台更具限制性的法律。相关机构主要涉及市场监督机关、公告机构、通知机关、监督保护基本权利的欧盟法律适用情况的相关国家公共机关或者机构、数据保护机构、执法机关或民事保护机关、司法机关和行政机关。

(1) 市场监督机关

《人工智能法》要求，欧盟各成员国应指定至少一个通知机关和至少一个市场监督机关作为国家主管机关，并指定一个市场监督机关作为《人工智能法》的单一联络点。成员国可以根据其特定的国家组织特点和需求，指定任何类型的公共组织（如数据保护机构、网络安全机构）作为市场监督机关执行《人工智能法》所指的国家主管机关的任务。例如，德国指定其联邦网络局（Bundesnetzagentur）作为市场监督机关。特别要指出的是，金融机构投放使用高风险人工智能系统的监督机关可以是金融服务立法下的监督机关，对用于执法目的、边境管理以及司法和民主进程的高风险人工智能系统，应根据GDPR或第(EU)2016/680号指令指定相应的市场监督机关。市场监督机关负责对国内的人工智能系统进行监管，建立并处理对公司和个人违反《人工智能法》规定的投诉和举报程序。

(2) 通知机关与公告机构

通知机关负责评估、指定、通知和监督公告机构。通知机关由成员国决定，其建立、组织和运作不应与符合性评估机构有利益冲突，不得提供或进行符合性评估机构开展的活动，也不得以商业或竞争的方式提供任何咨询服务。

公告机构根据《人工智能法》的要求，通过测试、认证和检查对高风险人工智能系统开展符合性评估。公告机构由符合性评估机构向所在成员国通知机关提交通知申请，在满足一定条件后可作为公告机构开展活动。欧盟委员会为每个公告机构分配唯一的识别号，并不断更新公告机构名单及其被通知的情况。若公告机构发生任何变更，通知机关将通知欧盟委员会和其他成员国。公告机构应独立于与之开展符合性评估活动的高风险人工智能系统的提供者及其竞争对手，独立于对被评估的高风险人工智能系统拥有经济利益的任何其他运营者。

(3) 其他相关机构

保护基本权利的机关负责检查使用《人工智能法》附件三所列的高风险

人工智能系统是否侵犯了基本权利。

数据保护机构主要负责监督人工智能监管沙盒中涉及个人数据处理的活动、作为某些高风险人工智能系统的市场监督机关、收集实时远程生物特征识别系统使用情况的报告、每年向欧盟委员会报告实时远程生物特征识别系统的使用情况。

执法机关或民事保护机关可在特定情况下在公共场所使用实时远程生物特征识别系统，以及出于特殊原因在未经授权下部署特定高风险人工智能系统。

司法机关或独立行政机关可授权在执法人员可进入的公共场所部署实时远程生物特征识别系统。

3. 欧盟层面监管机构与成员国层面监管机构之间的关系[①]

在促进和监督《人工智能法》的实施过程中，欧盟层面和成员国层面的监管机构既有分工也有协作，同时欧盟层面的监管机构可通过欧盟保障措施对成员国层面的监管机构采取的措施进行监管。

在监管权限划分上，对于通用人工智能模型，欧盟委员会通过其下设的人工智能办公室进行专属监督、评估、执行和处罚。对于其他对人类健康、安全或基本权利构成风险[②]的人工智能系统，由成员国市场监督机关进行评估，必要时与其他相关机构开展合作。此外，如果人工智能系统基于通用人工智能模型，且该模型和系统由同一提供者开发，则人工智能办公室有权监测和监督该人工智能系统遵守《人工智能法》规定的义务，并拥有与市场监督机关同样的权力。

在罚则体系上，对于人工智能系统，因其由成员国指定的市场监督机关监管，成员国需在《人工智能法》提供的框架内制定有关处罚和其他执法措施的实施规则，并采取一切必要措施确保这些规则得到适当和有效的实施。对于通用人工智能模型，因其由欧盟委员会和欧盟委员会授权的人工智能办公室进行监管，因此由欧盟委员会对通用人工智能模型的提供者进行执法并罚款。

欧盟委员会和人工智能办公室可开展成员国层面的协调和合作执法。

---

① 参见欧盟《人工智能法》第75、79、88、99条。
② 具有相关风险的人工智能系统应理解为根据欧盟《市场监管法》第3条第19项所定义的"具有风险的产品"。

例如,根据《人工智能法》第 74 条第 11 款,对于发现对两个及以上成员国构成严重风险的特定类别高风险人工智能系统,市场监督机关和欧盟委员会可以开展联合调查,人工智能办公室为联合调查提供协调支持。

在对成员国监管机构的监督上,根据《人工智能法》第 81 条有关欧盟保障措施的规定,对于一国市场监督机关采取的临时监管措施,另一成员国的市场监督机关有异议或欧盟委员会认为该措施违反欧盟法律的,欧盟委员会应与相关成员国的市场监督机关和运营者协商,对监管措施进行评估并决定是否合理。

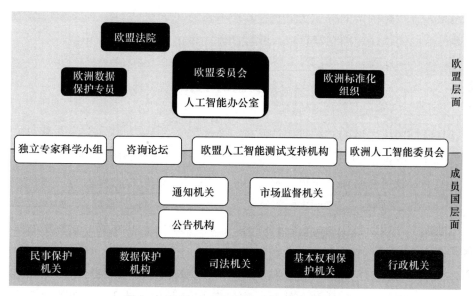

图 8-1　欧盟《人工智能法》涉及的监管机构
注:白色背景框表示的机构为欧盟《人工智能法》下新增的机构。

二、处罚措施和救济程序[①]

对于人工智能系统,成员国可根据《人工智能法》自行制定违反该法的处罚措施,处以罚款的有权机关由各成员国根据其法律制度自行确定,可能是法院,也可能是行政机关。处罚措施除罚款之外,还可能包括警告和非金钱措施。在制定相应措施时,成员国应采取一切必要措施,确保处罚措施得

---

① 参见欧盟《人工智能法》第 99、101 条及鉴于部分第 168 条。

到适当和有效的执行,同时需结合考虑欧盟委员会就《人工智能法》实施所发布的指导原则,规定的处罚应有效、适度且具有劝诫性,此外还应考虑到中小企业(包括初创企业)的利益及其经济可行性。在救济程序方面,成员国在采取处罚措施时应遵守欧盟和国内法律规定的适当程序保障,包括有效的司法补救和正当程序。成员国还需每年向欧盟委员会报告其在当年采取的罚款措施,以及任何相关的诉讼或司法程序。

对于通用人工智能模型,由欧盟委员会对模型提供者进行罚款,罚款应适度并具有劝诫作用。在救济程序方面,欧盟委员会应将其初步结论通知通用人工智能模型的提供者,并给予其陈述意见的机会。欧盟法院对欧盟委员会的罚款决定拥有管辖权。欧盟法院可取消、减少或增加罚款。

三、罚款的上限

根据违法主体的违法行为的不同,《人工智能法》第 99 条第 3—6 款、101 条区分了四种情形,并在相应情形下设置了不同的罚款上限。

第一种情形是违法主体若从事《人工智能法》第 5 条所规定的禁止在市场上投放、提供服务或使用人工智能系统的行为,如使用潜意识、操纵或欺骗性技术来扭曲行为等,违法主体将面临最高 3500 万欧元或上一年度全球年营收 7% 的罚款。

第二种情形是人工智能系统的运营者或公告机构若未履行《人工智能法》规定的特定义务,违法主体将面临最高 1500 万欧元或上一年度全球年营收 3% 的罚款。这些义务包括《人工智能法》第 16 条规定的提供者的义务,第 22 条规定的授权代表的义务,第 23 条规定的进口者的义务,第 24 条规定的分销者的义务,第 26 条规定的部署者的义务,第 31 条和第 33 条第 1、3、4 款及第 34 条规定的有关公告机构的要求和义务,以及第 50 条规定的提供者和使用者的透明度义务。

第三种情形是答复公告机构或国家主管机关时提供不正确、不完整或误导性信息的,违法主体将面临最高 750 万欧元或上一年度全球年营收 1% 的罚款。

特别需要说明的是,违法主体是企业的,其面临的罚款是上述三种情形中规定的上限中数额较高的金额。但对于中小企业,包括初创企业,其面临的罚款是上述情形中规定的上限中数额较低的金额。

第四种情形是通用人工智能模型提供者若存在以下故意或过失的特定行为,将面临最高1500万欧元或上一年度全球年营收3%的罚款。特定行为包括:(1)违反了《人工智能法》的相关规定;(2)未按《人工智能法》第91条的要求提供文件或信息,或提供的信息不正确、不完整或有误导性;(3)未遵守根据《人工智能法》第93条要求采取的措施;(4)未向欧盟委员会提供通用人工智能模型或具有系统性风险的通用人工智能模型的访问权限,以便根据《人工智能法》第92条进行评估。

四、决定罚款金额时应考虑的因素

根据《人工智能法》第99条第7款,成员国市场监督机关在决定是否进行罚款及其金额时,在考虑所有相关情节的基础上,应酌情考虑以下情节:(1)侵权行为及其后果的性质、严重程度和持续时间,人工智能系统的目的,受影响者的人数及其所受损害的程度;(2)其他市场监督机关是否已对同一运营者的同一违法行为处以行政罚款;(3)其他有权机关是否已对同一运营者的案涉侵权行为以违反其他法律为由作出罚款;(4)侵权运营者的规模、年营业额和市场份额;(5)其他加重或减轻情节,如通过侵权行为直接或间接获得的利益或避免的损失;(6)配合有权机关纠正侵权行为或减轻不利影响的程度;(7)运营者基于其实施的技术和组织措施所承担的责任程度;(8)有权机关获知侵权行为的方式,运营者是否主动通知有权机关以及通知的程度;(9)侵权行为是故意还是过失;(10)运营者采取的为减轻被侵权人受到的损害而采取的补救措施。

《人工智能法》第101条第1、2款规定,欧盟委员会在决定是否进行罚款及其金额时,应考虑违法行为的性质、严重程度和持续时间,罚款应有效、适度并具有劝诫作用,适当考虑相称性和适当性原则。此外,欧盟委员会还应考虑根据《人工智能法》第93条第3款具有系统性风险的通用人工智能模型提供者在与人工智能办公室进行有组织的对话期间就实施缓解措施作出的承诺,或根据第56条在相关实践准则中作出的承诺。在决定作出之前,欧盟委员会会将其初步结论通知通用人工智能模型的提供者,并给予其陈述意见的机会。

合规第九步

确认是否适用人工智能监管沙盒

前面八步都是欧盟立法者基于保护基本权利的价值立场和基于风险的实施方法对人工智能进行的分级分类治理,但人工智能是需要持续迭代的技术,需要在发展、创新与安全、权利保护之间找到平衡点,这就需要作为容错机制的人工智能监管沙盒。这是一个由欧盟成员国主管机关建立的具体和可控的弹性框架,该框架为人工智能系统的提供者提供开发、训练、验证和测试的可能性[1],在监督规管以及确保适当安全保障和风险规制缓和的前提下,并根据参与提供者与主管机关之间商定的沙盒计划描述的活动目标、条件、时间表、方法和要求[2],在限定时间内以适当的现实条件开发创新的人工智能系统。

一、人工智能监管沙盒的目标

为确保法律框架促进创新、面向未来发展并能抵御不必要的合规成本及干扰,欧盟要求成员国应确保至少建立一个国家级人工智能监管沙盒,并在欧盟《人工智能法》生效24个月后开始运作,即通过在开发和上市前阶段建立一个受控开发、测试和验证环境来促进人工智能创新,并确保创新系统符合欧盟法律的合规要求,监管沙盒可以以实物、数字或混合形式建立。

根据《人工智能法》第57条的规定,人工智能监管沙盒的目标是提高法

---

[1] 参见欧盟《人工智能法》第3条第55款。
[2] 参见欧盟《人工智能法》第3条第54款。

律确定性,通过促进创新和竞争力推动人工智能生态系统的发展,促进监管机构未来对法律框架的适时调整,通过与参与监管沙盒的机构合作,支持分享最佳实践,促进和加快人工智能系统的市场准入,尤其是为中小企业的进入排除法律障碍。

人工智能监管沙盒不应影响或排除监管机构的监督和纠正权力。监管沙盒中系统的监管应涵盖其投放市场或提供服务前的开发、训练、测试和验证,以及可能需要新的符合性评估程序的实质性修改。在此类人工智能系统的开发和测试过程中发现的对健康、安全和基本权利的任何重大风险都应当得到充分缓解,如果做不到这一点,国家主管机关则有权暂时或永久暂停测试过程或参与监管沙盒,并应将此决定通知人工智能办公室。

二、人工智能监管沙盒对罚款责任的豁免

根据《人工智能法》第57条的规定,人工智能系统的提供者应当对沙盒中进行的实验给第三方造成的任何损害负责。然而,如果提供者遵守沙盒的具体计划和参与条款、条件,并且接受所在成员国监管机构的合规指导,监管机构将不能对沙盒实验过程中违反欧盟《人工智能法》的行为处以罚款。如果其他欧盟法律框架下的主管机关积极参与了对沙盒中人工智能系统的监督,并提供了合规指导,也不能以其他相应欧盟法律为由处以罚款。

建立人工智能监管沙盒的成员国主管机关应与其他相关机关合作,包括与监督基本权利保护的机关合作,并允许人工智能生态系统内的其他参与者加入,如欧盟标准化组织、公告机构、测试和实验机构、欧洲数字创新中心以及利益相关方、民间社会组织等。

三、人工智能监管沙盒的实施法案

根据《人工智能法》第58条的规定,欧盟委员会将通过"实施法案"的形式统一制定欧盟人工智能监管沙盒的共同规则,涉及监管沙盒的参与资格及遴选标准,监管沙盒的申请、参与、监测、退出和终止程序,以及适用于监管沙盒参与者的条款和条件。

实施法案需要实现如下具体的立法目标：(1) 监管沙盒的开放性及参与标准的透明性、公平性；(2) 监管沙盒的广泛性及平等参与；(3) 监管沙盒的灵活性与弹性；(4) 中小企业可免费参与；(5) 监管沙盒为提供者或潜在提供者履行符合性评估义务和自愿适用行为准则提供便利；(6) 促进人工智能生态系统中相关利益者的参与；(7) 监管沙盒的相关程序、流程和管理要求应当简单易行，并在欧盟范围内统一适用；(8) 监管沙盒的期限应与项目的复杂性和规模相适应；(9) 监管沙盒应当有助于开发相关应用工具和建设基础设施，如提升准确性、稳健性和网络安全，以及降低侵犯基本权利的风险。

四、人工智能监管沙盒对个人数据的处理

欧盟成员国或欧洲数据保护专员（EDPS）可以建立一个涉及个人数据处理的人工智能监管沙盒，该沙盒应当促成参与的系统提供者能够使用个人数据来促进人工智能的创新，同时又不影响欧盟 GDPR 的合规要求。根据《人工智能法》第 59 条的规定，提供者基于其他目的合法收集的个人数据，要想用于开发、训练和测试监管沙盒中的特定人工智能系统，需要满足以下条件：

(1) 系统应当为维护重大公共利益而开发。

(2) 系统所处理的个人数据对于满足《人工智能法》对高风险系统的风险管理体系、数据和数据治理、技术文件、保存记录、透明度、人工监督以及准确性、稳健性和网络安全等一项或多项合规要求是必需的，并且通过处理匿名、合成数据或非个人数据无法有效满足这些合规要求。

(3) 系统具备有效的监控机制，以确定在沙盒实验期间系统是否对数据主体的权利和自由带来高风险，以便及时降低这些风险，并在必要时停止处理。

(4) 系统应确保在沙盒中处理的个人数据均处于功能独立、隔离和受保护的环境中，并受系统潜在提供者的控制，且只有获得授权的人才能访问数据。

(5) 系统提供者只能共享原始收集的数据，且在沙盒中产生的数据不能在沙盒之外共享。

（6）系统在沙盒中对个人数据的处理不能影响数据主体的自由决定及数据权利。

（7）系统通过适当的技术和组织措施保护个人数据，并确保在沙盒实验结束或个人数据保存期届满后立即删除。

（8）系统应确保保存沙盒中的个人数据处理日志。

（9）完整详细地说明系统的训练、测试和验证过程和原理。

（10）在主管机关网站上公布沙盒中开发的人工智能项目、目标和预期结果的简短摘要。

需要说明的是，上述第一个条件涉及的"重大公共利益"主要包括：公共安全和公共卫生；环境、生物多样性等的保护；能源的可持续性；交通运输系统和流动、关键基础设施和网络的安全性和弹性；公共管理和公共服务的效率和质量。

五、高风险人工智能系统进行真实世界测试需要符合的保障条件和制度

当人工智能监管沙盒不足以促进高风险人工智能系统的开发和投入市场进程时，欧盟《人工智能法》也允许提供者在监管沙盒之外的真实世界条件下对高风险人工智能系统进行测试，而无须参与监管沙盒。不过，考虑到真实世界测试可能对个人权利和自由造成的危害结果，根据《人工智能法》第60条第4款，系统提供者或潜在提供者应确保符合下列保障条件和制度：

（1）已制定真实世界测试计划，并获得成员国市场监督机关的批准。

（2）除执法、移民、庇护和边境控制管理等领域之外的提供者或潜在提供者，已在欧盟数据库的非公开部分登记了真实世界条件下的测试，并提供了单一识别号和相关信息。

（3）已在欧盟设立机构，或已指定在欧盟设立机构的法律代表。

（4）在真实世界测试中收集和处理的数据，只有符合 GDPR 等欧盟法律的合规要求时才能跨境转移到第三国。

（5）真实世界测试时间不超过实现测试目标所需的时间，最长不超过6个月，延期需要提前获得主管机关批准。

（6）因年龄、身体或残疾而属于弱势群体的测试对象应受到适当保护。

（7）合作组织测试时，提供者或潜在提供者应告知部署者或潜在部署者与其参与决定相关测试的所有内容，并获得系统的使用说明，同时通过协议明确各方的作用和责任。

（8）确保真实世界条件下的测试对象在知情同意的情况下参与测试，但执法场景除外，因为征求自然人知情同意会妨碍系统的测试结果，同时测试结果不得对测试对象产生任何负面影响，并且在测试完成后要删除这些个人数据。

（9）提供者或潜在提供者和部署者或潜在部署者应当持有相关领域的适当资质，并具备执行任务所需的能力、经过培训和享有权限的人员，能对真实世界测试进行有效监督。

（10）人工智能系统的预测、建议或决定可以被人类有效推翻和忽略。

六、人工智能监管沙盒对中小企业义务的减免

中小企业的兴起对人工智能的创新意义重大，但其承担符合性评估等合规成本和参与监管沙盒费用的能力有限，为此，欧盟《人工智能法》第62—63条及鉴于部分第143条规定了以下优待措施：

（1）成员国应向在欧盟设有注册办事处或分支机构的中小企业提供优先进入监管沙盒的机会，前提是它们已满足相关的资格条件和遴选标准。

（2）成员国应为中小企业组织具体的提高认识和培训活动。

（3）成员国应利用现有渠道，并在适当情况下建立新的专门渠道，与中小企业及相关的地方公共机关进行沟通，就《人工智能法》的实施提供建议和问询。

（4）成员国应促进中小企业和其他利益相关方参与标准化制定过程。

（5）指定机构确定符合性评估费用时，应考虑到中小企业的具体利益和需求，根据其规模、市场大小和其他相关指标按比例降低合规费用。

（6）人工智能办公室应当为包括中小企业在内的所有企业提供一个单一的信息平台。

（7）欧盟委员会应在不影响高风险人工智能系统的保护水平的前提下，制定考虑到中小企业需求的质量管理体系要素的简化遵守指南。

附录一

欧盟《人工智能法》(中英文对照)

2021年4月21日，提出提案

2023年12月9日，"三方会谈"达成妥协方案

目录

鉴于部分 / 135

第一章　总则 / 191

第二章　被禁止的人工智能行为 / 198

第三章　高风险人工智能系统 / 201

第四章　特定人工智能系统提供者和部署者的透明度义务 / 233

第五章　通用人工智能模型 / 234

第六章　支持创新的措施 / 240

第七章　治理 / 249

第八章　欧盟高风险人工智能系统数据库 / 254

第九章　上市后监测、信息共享和市场监督 / 255

第十章　行为准则和指南 / 269

第十一章　授权与委员会程序 / 270

第十二章　处罚 / 271

第十三章　最后条款 / 275

欧盟《人工智能法》英文版

2024年3月13日，议会通过法案

2024年5月21日，欧盟理事会批准法案

2024年8月1日，法案正式生效

目录

附件一　欧盟协调立法清单 / 282

附件二　第 5 条第 1 款第 1 项第(h)(iii)目所述刑事犯罪清单 / 285

附件三　第 6 条第 2 款所指的高风险人工智能系统 / 286

附件四　第 11 条第 1 款所指的技术文件 / 289

附件五　欧盟符合性声明 / 291

附件六　基于内部控制的符合性评估程序 / 292

附件七　基于质量管理体系评估和技术文件评估的符合性 / 293

附件八　根据第 49 条登记高风险人工智能系统时应提交的信息 / 296

附件九　附件三所列高风险人工智能系统登记时根据第 60 条提交的在真实世界条件下进行测试的信息 / 298

附件十　关于自由、安全和司法领域大型 IT 系统的欧盟法案 / 299

附件十一　第 53 条第 1 款 a 项所指的技术文件——通用人工智能模型提供者的技术文件 / 301

附件十二　第 53 条第 1 款 b 项所指的透明度信息——通用人工智能模型提供者向将模型集成到其人工智能系统中的下游提供者提供的技术文件 / 303

附件十三　指定具有第 51 条所述系统性风险的通用人工智能模型的标准 / 304

2024/1689 2024年7月12日

欧洲议会和欧盟理事会2024年6月13日
关于制定人工智能统一规则的第(EU) 2024/1689号条例

修订了第(EC)300/2008号、第(EU)167/2013号、第(EU)168/2013号、第(EU)2018/858号、第(EU)2018/1139号和第(EU)2019/2144号条例,以及第2014/90/EU号、第(EU)2016/797号和第(EU)2020/1828号指令(《人工智能法》)

(与欧洲经济区有关的文本)

欧洲议会和欧盟理事会,
根据《欧洲联盟运作条约》,特别是其中的第16条和第114条,
考虑到欧盟委员会的提案,
在向各国议会转交法律草案之后,
考虑到欧洲经济和社会委员会[①]的意见,
考虑到欧洲中央银行[②]的意见,
考虑到地区委员会[③]的意见,
按照普通立法程序[④]行事,

[①] OJ C 517, 22.12.2021, p. 56.
[②] OJ C 115, 11.3.2022, p. 5.
[③] OJ C 97, 28.2.2022, p. 60.
[④] 欧洲议会2024年3月13日的立场(尚未在《官方公报》上公布)和欧盟理事会2024年5月21日的决定。

鉴于：

（1）本条例的目的是，通过制定统一的法律框架，特别是针对人工智能系统在欧盟内的开发、投放市场、提供服务和使用，来改善内部市场的运作，同时符合欧盟价值观，旨在促进以人为本和可信人工智能的应用，同时确保高水平地保护健康、安全和《欧洲联盟基本权利宪章》（以下简称《宪章》）规定的基本权利，包括民主、法治和环境保护，防止人工智能系统在欧盟内产生有害影响，并支持创新。本条例确保基于人工智能的商品和服务的自由流动和跨境，从而防止成员国对人工智能系统的开发、营销和使用施加限制，除非本条例明确授权。

（2）本条例的适用应符合《宪章》所载的欧盟价值观，促进对自然人、企业、民主、法治以及环境的保护，同时促进创新和就业，并使欧盟成为可信人工智能的领导者。

（3）人工智能系统可以很容易地部署在经济的各个领域和社会的众多部门，包括以跨境的形式部署，并在整个欧盟内流通。一些成员国已在探索通过国家规则的形式，以确保人工智能是可信赖的和安全的，以及人工智能的开发和使用符合有关基本权利义务方面的规定。不同的国家规则可能会导致内部市场的分裂，降低开发、进口或使用人工智能系统的运营者的法律确定性。因此，为了实现可信人工智能，应确保在整个欧盟范围内提供一致和高水平的保护，同时应根据《欧洲联盟运作条约》第114条，为运营者规定统一义务，保证在整个内部市场统一保护压倒性的公共利益和个人权利，从而防止出现阻碍人工智能系统及相关产品和服务在内部市场自由流通、创新、部署和使用的分歧。如果本条例包含与个人数据处理相关的保护个人的具体规则，涉及限制为执法目的而使用人工智能系统进行远程生物特征识别、为执法目的而使用人工智能系统对自然人进行风险评估，以及为执法目的而使用人工智能系统进行生物特征分类，就这些具体规则而言，本条例宜以《欧洲联盟运作条约》第16条为依据。鉴于这些具体规则和对《欧洲联盟运作条约》第16条的援引，宜咨询欧洲数据保护委员会。

（4）人工智能是一个快速迭代的技术门类，它能为各行各业和社会活动带来广泛的经济、环境和社会效益。通过改进预测、优化运营和资源配置，以及为个人和组织提供个性化的数字解决方案，人工智能的使用可以为企业提供关键的竞争优势，并支持有益于社会和环境的成果，如医疗保健、农业、食品安全、教育和培训、媒体、体育、文化、基础设施管理、能源、运输和物流、公共服务、安全、司法、资源和能源效率、环境监测、生物多样性和生态系统的保护和恢复，以及气候变化的减缓和适应。

（5）同时，根据其具体应用、使用情况和技术发展水平，人工智能可能会产生风险，并对受欧盟法律保护的公共利益和基本权利造成损害。这种损害可能是物质性的，也可能是非物质性的，包括身体、心理、社会或经济损害。

（6）鉴于人工智能可能对社会产生的重大影响以及建立信任的必要性，人工智能及其监管框架的发展必须符合《欧盟条约》第 2 条所载的欧盟价值观，以及各条约、《欧盟条约》第 6 条和《宪章》所载的基本权利和自由。作为前提条件，人工智能应是以人为本的技术。它应作为人类的工具，最终目的是提高人类福祉。

（7）为了确保在健康、安全和基本权利方面对公共利益提供一致和高水平的保护，应对所有高风险人工智能系统制定共同规则。这些规则应与《宪章》保持一致，确保非歧视性，并符合欧盟的国际贸易承诺。这些规则还应考虑《欧洲数字权利与数字十年原则宣言》和欧盟人工智能高级别专家组发布的《可信人工智能伦理准则》。

（8）因此，需要一个制定统一人工智能规则的欧盟法律框架，以促进人工智能在内部市场的开发、使用和应用，同时满足对公共利益（如健康、安全）和基本权利（包括欧盟法律承认和保护的民主、法治和环境保护）的高水平保护。为实现这一目标，应制定规则，对特定人工智能系统投放市场、提供服务和使用进行规范，从而确保内部市场的顺利运作，并使这些系统能够受益于商品和服务自由流动的原则。这些规则应明确而强有力地保护基本权利，支持新的创新解决方案，使欧洲的公共和私人行为者能够创建一个符合欧盟价值观的人工智能生态系统，并释放欧盟所有地区数字化转型的潜力。本条例规定了这些规则以及支持创新的措施，特别关注包括初创企业在内的中小企业，从而支持欧洲理事会[①]提出的目标，即促进欧洲以人为本的人工智能方法以及在发展安全、可信和合乎伦理的人工智能方面成为全球领导者，并确保按照欧洲议会[②]的具体要求保护伦理原则。

（9）适用于高风险人工智能系统投放市场、提供服务和使用的统一规则，应根据欧洲议会和欧盟理事会第（EC）765/2008 号条例[③]、欧洲议会和欧盟理事会第 768/2008/EC 号决定[④]以及欧洲议会和欧盟理事会第（EU）2019/1020 号条例[⑤]（统称为"新立法框架"）制定。本条例中规定的统一规则应适用于各部门，并与"新立法框架"保持一致，不应损害现有的欧盟法律，特别是有关数据保护、

---

① European Council, Special meeting of the European Council (1 and 2 October 2020)—Conclusions, EUCO 13/20, 2020, p. 6.
② 欧洲议会 2020 年 10 月 20 日通过决议，向欧盟委员会提出《关于人工智能、机器人及相关技术伦理问题框架的建议》，2020/2012(INL)。
③ 欧洲议会和欧盟理事会 2008 年 7 月 9 日规定认证要求的第（EC）765/2008 号条例，废除了第（EEC）339/93 号条例(OJ L 218, 13.8.2008, p. 30)。
④ 欧洲议会和欧盟理事会 2008 年 7 月 9 日关于产品营销共同框架的第 768/2008/EC 号决定，废除了欧盟理事会第 93/465/EEC 号决定(OJ L 218, 13.8.2008, p.82)。
⑤ 欧洲议会和欧盟理事会 2019 年 6 月 20 日关于市场监督和产品合规性的第（EU）2019/1020 号条例，修订了第 2004/42/EC 号指令以及第（EC）765/2008 号条例和第（EU）305/2011 号条例(OJ L 169, 25.6.2019, p. 1)。

消费者保护、基本权利、就业和劳动者保护以及产品安全的法律,本条例是对这些法律的补充。因此,欧盟法律规定的消费者以及人工智能系统可能对其产生负面影响的其他人的所有权利和补救措施,包括根据欧盟理事会第85/374/EEC号指令①对可能造成的损害进行赔偿的权利和补救措施,均不受影响且完全适用。此外,在就业和劳动者保护方面,本条例不应影响欧盟社会政策法和符合欧盟法律的成员国劳动法,这些法律涉及就业和工作条件,具体包括工作场所的健康、安全以及雇主和劳动者之间的关系。本条例也不应影响行使成员国和欧盟承认的基本权利,包括罢工或采取成员国具体劳资关系制度所涵盖的其他行动的权利或自由,以及根据国家法律进行谈判、缔结和执行集体协议或采取集体行动的权利。本条例不应影响旨在改善平台工作条件的欧洲议会和欧盟理事会指令中的规定。此外,本条例旨在通过制定具体要求和义务,包括人工智能系统的透明度、技术文件和记录保存方面的要求和义务,从而加强现有权利和补救措施的有效性。再者,本条例对参与人工智能价值链的各类运营者所规定的义务,应在不影响成员国法律且符合欧盟法律的情况下适用,其效力是限制特定人工智能系统的使用,这些法律不属于本条例的范围,或追求的是本条例目标之外的正当公共利益。例如,成员国劳动法和保护18岁以下未成年人的法律,同时考虑《儿童权利委员会关于与数字环境有关的儿童权利的第25号一般性意见(2021年)》,只要它们不是专门针对人工智能系统,并且追求其他正当的公共利益目标,就不应当受到本条例的影响。

(10) 保护个人数据的基本权利特别受到欧洲议会和欧盟理事会第(EU)2016/679号条例②和第(EU)2018/1725号条例③以及第(EU)2016/680号指令④的保障。欧洲议会和欧盟理事会第2002/58/EC号指令⑤额外保护私人生活和通信秘密,包括为在终端设备中存储和访问任何个人和非个人数据提供条件。这些欧盟法律为可持续和负责任的数据处理提供了基础,涉及的数据

---

① 欧盟理事会1985年7月25日关于协调成员国有关缺陷产品责任的法律、法规和行政规则的第85/374/EEC号指令(OJ L 210,7.8.1985,p.29)。

② 欧洲议会和欧盟理事会2016年4月27日关于在个人数据处理方面保护自然人以及关于此类数据自由流动的第(EU)2016/679号条例,废除了第95/46/EC号指令(《通用数据保护条例》)(OJ L 119,4.5.2016,p.1)。

③ 欧洲议会和欧盟理事会2018年10月23日关于在欧盟机构、组织、办公室和机关处理个人数据时保护自然人以及关于此类数据自由流动的第(EU)2018/1725号条例,废除了第(EC)45/2001号条例和第1247/2002/EC号决定(OJ L 295,21.11.2018,p.39)。

④ 欧洲议会和欧盟理事会2016年4月27日关于在主管机关为预防、调查、侦查或起诉刑事犯罪或执行刑事处罚之目的处理个人数据方面保护自然人以及关于此类数据自由流动的第(EU)2016/680号指令,废除了欧盟理事会第2008/977/JHA号框架决定(OJ L 119,4.5.2016,p.89)。

⑤ 欧洲议会和欧盟理事会2002年7月12日关于在电子通信领域处理个人数据和保护隐私的第2002/58/EC号指令(《隐私与电子通信指令》)(OJ L 201,31.7.2002,p.37)。

集包含个人和非个人数据。本条例无意影响有关个人数据处理的现行欧盟法律的适用,包括负责监督这些法律遵守情况的独立监管机构的任务和权力。只要人工智能系统的设计、开发或使用涉及个人数据的处理,本条例也不影响人工智能系统的提供者和部署者作为数据控制者或数据处理者所承担的义务,这些义务源自欧盟或成员国关于保护个人数据的法律。同时,还需说明的是,数据主体继续享有上述欧盟法律赋予他们的所有权利和保障,包括完全自动化的个人决策相关的权利与画像分析。根据本条例制定的关于人工智能系统投放市场、提供服务和使用的统一规则,应有助于有效实施,并使数据主体能够行使欧盟关于保护个人数据和其他基本权利的法律所保障的权利和其他救济措施。

(11) 本条例不应影响欧洲议会和欧盟理事会第(EU)2022/2065号条例①中有关中介服务提供者责任的规定。

(12) 本条例中"人工智能系统"的概念应当被明确界定,并应当与从事人工智能工作的国际组织的工作密切对齐,以保障法律的确定性,促进国际趋同和广泛接受性,同时该定义应当具备足够的灵活性,以适应该领域技术的快速发展。此外,该定义应基于人工智能系统的关键特征,这些特征将人工智能系统与较简单的传统软件系统或编程方法区分开来,不应当涵盖仅基于自然人定义的规则自动执行操作的系统。人工智能系统的一个关键特征是其推理能力。这种推理能力指的是获得输出的过程,如预测、内容、建议或决策,它们可以影响物理和虚拟环境,也指人工智能系统从输入或数据中推导出模型或算法的能力。在构建人工智能系统时,实现推理的技术包括从数据中学习如何实现特定目标的机器学习方法,以及从要解决的任务的编码知识或符号表示中进行推理的基于逻辑和知识的方法。人工智能系统的推理能力超越了基本的数据处理,可以进行学习、推理或建模。"基于机器"一词指的是人工智能系统在机器上运行这一事实。明确或隐含目标的提法强调了人工智能系统可以根据明确界定的目标或隐含目标运行。人工智能系统的目标可能不同于人工智能系统在特定环境中的预期目的。就本条例而言,环境应理解为人工智能系统运行的背景,而人工智能系统产生的输出反映了人工智能系统执行的不同功能,包括预测、内容、建议或决策。人工智能系统被设计为具有不同程度的自主性,这意味着它们在行动上具有一定的独立性,可以在没有人类干预的情况下运行。人工智能系统在部署后可能表现出的适应性是指自学能力,允许系统在使用过程中发生变化。人工智能系统可以独立使用,也可以作为产品的一个组成部分,不论该系统是被实际集成到

---

① 欧洲议会和欧盟理事会2022年10月19日关于数字服务单一市场的第(EU)2022/2065号条例,修订了第2000/31/EC号指令(《数字服务法》)(OJ L 277, 27.10.2022, p.1)。

产品中(嵌入式)，还是未集成到产品中(非嵌入式)而只是为产品的功能服务。

(13) 本条例中提及的"部署者"概念应解释为任何经其授权使用人工智能系统的自然人或法人，包括公共机关、机关或其他组织，但在个人非专业活动中使用人工智能系统的情况除外。根据人工智能系统的类型，该系统的使用可能会影响到部署者以外的人。

(14) 本条例中使用的"生物特征数据"概念应根据第(EU) 2016/679 号条例第 4 条第 14 款、第(EU) 2018/1725 号条例第 3 条第 18 款和第(EU) 2016/680 号指令第 3 条第 13 款所定义的"生物特征数据"概念进行解释。生物特征数据可以用于对自然人的认证、识别或分类，以及对自然人情感的识别。

(15) 本条例中提到的"生物特征识别"概念应界定为自动识别人的身体、生理和行为特征，如面部、眼球运动、体形、声音、韵律、步态、姿势、心率、血压、气味、按键特征等，目的是通过比较个人的生物特征数据和参考数据库中存储的个人生物特征数据来确定个人身份，无论个人是否同意。这不包括旨在用于生物特征验证(包括身份验证)的人工智能系统，其唯一目的是确认特定自然人就是他或她声称的那个人，并仅为了获得服务、解锁设备或安全进入场所而确认自然人的身份。

(16) 本条例中提到的"生物特征分类"概念应界定为根据生物特征数据将自然人归入特定类别。这些特定类别涉及性别、年龄、发色、眼睛颜色、文身、行为或个性特征、语言、宗教、少数民族身份、性取向或政治倾向等方面。这不包括与另一项商业服务有内在联系的纯粹辅助功能的生物特征分类系统，这意味着由于客观技术原因，该特征不能在没有主服务的情况下使用，并且该特征或功能的整合不是规避本条例规则适用性的手段。例如，在线市场上使用的对面部或身体特征进行分类的滤镜可构成此类辅助功能，因为它们只能用于与主服务相关的部分，而主服务是通过允许消费者预览产品在其身上的显示效果并帮助消费者作出购买决定来销售产品。在线社交网络服务中使用的滤镜对面部或身体特征进行分类，以便用户添加或修改图片或视频，也可被视为辅助功能，因为如果没有社交网络服务的主服务(在线分享内容)，就不能使用这种滤镜。

(17) 本条例中提到的"远程生物特征识别系统"概念应从功能上加以定义，它是一种人工智能系统，旨在通过将一个人的生物特征数据与参考数据库中的生物特征数据进行比较，而不论所使用的生物特征数据的特定技术、程序或类型如何，在没有自然人积极参与的情况下，通常是在一定距离之外对自然人进行识别。这种远程生物特征识别系统通常用于同时感知多人或其行为，以便在没有自然人主动参与的情况下极大地便利对自然人的识别。这不包括打算用于生物特征验证的人工智能系统，生物特征验证包括身份验证，其唯一目的是确认特定自然人就是他或她声称的那个人,并仅为了获得服务、解锁设备或安全进入场所而确认自然人的身份。将其排除在外的理由是,与远程生物特征识别系统相比,这类系统对自然人基本权利的影响可能较小,因为远程生物特征识别系统可用于处理很多人的生物特征数据,而无须这些人的积极参与。在"实时"系统中,对生物特征数据的采集、比对和识别都是在即时、几乎即时或无显著延迟情况下进行的。在这方面,不应存在通过规定轻微延迟来规避本条例关于"实时"使用有关人工智能系统的规则的空间。"实时"系统涉及使用"实况"或"准实况"材料,如摄像机或其他具有类似功能的设备产生的录像片段。相比之下,"后处理"系统则是生物特征数据已经采集完毕,只有在显著延迟后才进行比对和识别。这涉及在对有关自然人使用该系统之前就已生成的材料,如闭路电视摄像机或私人设备生成的图片或录像。

(18)本条例所指的"情感识别系统"概念应界定为根据自然人的生物特征数据识别或推断其情感或意图的人工智能系统。这里的情感或意图包括快乐、悲伤、愤怒、惊讶、厌恶、尴尬、兴奋、羞愧、蔑视、满意和消遣等。这种系统不涉及诸如疼痛或疲劳等身体状态,因此用于检测职业飞行员或司机疲劳状态以防止事故发生的系统被排除在外。它也不包括仅仅检测容易察觉的表情、手势或动作的系统,除非它们是用来识别或推断情感的。这些外在的表现形式既可以是基本的面部表情,如皱眉或微笑,也可以是手部、手臂或头部的动作,还可以是一个人的声音特征,如高嗓门或轻声细语。

(19)在本条例中,"公共场所"这一概念应理解为任何数量不确定的自然人可进入的物理空间,无论该场所是私有还是公有,也无论该场所可用于何种活动,如商业(如商店、餐馆、咖啡馆)、服务(如银行、专业活动、招待)、体育(如游泳池、健身房、体育馆)、交通(如公共汽车、地铁和火车站、机场、其他交通工具)、娱乐(如电影院、剧院、博物馆、音乐厅和会议厅)、休闲或其他(如公共道路和广场、公园、森林、游乐场)。如果不考虑潜在的容纳能力或安全限制,只要满足预先确定的特定条件,如购买门票或运输凭证、事先登记或达到特定年龄,上述空间应当被归类为公共场所。相反,如果依据与公共安全或安保直接相关的欧盟法律或成员国法律,或依据对特定空间拥有相关权利者的明确意思表示,该场所仅限特定和明确的自然人进入,则不应被视为公众可进入的场所。即使存在相反的迹象或情况(如禁止或限制进入的标志),仅存在事实上的进入可能性(如未上锁的门或围栏中敞开的门)并不意味着该场所可以对公众开放。公司和工厂厂房,以及仅供相关员工和服务提供者进入的办公室和工作场所,都是不对公众开放的。公共场所不应包括监狱或边境管制场所。其他一些空间可能既包括不对公众开放的区域,也包括对公众开放的区域,如通往医生办公室或机场的私人住宅楼道。网络空间也不包括在内,因为它们不是物理空间。不过,特定场所是否对公众开放,应根据具体情况具体分析,需要考虑到个别情境的特殊性。

(20) 为了从人工智能系统中获得最大的利益,同时保护基本权利、健康和安全,并使民主监督成为可能,人工智能素养应使提供者、部署者和受影响者掌握必要的概念,以便就人工智能系统作出明智的决定。这些概念可能因相关背景而异,包括在人工智能系统开发阶段正确应用技术要素的理解、在使用过程中应采取的措施、解释人工智能系统输出结果的适当方式,以及对于受影响者而言,了解在人工智能协助下作出的决定将如何对其产生影响的必要知识。在实施本条例的背景下,人工智能素养应为人工智能价值链中的所有相关参与者提供必要的洞察力,以确保适当的合规性和正确的执行。此外,广泛实施人工智能素养措施并采取适当的后续行动,有助于改善工作条件,并最终维持欧盟可信人工智能的巩固和创新之路。欧洲人工智能委员会应支持欧盟委员会推广人工智能素养工具,提高公众对使用人工智能系统的好处、风险、保障措施、权利和义务的认识和理解。欧盟委员会和成员国应与利益相关方合作,促进制定自愿行为准则,以提高人工智能开发、运营和使用人员的人工智能素养。

(21) 为了确保公平的竞争环境,有效保护全欧盟个人的权利和自由,本条例制定的规则应以非歧视的方式适用于人工智能系统的提供者,无论其是设立在欧盟境内还是在第三国,也适用于设立在欧盟境内的人工智能系统的部署者。

(22) 鉴于其数字化性质,某些人工智能系统即使未在欧盟市场上投放、提供服务或使用,也应属于本条例的适用范围。例如,在欧盟境内设立的运营者将与高风险人工智能系统执行活动相关的特定服务承包给在第三国设立的运营者时,第三国运营者使用的人工智能系统可以处理在欧盟合法收集并从欧盟转移的数据,并将该人工智能系统处理的结果提供给欧盟的签约运营者,而无须将该人工智能系统在欧盟投放市场、提供服务或使用。为防止规避本条例并确保有效保护欧盟境内的自然人,本条例还应适用于在第三国设立的人工智能系统的提供者和部署者,只要这些系统产生的输出结果意图在欧盟境内使用。尽管如此,考虑到现有的安排和未来与外国伙伴进行信息和证据交换合作的特殊需要,本条例不应适用于在与欧盟或成员国就执法和司法合作缔结的合作框架或国际协议内行事的第三国公共机关和国际组织,前提是相关第三国或国际组织在保护个人基本权利和自由方面提供了充分的保障。在相关情况下,这可能包括受第三国委托执行具体任务以支持此类执法和司法合作的组织的活动。欧盟成员国与第三国之间,或欧盟、欧洲刑警组织和欧盟其他机构与第三国和国际组织之间,已经通过双边方式建立了此类合作框架或协议。根据本条例,负责监督执法和司法机关的主管机关应当评估这些合作框架或国际协议是否包括有关保护个人基本权利和自由的充分保障措施。受到协助的成员国机关和在欧盟内使用此类成果的接收成员国机关以及欧盟机构、组织、办公室和机关仍须对其使用符合欧盟法律负责。在今后修订这些国际协议或缔结新协议时,缔约方应尽最大努力使这些协议符合本条例的要求。

(23) 本条例也应适用于作为人工智能系统提供者或部署者的欧盟机构、组织、办公室和机关。

(24) 如果人工智能系统出于军事、国防或国家安全目的被投放市场、提供服务或使用,无论是否对这些人工智能系统进行修改,都应被排除在本条例的适用范围之外,不管进行这些活动的是何种类型的组织,无论是公共组织还是私营组织。就军事和国防目的而言,这种排除既有《欧盟条约》第4条第2款的依据,也有《欧盟条约》第五编第二章所涵盖的成员国和欧盟共同防卫政策的特殊性,这些条约和政策受国际公法约束,因此,国际公法是针对使用致命武力和其他与军事防御活动等相关的人工智能系统的更适当的法律框架。至于国家安全目的,排除的理由有二:一是根据《欧盟条约》第4条第2款,国家安全仍是成员国的唯一责任;二是国家安全活动的特殊性质和运作需求以及适用于这些活动的具体国家规则。然而,如果为军事、国防或国家安全目的而开发、投放市场、提供服务或使用的人工智能系统被临时或永久地用于其他目的,如民用或人道主义目的、执法或公共安全目的,则该系统将属于本条例的适用范围。在这种情况下,将人工智能系统用于军事、国防或国家安全以外的目的的组织应确保该系统符合本条例,除非该系统已经符合本条例。为军事、国防或国家安全等除外目的以及民用或执法等一个或多个非除外目的而投放市场或提供服务的人工智能系统,属于本条例的适用范围,这些系统的提供者应确保遵守本条例。在这些情况下,人工智能系统可能属于本条例的适用范围,并不影响开展国家安全、军事和国防活动的组织(无论这些组织属于何种类型)为国家安全、军事和国防目的使用人工智能系统的可能性,因为这些目的的使用被排除在本条例的适用范围之外。为民用或执法目的而投放市场的人工智能系统,无论是否经过修改用于军事、国防或国家安全目的,都不应属于本条例的适用范围,无论开展这些活动的组织属于何种类型。

(25) 本条例应当支持创新,尊重科学自由,不应损害研发活动。因此,有必要将专门为科学研究和开发目的而开发和提供服务的人工智能系统和模型排除在本条例的适用范围之外。此外,有必要确保本条例不会影响人工智能系统或模型在投放市场或提供服务之前的科学研究和开发活动。至于以产品为导向的人工智能系统或模型的研究、测试和开发活动,在这些系统和模型投放市场或提供服务之前,本条例的规定也不应适用。但该排除条款不影响将本条例适用范围内的人工智能系统因研发活动而投放市场或提供服务时遵守本条例的义务，也不影响有关监管沙盒和在真实世界条件下进行测试的规定的适用。此外，在不影响排除专门为科学研究和开发目的而开发和提供服务的人工智能系统的情况下，可能用于开展任何研究和开发活动的其他人工智能系统仍应遵守本条例的规定。无论如何，任何研发活动都应根据公认的科学研究伦理和专业标准进行，并应根据适用的欧盟法律进行。

（26）为了对人工智能系统采用一套适度且有效的有约束力的规则，应遵循明确界定的基于风险的方法。这种方法应根据人工智能系统可能产生的风险的强度和范围来调整这些规则的类型和内容。因此，有必要禁止特定不可接受的人工智能实践，规定高风险人工智能系统的要求和相关运营者的义务，并规定特定人工智能系统的透明度义务。

（27）虽然基于风险的方法是一套成比例且有效的约束性规则的基础，但重要的是要回顾欧盟委员会任命的独立人工智能高级别专家组制定的2019年《可信人工智能伦理准则》。在这些准则中，人工智能高级别专家组为人工智能制定了七项不具约束力的伦理原则，旨在帮助确保人工智能是值得信赖和符合伦理的。这七项原则包括：人类自主性和监督，技术稳健性和安全，隐私和数据治理，透明度，多样性、非歧视和公平，社会和环境福祉以及问责制。在不影响本条例和任何其他适用的欧盟法律的约束力要求的情况下，这些准则有助于设计一个连贯、可信和以人为本的人工智能，符合《宪章》和欧盟的基本价值观。根据人工智能高级专家组的准则，人类的自主性和监督意味着人工智能系统的开发和使用是一种服务于人的工具，尊重人的尊严和个人自主权，其运行方式可以由人类进行适当的控制和监督。技术稳健性和安全是指开发和使用人工智能系统的方式应能在出现问题时保持稳健，并有能力防御试图改变人工智能系统的使用或性能以便允许第三方非法使用的行为，并最大限度地减少意外伤害。隐私和数据治理是指人工智能系统的开发和使用符合隐私和数据保护规则，同时处理的数据在质量和完整性方面符合高标准。透明度是指开发和使用人工智能系统的方式应允许适当的可追溯性和可解释性，同时让人们意识到他们与人工智能系统进行了交流或互动，并适当告知部署者该人工智能系统的能力和局限性，向受影响者说明他们的权利。多样性、非歧视和公平是指人工智能系统的开发和使用方式应包括不同的参与者，并促进平等获取、性别平等和文化多样性，同时避免欧盟或成员国法律所禁止的歧视性影响和不公平偏见。社会和环境福祉是指以可持续和环保的方式开发和使用人工智能系统，并使全人类受益，同时监测和评估对个人、社会和民主的长期影响。在可能的情况下，这些原则的应用应转化为人工智能模型的设计和使用。在任何情况下，这些原则都应作为根据本条例起草行为准则的基础。鼓励所有利益相关者,包括产业界、学术界、民间社会和标准化组织,在制定自愿性最佳实践和标准时酌情考虑这些伦理原则。

(28)人工智能有许多有益的用途,但也可能被滥用,并为操纵、剥削和社会控制实践提供新颖而强大的工具。这些做法特别有害,具有滥用性,应被禁止,因为它们违背了尊重人的尊严、自由、平等、民主和法治的欧盟价值观以及《宪章》所载的基本权利,包括不受歧视权、数据保护权、隐私权和儿童权利。

(29)人工智能驱动的操纵技术可以被用来说服人们作出违反自身意愿的行为,或以破坏和损害人们的自主性、决策和自由选择的方式诱导他们作出决定,从而欺骗他们。将某些旨在或具有实质性扭曲人类行为的效果的人工智能系统投放市场、提供服务或使用,可能会造成重大伤害,特别是对人的身体、心理健康或经济利益产生足够重大的不利影响,这种行为特别危险,因此应当予以禁止。这类人工智能系统采用了人们无法感知的潜意识组成部分,如音频、图像、视频刺激,这些刺激超出了人的感知范围,或采用其他操纵或欺骗技术,以一种人们无法意识到的方式或即使意识到但仍然会被欺骗,或者以人们无法控制或抵制的方式破坏或损害人的自主性、决策或自由选择。例如,脑机接口或虚拟现实可能会助长这种情况的发生,因为它们允许对呈现给人的刺激进行更高程度的控制,这些刺激可能以明显有害的方式实质性地扭曲人的行为。此外,人工智能系统还可能会利用个人或特定群体的弱点,包括他们的年龄、欧洲议会和欧盟理事会第(EU)2019/882号指令①所指的残疾,或可能使其更容易受到剥削的特定的社会经济状况,如生活在极端贫困中的个人、少数民族或宗教少数群体。此类人工智能系统可能被投放市场、提供服务或使用,其目的或效果是实质性地扭曲个人的行为,并对该人或其他人或群体造成或有合理可能性造成重大伤害,包括可能长期积累的伤害,因此应当予以禁止。在下列情况下,可能无法假定存在扭曲行为的意图:扭曲行为是人工智能系统外部因素造成的,而这些因素超出了提供者或部署者的控制范围,即可能存在无法合理预见的因素,人工智能系统的提供者或部署者不可能减轻这些因素的影响。在任何情况下,提供者或部署者不一定要有造成重大损害的意图,只要这种损害是由人工智能操纵或剥削行为造成的。对此类人工智能行为的禁止是对欧洲议会和欧盟理事会第2005/29/EC号指令②规定的补充,特别是在任何情况下都禁止对消费者造成经济或金融损害的不公平商业行为,无论这些行为是通过人工智能系统还是其他方式实施

---

① 欧洲议会和欧盟理事会2019年4月17日关于产品和服务准入要求的第(EU)2019/882号指令(OJ L 151,7.6.2019,p.70)。

② 欧洲议会和欧盟理事会2005年5月11日涉及内部市场中企业对消费者的不公平商业行为的第2005/29/EC号指令,修订了欧洲议会和欧盟理事会第84/450/EEC号指令、第97/7/EC号指令、第98/27/EC号指令和第2002/65/EC号指令,以及欧洲议会和欧盟理事会第(EC)2006/2004号条例(《不公平商业行为指令》)(OJ L149,11.6.2005,p.22)。

的。本条例对操纵性和剥削性实践的禁止不应影响医疗方面的合法实践,如精神疾病的心理治疗或身体康复,只要这些实践是根据适用的法律和医疗标准进行的,如得到个人或其法律代理人的明确同意。此外,符合适用法律的常见的合法商业行为,如广告领域的行为,本身不应被视为构成有害的人工智能驱动的操纵行为。

(30)应当禁止根据自然人的生物特征数据(如个人的面部或指纹)推断或推测个人的政治观点、工会会员身份、宗教或哲学信仰、种族、性生活或性取向的生物特征分类系统。这一禁令不应包括根据生物特征数据对按照欧盟或成员国法律获取的生物特征数据集进行合法的标记、过滤或分类,如根据头发颜色或眼睛颜色对图像进行分类,这可以用于执法领域。

(31)由公共或私人行为者提供的对自然人进行社会评分的人工智能系统可能导致歧视性结果和排斥特定群体。它们可能侵犯尊严和不受歧视的权利以及平等和公正的价值观。此类人工智能系统根据与自然人或其群体在多种情境下的社会行为相关的数据点,或根据已知、推断或预测的个人或个性特征,在特定时间段内对其进行评估或分类。从这类人工智能系统中获得的社会评分可能导致自然人或其整个群体在社会环境中受到有害或不利的对待,而这些环境与最初生成或收集数据的环境无关,或导致与其社会行为的严重程度不成比例或不合理的不利对待。因此,应当禁止采用这种不可接受的评分做法并导致有害或不利结果的人工智能系统。这一禁令不应影响根据欧盟和成员国法律为特定目的而对自然人进行的合法评价实践。

(32)为执法目的在公共场所使用人工智能系统对自然人进行"实时"远程生物特征识别,特别侵犯有关个人的权利和自由,因为这可能影响很大部分人的私人生活,使人产生不断受到监视的感觉,并间接妨碍行使集会自由和其他基本权利。用于对自然人进行远程生物特征识别的人工智能系统在技术上的不准确性可能会导致有偏差的结果并产生歧视性影响。在年龄、民族、种族、性别或残疾方面,这种可能的偏差结果和歧视性影响尤为重要。此外,在执法活动或受其影响的背景下,使用此类实时运行的系统,其影响的即时性和进一步检查或纠正的机会有限,会给相关人员的权利和自由带来更大的风险。

(33)因此,应当禁止为执法目的使用这类系统,除非是在详尽列举和严格界定场景的情况下,且使用这类系统对于实现重大公共利益是绝对必要的,其重要性超过了风险。这些情况包括:寻找特定犯罪受害者,包括失踪人员;自然人的生命或人身安全受到特定威胁或受到恐怖袭击;确定本条例附件所列刑事犯罪行为人或嫌疑人的位置或身份,条件是这些刑事犯罪行为根据成员国法律可处以至少四年的监禁或拘留令。根据成员国法律对监禁刑罚或拘留令设置这样的门槛,有助于确保罪行严重到足以证明有必要合理使用"实时"远程生物特征识别系统。此外,本条例附件中列举的刑事犯罪清单是基于欧盟理事会第2002/584/JHA号框架决定①所列的32种刑事犯罪,并考虑到其中一些罪行在实践中可能比其他罪行更相关,因为可以预见的是,为实际查找或识别所列不同刑事犯罪行为人或嫌疑人,考虑到伤害或可能的负面后果存在严重性、可能性和规模上的差异,采用"实时"远程生物特征识别技术在很大程度上应当是必要且成比例的。欧洲议会和欧盟理事会第(EU)2022/2557号指令②第2条第4款所定义的关键基础设施受到严重破坏,也可能导致对自然人的生命或人身安全构成迫在眉睫的威胁,这种关键基础设施的破坏或毁坏将导致对自然人的生命或人身安全构成迫在眉睫的威胁,包括对向民众提供基本供应品或行使国家核心职能造成严重损害。此外,本条例应保留执法、边境管制、移民或庇护机关根据欧盟和成员国法律规定的身份检查条件,在当事人在场的情况下进行身份检查的能力。特别是执法、边境管制、移民或庇护机关应能够根据欧盟或成员国法律使用信息系统,识别在身份检查期间拒绝被识别或者无法说明或证明其身份的人,而无须根据本条例事先获得授权。例如,这可能是一个涉及犯罪、不愿或因事故或健康状况而无法向执法机关透露其身份的人。

(34)为了确保以负责任且成比例的方式使用这些系统,还必须规定,在详尽列举和狭义界定的每一种情况下,都应考虑到某些因素,特别是导致提出请求情况的性质、使用这些系统对所有有关人员的权利和自由造成的后果,以及使用这些系统时提供的保障和条件。此外,在公共场所为执法目的使用"实时"远程生物特征识别系统,只能用于确认具体目标个人的身份,并应仅限于在时间、地理和个人范围方面绝对必要的情况,尤其应考虑到有关威胁、受害者或刑事犯罪行为人的证据或迹象。除非本条例另有规定,只有在有关执法机关完成了基本权利影响评估,并在本条例规定的数据库中登记了该系统的情况下,才能授权在公共场所使用实时远程生物特征识别系统。人员参考数据库应适合上述每种情况下的具体使用案例。

(35)在公共场所为执法目的使用"实时"远程生物特征识别系统时,每次都应得到司法机关或其决定对成员国具有约束力的独立行政机关的明确和具体的授权。这种授权原则上应在使用人工智能系统识别某人或某些人之前获得。但在紧急情况下,如果有正当理由证明在开始使用相关人工智能系统之前实际且

---

① 欧盟理事会2002年6月13日关于欧洲逮捕令和成员国之间移交程序的第2002/584/JHA号框架决定(OJ L 190,18.7.2002,p.1)。
② 欧洲议会和欧盟理事会2022年12月14日关于关键实体韧性的第(EU) 2022/2557号指令,废除了欧盟理事会第2008/114/EC号指令(OJ L 333,27.12.2022,p.164)。

客观上无法获得授权的,应当适用该规则的例外情况。在这种紧急情况下,人工智能系统的使用应限制在绝对必要的最低限度,并应遵守适当的保障措施和条件,这些措施和条件由成员国法律确定,并由执法机关本身在每个紧急使用个案的场景下进行具体规定。此外,在这种情况下,执法机关不得无故拖延,最迟应在24小时内请求获得授权,同时说明未能提前申请授权的原因。如果这种授权申请被拒绝,则应立即停止使用与该授权有关的实时生物特征识别系统,并应丢弃和删除与这种使用有关的所有数据。这些数据包括人工智能系统在使用过程中直接获取的输入数据,以及与该授权相关的使用结果和输出,但不应包括根据欧盟或成员国其他法律合法获取的输入数据。在任何情况下,都不能只根据远程生物特征识别系统的输出结果作出对个人产生不利法律影响的决定。

(36) 为了按照本条例以及成员国规则规定的要求执行任务,应向有关市场监督机关和成员国数据保护机关通报实时生物特征识别系统的每次使用情况。接到通知的市场监督机关和成员国数据保护机关应向欧盟委员会提交关于实时生物特征识别系统使用情况的年度报告。

(37) 此外,根据本条例设定的详尽框架,在成员国领土内使用这类人工智能系统,应仅在相关成员国决定在其国家法律的详细规则中明确规定可以授权使用的情况下方可进行。因此,根据本条例,成员国有权不提供这种可能性,或仅就本条例所确定的可证明有理由授权使用的特定目标规定这种可能性。这些成员国规则应在通过后30天内通知欧盟委员会。

(38) 为执法目的在公共场所使用人工智能系统对自然人进行实时远程生物特征识别,必然涉及对生物特征数据的处理。本条例基于《欧洲联盟运作条约》第16条禁止此类使用的规则(除特定例外情况外),应作为特别法适用于第(EU)2016/680号指令第10条所规定的生物特征数据处理规则,从而以详尽的方式规范此类使用和所涉及的生物特征数据处理。因此,只能在符合本条例规定的框架内,由主管机关以执法为目的,基于第(EU)2016/680号指令第10条所列的理由使用此类系统并处理相关数据。在此背景下,本条例无意为根据第(EU)2016/680号指令第8条处理个人数据提供法律依据。然而,在公共场所为执法以外的目的使用实时远程生物特征识别系统,包括由主管机关使用,不应包括在本条例规定的有关为执法目的使用此类系统的具体框架内。因此,为执法以外的目的使用此类系统,不应受本条例规定的授权要求以及可能使该授权生效的成员国法律的实施细则的限制。

(39) 除本条例规定的为执法目的在公共场所使用实时远程生物特征识别系统外,任何对使用人工智能系统进行生物特征识别所涉及的生物特征数据和其他个人数据的处理,应继续遵守第(EU)2016/680号指令第10条规定的所有要求。对于执法以外的目的,第(EU)2016/679 号条例第 9 条第 1 款和第(EU)2018/1725 号条例第 10 条第 1 款禁止处理生物特征数据,但这些条款规定的有限例外情况除外。在适用第(EU)2016/679 号条例第 9 条第 1 款时,成员国数据保护机关已作出禁止将远程生物特征识别用于执法以外目的的决定。

(40) 根据《欧盟条约》和《欧洲联盟运作条约》附件《关于英国和爱尔兰在自由、安全和司法领域的立场的第 21 号议定书》第 6a 条,爱尔兰不受本条例第 5 条第 1 款 g 项规定的规则的约束,只要这些规则适用于在警务合作和刑事司法合作领域的活动中使用生物特征分类系统;也不受第 5 条第 1 款 d 项规定的规则的约束,只要这些规则适用于该条款所涵盖的人工智能系统的使用;也不受第 5 条第 1 款 h 项、第 5 条第 2 款至 6 款和第 26 条第 10 款规定的规则的约束,这些条款是基于《欧洲联盟运作条约》第 16 条制定的,涉及成员国在开展《欧洲联盟运作条约》第三部分第五篇第四章或第五章范围内的活动时对个人数据的处理,其中爱尔兰不受要求遵守根据《欧洲联盟运作条约》第 16 条规定的刑事司法合作或警务合作形式规则的约束。

(41) 根据《欧盟条约》和《欧洲联盟运作条约》附件《关于丹麦立场的第 22 号议定书》第 2 条和第 2a 条,丹麦不受本条例第 5 条第 1 款 g 项规定的规则的约束,只要这些规则适用于在警务合作和刑事司法合作领域的活动中使用生物特征分类系统;也不受第 5 条第 1 款 d 项规定的规则的约束,只要这些规则适用于该条款所涵盖的人工智能系统的使用;也不受第 5 条第 1 款 h 项、第 5 条第 2 款至 6 款和第 26 条第 10 款规定的规则的约束,或受其适用的约束,这些条款是基于《欧洲联盟运作条约》第 16 条制定的,涉及成员国在开展《欧洲联盟运作条约》第三部分第五篇第四章或第五章范围内的活动时对个人数据的处理。

(42) 根据无罪推定原则,欧盟的自然人应始终根据其实际行为进行判断。在没有客观和可核实的事实合理怀疑自然人参与犯罪活动且未经人工评估的情况下,绝不能仅根据其画像、个性特征或行为特质,如国籍、出生地、居住地、子女人数、债务水平或汽车类型,对自然人的行为进行人工智能预测判断。因此,应当禁止仅根据对自然人的画像或对其个性特征和行为特质的评估而进行风险评估,以评估其犯罪可能性,或者预测实际或潜在刑事犯罪的发生。在任何情况下,这一禁令都不涉及或触及并非基于个人画像或个人个性特征和行为特质的风险分析,如人工智能系统使用风险分析评估企业通过可疑交易进行金融欺诈的可能性,或使用风险分析工具预测海关机关根据已知的贩运路线等查获麻醉药品或非法货物的可能性。

(43) 应当禁止将通过非定向抓取互联网或闭路电视监控录像中的面部图像来创建或扩展面部识别数据库的人工智能系统投放市场、提供服务或使用,因为这种做法会加剧大规模监控的感觉，并可能导致包括隐私权在内的基本权利的严重侵犯。

（44）人们对旨在识别或推断情绪的人工智能系统的科学依据表示严重关切，特别是因为情绪表达在不同文化和场景下存在很大差异，甚至在同一个人身上也会有所不同。这类系统的主要缺点包括有限的可靠性、缺乏特异性和有限的通用性。因此，根据生物特征数据识别或推断自然人情绪或意图的人工智能系统可能导致歧视性结果，并可能侵犯特定个人的权利和自由。考虑到工作或教育领域的权力不平衡，再加上这些系统的侵扰性质，其可能导致特定自然人或整个自然人群体受到有害或不利的对待。因此，应当禁止将旨在用于检测个人在工作场所和教育场景下的情绪状态的人工智能系统投放市场、提供服务或使用。这一禁令不应涵盖严格基于医疗或安全原因而投放市场的人工智能系统，如用于治疗的系统。

（45）欧盟法律（包括数据保护法、非歧视法、消费者保护法和竞争法）禁止的行为不受本条例影响。

（46）高风险人工智能系统只有在符合特定的强制性要求的情况下，才能进入欧盟市场、提供服务或使用。这些要求应当确保，在欧盟提供的高风险人工智能系统或其输出不会对欧盟法律承认和保护的重要公共利益构成不可接受的风险。根据新的立法框架及欧盟委员会《2022 年欧盟产品规则实施"蓝色指南"》[①]的解释，一般规则是同一个产品可能适用多个欧盟协调立法，如欧洲议会和欧盟理事会第（EU）2017/745 条例[②]和第（EU）2017/746 条例[③]，或者欧洲议会和欧盟理事会第 2006/42/EC 号指令[④]，因为只有当产品符合所有适用的欧盟协调立法时，才能投入市场或提供服务。为确保一致性并避免不必要的行政负担或成本，对于包含一个或多个高风险人工智能系统的产品（本条例或本条例附件中所列的欧盟协调立法的要求适用于该产品），其提供者应灵活地作出运营决策，以最佳方式确保包含一个或多个人工智能系统的产品符合欧盟协调立法的所有适用要求。被识别为高风险的人工智能系统应仅限于那些对欧盟境内人员的健康、安全和基本权利有重大有害影响的系统，这种限制应当最大限度地减少对国

[①] OJ C 247, 29.6.2022, p. 1.
[②] 欧洲议会和欧盟理事会 2017 年 4 月 5 日关于医疗器械的第（EU）2017/745 号条例，修订了第 2001/83/EC 号指令、第（EC）178/2002 号条例和第（EC）1223/2009 号条例，并废除了欧盟理事会第 90/385/EEC 号和第 93/42/EEC 号指令（OJ L 117, 5.5.2017, p.1）。
[③] 欧洲议会和欧盟理事会 2017 年 4 月 5 日关于体外诊断医疗器械的第（EU）2017/746 号条例，废除了第 98/79/EC 号指令和欧盟委员会第 2010/227/EU 号决定（OJ L 117, 5.5.2017, p.176）。
[④] 欧洲议会和欧盟理事会 2006 年 5 月 17 日关于机械的第 2006/42/EC 号指令，修订了第 95/16/EC 号指令（OJ L 157, 9.6.2006, p.24）。

际贸易产生任何潜在障碍。

（47）人工智能系统可能会对人的健康和安全产生不利影响，特别是当这些系统作为产品的安全组件运行时。欧盟协调立法的目标是促进产品在内部市场的自由流动，并确保只有安全和符合要求的产品才能进入市场，重要的是，作为整体的产品的数字组件（包括人工智能系统）可能产生的安全风险应得到适当的预防和缓解。例如，越来越多的自动机器人，无论是在制造领域还是在个人协助和护理领域，都应当能够在复杂的环境中安全运行并执行其功能。同样，在关系到生命和健康的卫生领域，日益复杂的诊断系统和支持人类决策的系统应该是可靠的和准确的。

（48）在将人工智能系统列为高风险时，特别需要关注该系统对《宪章》所保护的基本权利造成不利影响的程度。这些权利包括人格尊严权、尊重私人和家庭生活权、个人数据保护权、言论和信息自由、集会和结社自由、不受歧视的权利、受教育权、消费者保护、劳动者权利、残疾人权利、性别平等、知识产权、获得有效救济和公平审判的权利、辩护权和无罪推定，以及善治的权利。除了上述权利外，重要的是强调儿童享有《宪章》第 24 条和联合国《儿童权利公约》规定的具体权利，《儿童权利委员会关于与数字环境有关的儿童权利的第 25 号一般性意见（2021 年）》进一步阐述了这些权利，它们都要求考虑儿童的脆弱性，并提供必要的保护和照顾以保障儿童福祉。在评估人工智能系统可能造成的危害的严重程度时，还应当考虑《宪章》的规定并在欧盟政策中实施的高水平环境保护的基本权利，包括与人的健康和安全有关的权利。

（49）对于作为产品或系统安全组件的高风险人工智能系统，或其本身属于欧洲议会和欧盟理事会第（EC）300/2008 条例①、第（EU）167/2013 号条例②、第（EU）168/2013 号条例③、第 2014/90/EU 号指令④、第（EU）2016/797 号指令⑤、

---

① 欧洲议会和欧盟理事会 2008 年 3 月 11 日关于民用航空安全领域共同规则的第（EC）300/2008 号条例，废除了第（EC）2320/2002 号条例（OJ L 97, 9.4.2008, p.72）。

② 欧洲议会和欧盟理事会 2013 年 2 月 5 日关于农林车辆审批和市场监督的第（EU）167/2013 号条例（OJ L 60, 2.3.2013, p. 1）。

③ 欧洲议会和欧盟理事会 2013 年 1 月 15 日关于两轮或三轮车辆和四轮车审批和市场监督的第（EU）168/2013 号条例（OJ L 60, 2.3.2013, p.52）。

④ 欧洲议会和欧盟理事会 2014 年 7 月 23 日关于船用设备的第 2014/90/EU 号指令，废除了欧盟理事会第 96/98/EC 号指令（OJ L 257, 28.8.2014, p.146）。

⑤ 欧洲议会和欧盟理事会 2016 年 5 月 11 日关于欧盟内部铁路系统互操作性的第（EU）2016/797 号指令（OJ L 138, 26.5.2016, p.44）。

第(EU)2018/858 号条例①、第(EU)2018/1139 号条例②、第(EU)2019/2144 号条例③范围内的产品或系统,有必要修改这些法规,以确保欧盟委员会在根据上述法规通过任何相关的授权或实施法案时,基于每个领域的技术和监管特点,并在不干扰现有治理、符合性评估及执行机制及其既定权限的情况下,考虑到本条例对高风险人工智能系统规定的强制性要求。

(50)对于作为产品安全组件或产品本身的人工智能系统,如果属于本条例附件中列举的相关欧盟协调立法的范围,且相关产品根据欧盟协调立法需要经过第三方符合性评估机构的符合性评估程序,则根据本条例将其归类为高风险是适当的。具体而言,这类产品包括机械、玩具、电梯、用于潜在爆炸性环境的设备和保护系统、无线电设备、压力设备、游艇、索道装置、燃气设备、医疗器械、体外诊断医疗器械、汽车和航空设备。

(51)根据本条例将人工智能系统归类为高风险,并不一定意味着该人工智能系统作为安全组件的产品,或该人工智能系统就是产品本身的产品,根据适用于该产品的相关欧盟协调立法所确立的标准被视为高风险。这尤其适用于欧洲议会和欧盟理事会第(EU)2017/745 号条例和第(EU)2017/746 号条例,其中规定,中等风险和高风险产品需要进行第三方符合性评估。

(52)关于独立的人工智能系统,即那些不是产品安全组件或本身就是产品的高风险人工智能系统,如果考虑其预期用途,它们对人的健康和安全或基本权利构成高风险,在这种情况下,考虑到可能造成的危害的严重程度及其发生的概率,并且它们用于本条例中特别预定义的一些领域,将其归类为高风险是适当的。这些系统的识别所依据的方法和标准,与未来对高风险人工智能系统清单

---

① 欧洲议会和欧盟理事会 2018 年 5 月 30 日关于机动车辆及其挂车,以及用于此类车辆的系统、组件和独立技术单元的审批和市场监督的第(EU)2018/858 号条例,修订了第(EC)715/2007 号和第(EC)595/2009 号条例,并废除了第 2007/46/EC 号指令(OJ L 151, 14.6.2018, p.1)。

② 欧洲议会和欧盟理事会 2018 年 7 月 4 日关于民用航空领域共同规则和建立欧盟航空安全局的第(EU)2018/1139 号条例,修订了欧洲议会和欧盟理事会第(EC)2111/2005 号、第(EC)1008/2008 号、第(EU)996/2010 号和第(EU)376/2014 号条例以及第 2014/30/EU 号和第 2014/53/EU 号指令,并废除了欧洲议会和欧盟理事会第(EC)552/2004 号和第(EC)216/2008 号条例以及欧盟理事会第(EEC)3922/91 号条例(OJ L 212, 22.8.2018, p.1)。

③ 欧洲议会和欧盟理事会 2019 年 11 月 27 日关于机动车辆及其挂车,以及用于此类车辆的系统、组件和独立技术单元在一般安全和保护车内人员及易受伤害的道路使用者方面的类型批准要求的第(EU)2019/2144 号条例,修订了欧洲议会和欧盟理事会第(EU)2018/858 号条例,并废除了欧洲议会和欧盟理事会第(EC)78/2009 号、第(EC)79/2009 号和第(EC)661/2009 号条例,以及欧盟委员会第(EC)631/2009 号、第(EU)406/2010 号、第(EU)672/2010 号、第(EU)1003/2010 号、第(EU)1005/2010 号、第(EU)1008/2010 号、第(EU)1009/2010 号、第(EU)19/2011 号、第(EU)109/2011 号、第(EU)458/2011 号、第(EU)65/2012 号、第(EU)130/2012 号、第(EU)347/2012 号、第(EU)351/2012 号、第(EU)1230/2012 号和第(EU)2015/166 号条例(OJ L 325, 16.12.2019, p.1)。

进行任何修订采用的方法和标准相同,欧盟委员会应被授权通过授权法案来进行这些修订,以考虑技术发展的快速步伐以及人工智能系统使用方式的潜在变化。

（53）还必须澄清的是,在特定情况下,本条例所规定的预定义领域所涉及的人工智能系统不会导致对所保护的法律利益造成重大损害的风险,因为它们不会对决策产生实质性影响,或不会对这些利益造成实质性损害。就本条例而言,不对决策结果产生实质性影响的人工智能系统,应当被理解为不涉及决策的实质内容进而对决策结果不能产生影响的人工智能系统,无论是人工决策还是自动决策。不对决策结果产生实质性影响的人工智能系统包括满足以下一个或多个条件的情况:第一个条件是,人工智能系统旨在执行狭义的程序性任务,如将非结构化数据转换为结构化数据的人工智能系统、将收到的文件分类的人工智能系统,或用于检测大量应用程序中重复内容的人工智能系统。这些任务的范围很窄,性质单一,只能带来有限的风险,也不会因为使用本条例附件中列为高风险用途的人工智能系统而增加风险。第二个条件是,人工智能系统执行的任务旨在改进先前完成的人类活动的结果,而该活动可能与本条例附件所列的高风险用途有关。鉴于这些特点,该人工智能系统只是为人类活动提供了一个附加层,从而降低了风险。例如,这一条件适用于旨在改进先前起草的文件中所用语言的人工智能系统,如在专业语气、学术语言风格方面,或通过使文本与特定品牌信息保持一致。第三个条件是,人工智能系统旨在检测决策模式或其与先前决策模式的偏差。风险会降低,是因为这类人工智能系统的使用是基于先前已完成的人工评估,而不是要在未经适当的人工审查情形下取代或影响人工评估。例如,人工智能系统可以在给定教师某种评分模式的情况下,事后检查该教师是否偏离了评分模式,以发现潜在的不一致或异常情况。第四个条件是,人工智能系统旨在执行仅作为与本条例附件所列人工智能系统目的相关的评估的预备工作的任务,从而使系统输出对后续评估构成风险的潜在影响非常低。该条件涵盖文件处理的智能解决方案,其中包括索引、搜索、文本和语音处理或将数据链接到其他数据源等各种功能,或用于翻译初始文件的人工智能系统。无论如何,如果人工智能系统涉及第(EU)2016/679号条例第4条第4款、第(EU)2016/680号指令第3条第4款或第(EU)2018/1725号法规第3条第5款所指的画像,则应被视为对健康、安全或基本权利构成重大损害风险,并构成本条例附件所列举的高风险人工智能系统。为确保可追溯性和透明度,根据上述条件认为人工智能系统不具有高风险的提供者,应在该系统投放市场或提供服务前起草评估文件,并应根据要求向成员国主管机关提供该文件。此类提供者有义务在根据本条例建立的欧盟数据库中登记该系统。为了给本条例附件所列人工智能系统在特殊情况下构成非高风险系统的实际实施条件提供进一步指导，欧盟委员会应在与欧盟理事会协商后提供指导方针，具体说明实际实施的情况，并附上一份高风险和非高风险人工智能系统使用的全面实例清单。

（54）由于生物特征数据是一类特殊类型的个人数据，因此，只要相关的欧盟和成员国法律允许使用生物特征系统，就应当将生物特征系统的几种关键使用情况都列为高风险。用于对自然人进行远程生物特征识别的人工智能系统在技术上的不准确性可能导致有偏见的结果，并产生歧视性影响，这在涉及年龄、民族、种族、性别或残疾时尤其明显。因此，鉴于远程生物特征识别系统所带来的风险，应将其归类为高风险系统。这种分类不包括用于身份验证等生物特征验证的人工智能系统，其唯一目的是确认特定自然人的身份，以便该人能够获得服务、解锁设备或安全进入场所。此外，在本条例未禁止的前提下，根据欧盟第（EU）2016/679号条例第9条第1款所保护的敏感属性或特征，基于生物特征数据进行生物特征分类的人工智能系统，以及本条例未禁止的情感识别系统，均应被归类为高风险。仅用于网络安全和个人数据保护措施的生物特征系统不应被视为高风险人工智能系统。

（55）关于关键基础设施的管理和运营，将用作第（EU）2022/2557号指令附件第8点所列的关键数字基础设施、道路交通以及供水、供气、供热和供电的管理和运营安全组件的人工智能系统归类为高风险是适当的，因为它们出现故障或失灵可能会大规模地危害到公众的生命和健康，并导致社会和经济活动的显著中断。关键基础设施（包括关键数字基础设施）的安全组件是用于直接保护关键基础设施的物理完整性或人员和财产的健康和安全的系统，但并非系统正常运行所必需的。此类组件出现故障或失灵可能直接导致关键基础设施的物理完整性风险，从而对人员和财产的健康和安全构成风险。仅用于网络安全目的的组件不应被视为安全组件。此类关键基础设施的安全组件示例包括云计算中心的水压监测系统或火警控制系统。

（56）在教育领域部署人工智能系统对于促进高质量的数字教育和培训非常重要，这可以让所有学习者和教师获得并分享必要的数字技能和能力，包括媒介素养和批判性思维，从而积极参与经济、社会和民主进程。然而，在教育或职业培训中使用的人工智能系统，特别是用于确定入学或录取、将人员分配到各级教育和职业培训机构或项目、评估个人的学习成果、评估个人的适当教育水平并实质性地影响个人将接受或能够获得的教育和培训水平、监测和检测学生在考试中的违纪行为的人工智能系统，应当被归类为高风险人工智能系统，因为它们可能决定一个人的教育和职业生涯，从而影响其谋生能力。如果设计和使用不当，这些系统可能特别具有侵入性，并可能侵犯个人受教育和培训的权利以及不受歧视的权利,并可能延续历史上的歧视模式,如针对妇女、特定年龄段的人、残疾人或特定种族、民族或性取向的人。

(57)在就业、劳动者管理和个体经营中使用的人工智能系统,特别是在人员招聘和选拔,作出影响工作相关关系条款、晋升和终止工作相关合同关系的决定,根据个人行为、个性特征或行为特质分配任务,以及监控或评估工作相关合同关系中的人员中使用的系统,也应被归类为高风险,因为这些系统可能对这些人员的未来职业前景、谋生手段和劳动者的权利产生重大影响。工作相关的合同关系应以有意义的方式涉及劳动者和通过平台提供服务的人员,正如欧盟委员会《2021年工作计划》中所述。在整个招聘过程中以及在评估、晋升或保留工作相关合同关系中的人员时,这些系统可能会延续历史上的歧视模式,如针对女性、特定年龄段的人、残疾人或特定种族、民族或性取向的人。用于监控这些人员表现和行为的人工智能系统也可能会损害他们的数据保护权和隐私权。

(58)另一个值得特别考虑的领域是使用人工智能系统获得和享受特定必要的私人和公共服务及福利,这是人们充分参与社会或提高生活水平所必需的。特别是,申请或接受公共机关提供的基本公共援助福利和服务的自然人,如医疗服务、社会保障福利、提供保护的社会服务(如产假、疾病、工伤、赡养或老年、失业以及社会和住房补助)等场景下的自然人通常依赖于这些福利和服务,相对于主管机关而言处于弱势地位。如果主管机关使用人工智能系统来决定这些福利和服务是否应当给予、拒绝、减少、撤销或追回,包括决定受益人是否合法享有这些福利或服务,这些系统可能会对人们的生计产生重大影响,并可能侵犯他们的基本权利,如社会保护权、非歧视权、人的尊严或有效救济权,因此应被列为高风险系统。然而,本条例不应阻碍公共行政领域创新方法的开发和使用,这些方法可以从更广泛使用合规和安全的人工智能系统中受益,只要这些系统不会对法人和自然人带来高风险。此外,用于评估自然人信用评分或信用度的人工智能系统应被归类为高风险,因为它们决定了这些人获得金融资源或住房、电力和电信服务等基本服务的机会。用于这些目的的人工智能系统可能会导致对个人或群体的歧视,可能会延续历史上的歧视模式,如基于种族或民族、性别、残疾、年龄或性取向的歧视,或可能会产生新的歧视性影响。然而,根据欧盟法律提供的用于检测金融服务诈骗以及出于审慎目的计算信贷机构和保险公司资本要求的人工智能系统,不应被视为本条例下的高风险系统。此外,旨在进行自然人健康和人寿保险风险评估和定价的人工智能系统也可能对个人生计产生重大影响,如果设计、开发和使用不当,可能会侵犯个人的基本权利,并对其生活和健康产生严重后果,包括金融排斥和歧视。最后,用于评估和分类自然人紧急呼叫、调度或确定紧急响应服务(包括警察、消防员和医疗援助)的优先级以及用于紧急医疗患者分诊系统的人工智能系统,也应被归类为高风险,因为它们是在非常紧急的情况下对人的生命和健康及财产作出决策。

(59)鉴于其角色和责任,执法机关在使用特定人工智能系统时的行为具有显著的权力不平衡性,可能导致对自然人的监控、逮捕或剥夺其自由,以及对《宪章》所保障的基本权利产生其他不利影响。特别是,如果人工智能系统没有使用高质量的数据进行训练,未满足性能、准确性或稳健性方面的适当要求,或在投放市场或提供服务前没有经过充分设计和测试,它可能以歧视性或其他不正确、不公正的方式挑选出人群。此外,重要的程序性基本权利,如有效救济权、公正审判权、辩护权和无罪推定权,可能会受到阻碍,尤其是在这些人工智能系统缺乏足够的透明度、可解释性和文档记录时。因此,在欧盟和成员国相关法律允许使用的范围内,将一些计划用于执法领域的人工智能系统归类为高风险系统是适当的,因为在执法领域,准确性、可靠性和透明度对于避免产生不利影响、保持公众信任以及确保问责制和有效救济尤为重要。考虑到有关活动的性质和相关风险,这些高风险人工智能系统应包括在以下特定用途里由执法机关或代表执法机关使用的人工智能系统,或由欧盟机构、组织、办公室或机关支持执法机关使用的人工智能系统:用于评估自然人成为犯罪受害者的风险,如测谎仪及类似工具;用于在刑事犯罪调查或起诉过程中评估证据的可靠性;以及在本条例不禁止的情况下,用于评估自然人犯罪或再犯罪的风险,而不仅仅基于对自然人或群体的画像、个性特征和行为特质的评估或自然人的以往犯罪行为;用于在刑事犯罪的侦查、调查或起诉过程中进行画像的人工智能系统。专门用于税务和海关机关的行政程序,以及金融情报单位根据欧盟反洗钱法执行分析信息的行政任务的人工智能系统,则不应被归类为执法机关为预防、侦查、调查和起诉刑事犯罪而使用的高风险人工智能系统。执法机关及其他相关机关使用人工智能工具不应成为不平等或排斥的因素。人工智能工具对嫌疑人辩护权的影响不应被忽视,特别是难以获得关于这些系统运作的有意义信息,由此导致在法庭上难以挑战这些系统得出的结论,这对于正在被调查的自然人来说尤其明显。

(60)在移民、庇护和边境控制管理中使用的人工智能系统影响到的人往往处于特别弱势的地位,他们依赖于主管机关的行动结果。因此,确保在这些情况下使用的人工智能系统的准确性、非歧视性和透明度对于保证尊重受影响者的基本权利尤为重要,特别是他们的自由迁徙权、不受歧视权、私人生活和个人数据受保护权、国际保护和善治等权利。因此,在欧盟和成员国相关法律允许使用的范围内,由主管机关或代表主管机关,或者由负责移民、庇护和边境控制管理任务的欧盟机构、组织、办公室或机关,在以下方面用作测谎仪和类似工具的人工智能系统归类为高风险系统是适当的:用于评估进入成员国领土或申请签证或庇护的自然人所构成的特定风险;协助主管机关审查庇护、签证和居留许可申请及相关投诉,包括评估相关证据的可靠性,以确定申请身份的自然人的资格;在移民、庇护和边境控制管理中发现、识别或确认自然人,但旅行证件的核查除外。本条例涉及的移民、庇护和边境控制管理领域的人工智能系统应当符合欧洲议会和欧盟理事会第(EC)810/2009号条例①、第2013/32/EU号指令②以及欧盟其他相关法律规定的相关程序要求。在移民、庇护和边境控制管理中使用人工智能系统时,在任何情况下,成员国或欧盟机构、组织、办公室或机关都不得将该人工智能系统用于规避其根据1951年7月28日在日内瓦制定的联合国《关于难民地位的公约》及1967年1月31日修订的《关于难民地位的议定书》所承担的国际义务,也不得以任何方式侵犯不驱回原则,或剥夺进入欧盟领土的安全和有效的法律途径,包括获得国际保护的权利。

(61)特定用于司法和民主进程管理的人工智能系统应被归类为高风险,因为它们对民主、法治、个人自由以及有效救济和公正审判权可能产生重大影响。特别是,为了应对潜在的偏见、错误和不透明的风险,适当的做法是将由司法机关或代表其使用的、用于协助司法机关研究和解释事实和法律并将法律适用于具体事实的人工智能系统归类为高风险。用于替代性争议解决机构的人工智能系统,在其产生的替代性争议解决结果对各方产生法律效力时,也应被视为高风险。人工智能工具可以支持法官的决策权或司法独立,但不应取而代之:最终的决策应由人类主导。然而,将人工智能系统归类为高风险不应延伸至那些仅用于纯粹辅助性行政活动的系统,这些活动不影响个案的实际司法判断,如司法裁决、文件或数据的匿名化或假名化、人员之间的通信、行政任务等。

(62)在不影响欧洲议会和欧盟理事会第(EU)2024/900号条例③规定的规则的前提下,为应对《宪章》第39条规定的投票权受到不当外部干预的风险,以及对民主和法治产生不利影响,旨在影响选举或公投结果或者自然人在选举或公投中行使投票权时的投票行为的人工智能系统应被归类为高风险,但自然人不直接接触其输出结果的人工智能系统除外,如仅从行政和后勤角度组织、优化和结构化政治竞选的工具。

(63)根据本条例将某个人工智能系统归类为高风险的事实,不应被解释为该系统在欧盟其他法律或与欧盟法律兼容的成员国法律下的使用是合法的,如

---

① 欧洲议会和欧盟理事会2009年7月13日关于制定《欧共体签证法》的第(EC)810/2009号条例(《签证法》)(OJ L 243,15.9.2009,p.1)。
② 欧洲议会和欧盟理事会2013年6月26日关于授予和撤销国际保护的共同程序的第2013/32/EU号指令(OJ L 180,29.6.2013,p.60)。
③ 欧洲议会和欧盟理事会2024年3月20日关于政治广告的透明度和针对性的第(EU)2024/900号条例(OJ L,2024/900,20.3.2024,http://data.europa.eu/eli/reg/2024/900/oj)。

关于保护个人数据、关于使用测谎仪及类似工具或检测自然人的情绪状态的其他系统。任何此类使用均应完全符合《宪章》以及适用的欧盟次级法律和成员国法律的要求。本条例不应被理解为提供处理个人数据（包括特殊类型个人数据）的法律依据，除非本条例另有明确规定。

（64）为了降低高风险人工智能系统投放市场或提供服务后带来的风险，并确保高水平的可信度，应根据人工智能系统的预期目的和使用环境，并依据提供者建立的风险管理体系，对高风险人工智能系统适用特定强制性要求。提供者为遵守本条例的强制性要求而采取的措施，应考虑到公认的人工智能技术现状，并且应具有比例性和有效性，以实现本条例的目标。根据新立法框架及欧盟委员会《2022年欧盟产品规则实施"蓝色指南"》的解释，一般规则是同一个产品可能适用多个欧盟协调立法，因为只有当产品符合所有适用的欧盟协调立法时，才能投放市场或提供服务。本条例所涵盖的人工智能系统的危害涉及的方面与现有的欧盟协调立法有所不同，因此，本条例的要求将补充现行的欧盟协调立法。例如，包含人工智能系统的机械设备或医疗器械产品可能存在现行欧盟协调立法中的基本健康和安全要求未涉及的风险，因为该领域法律并不涉及人工智能系统特有的风险。这就要求同时且互补地适用各种立法文件。为确保一致性并避免不必要的行政负担和成本，包含一个或多个高风险人工智能系统的产品的提供者，应在确保该产品符合本条例和基于新立法框架及列于本条例附件中的欧盟协调立法的所有适用要求时，在操作决策方面具有灵活性。这种灵活性可能意味着，提供者决定将本条例下所需的部分必要测试和报告流程、信息和文档，整合到现有的、基于新立法框架的欧盟协调立法所需的文档和程序中。这不应以任何方式削弱提供者遵守所有适用要求的义务。

（65）风险管理体系应是一个持续的迭代过程，并应在高风险人工智能系统的整个生命周期内进行规划和运行。该过程旨在识别和缓解人工智能系统对健康、安全和基本权利的相关风险。风险管理体系应定期审查和更新，以确保其持续有效，并且对根据本条例采取的任何重要决策和行动进行合理化和文档记录。此过程应确保提供者识别风险或不利影响，并针对人工智能系统已知和合理可预见的风险，实施缓解措施，特别是考虑到其预期目的和合理可预见的误用，包括人工智能系统与其运行环境之间的相互作用可能产生的风险。风险管理体系应根据人工智能领域的最新技术，采取最合适的风险管理措施。在确定最合适的风险管理措施时，提供者应记录和解释所作的选择，并在相关情况下让专家和外部利益相关者参与进来。在识别高风险人工智能系统可合理预见的误用时，提供者应涵盖那些虽然没有直接包含在预期目的和使用说明中，但根据特定人工智能系统的具体特征和使用背景，仍然可以合理预期是由可预测的人类行为导致的人工智能系统的用途。任何已知或可预见的与高风险人工智能系统按照其预期目的或在合理可预见的误用条件下使用相关的情况,可能导致健康、安全或基本权利风险的,应包含在提供者提供的使用说明中。这是为了确保部署者在使用高风险人工智能系统时能意识到这些风险并加以考虑。根据本条例,识别和实施针对可预见误用的风险缓解措施,不应要求提供者针对高风险人工智能系统进行专门的额外培训,以解决可预见误用问题。然而,鼓励提供者在必要和适当的情况下,考虑采取此类额外培训措施,以减少合理可预见的误用。

(66)对高风险人工智能系统应当适用以下要求:风险管理、数据集的质量和相关性、技术文档和记录保存、透明度及向部署者提供信息、人工监督,以及系统的稳健性、准确性和网络安全。这些要求对于有效降低健康、安全和基本权利的风险是必要的。由于没有其他贸易限制更少的合理措施,这些要求并不是对贸易的不合理限制。

(67)高质量数据及其获取在为许多人工智能系统提供结构和确保其性能方面起着至关重要的作用,尤其是在使用模型训练技术时,以确保高风险人工智能系统按预期安全运行,并且不会成为欧盟法律禁止的歧视源。用于训练、验证和测试的数据集需要进行适当的数据治理和管理实践。数据集,包括标签,应当相关、具有足够的代表性,并在可能的范围内无错误且完整,以满足系统的预期目的。为促进遵守欧盟数据保护法[如第(EU)2016/679号条例],数据治理和管理实践应包括在涉及个人数据时,清楚地说明收集数据的原始目的。数据集还应具有适当的统计属性,包括与高风险人工智能系统预期使用对象相关的人员或群体的特性,特别要注意减少数据集中可能存在的偏见,这些偏见可能会影响人员的健康和安全,对基本权利产生负面影响或导致欧盟法律禁止的歧视,尤其是在数据输出影响未来操作输入(反馈回路)的情况下。偏见可能固有于基础数据集中,特别是当使用历史数据时,或者当系统在现实环境中运行时产生。人工智能系统提供的结果可能受到这些固有偏见的影响,这些偏见可能会逐渐增加,从而延续和放大现有的歧视,特别是对特定弱势群体,包括种族或民族群体。对数据集的要求是尽可能完整且无错误,这不应影响在人工智能系统开发和测试过程中使用隐私保护技术。特别是,数据集应在其预期目的要求的范围内,考虑到人工智能系统预期使用的特定地理、背景、行为或功能环境的特征、特性或元素。有关数据治理的要求可以通过利用提供认证合规服务的第三方来满足,包括验证数据治理、数据集完整性以及数据训练、验证和测试实践,只要确保符合本条例的数据要求即可。

(68)在高风险人工智能系统的开发和评估过程中,特定参与者,如提供者、公告机构以及其他相关组织或个体(如欧洲数字创新中心、测试和实验设施及研究人员),应能够在其与本条例相关的活动领域内访问和使用高质量的数据集。欧盟委员会建立的欧洲共同数据空间,以及促进企业之间和与政府之间在公共利益方面的数据共享,将有助于为人工智能系统的训练、验证和测试提供可信、负责和非歧视性的高质量数据访问。例如,在健康领域,欧洲健康数据空间将以隐私保护、安全、及时、透明和可信的方式,且通过适当的机构治理,促进对健康数据的无歧视访问以及人工智能算法在这些数据集上的训练。提供或支持数据访问的相关主管机关,包括部门主管机关,也可支持为人工智能系统的训练、验证和测试提供高质量数据。

(69)隐私权和个人数据保护权必须在人工智能系统的整个生命周期内得到保障。在这方面,当处理个人数据时,欧盟数据保护法律中规定的数据最小化原则以及数据保护设计原则和默认原则均适用。提供者为确保遵守这些原则所采取的措施不仅包括匿名化和加密,还包括使用允许算法直接在数据上进行处理的技术,这种技术允许在不传输或复制原始数据或结构化数据的情况下进行人工智能系统的训练,同时不影响本条例规定的数据治理要求。

(70)为了保护他人免受可能由于人工智能系统中的偏见而导致的歧视,提供者在确保偏见检测和纠正方面,尤其是在高风险人工智能系统的场景下,应该在适当的保障措施下,遵守本条例规定的所有适用条件以及欧盟第(EU)2016/679号条例、第(EU)2018/1725号条例以及第(EU)2016/680号指令规定的条件。同时还能处理重大公共利益事项中的特殊类型个人数据,以符合第(EU)2016/679号条例第9条第2款g项和第(EU)2018/1725号条例第10条第2款g项所作的定义。

(71)掌握关于高风险人工智能系统如何开发以及它们在整个生命周期中如何运行的可理解信息,对于实现这些系统的可追溯性、验证其是否符合本条例的要求以及监控其操作和上市后监测至关重要。这就要求保存记录和提供技术文件,其中包含评估人工智能系统是否符合相关要求和促进上市后监测所需的信息。这些信息应包括系统的一般特点、功能和限制,所使用的算法、数据、训练、测试和验证过程,以及相关风险管理体系的文件,并以清晰和全面的形式编写。在人工智能系统的整个生命周期内,技术文件都应保持最新。此外,高风险人工智能系统应在技术上允许通过日志自动记录系统生命周期内发生的事件。

(72)为了应对特定人工智能系统的不透明性和复杂性问题,并帮助部署者履行其在本条例下的义务,高风险人工智能系统在投放市场或提供服务之前应具有透明性。高风险人工智能系统的设计应使部署者能够理解人工智能系统的工作原理、评估其功能,并理解其优势和局限性。高风险人工智能系统应附有适当的使用说明信息。这些信息应包括人工智能系统的特征、功能和性能的局限性。这些信息将涵盖与使用高风险人工智能系统有关的已知或可预见情况的信息,包括部署者可能影响系统行为和性能的操作,在这种场景下,人工智能系统可能导致健康、安全和基本权利的风险,以及已由提供者预先确定和评估合规的变更及相关的人工监督措施,包括帮助部署者解释人工智能系统输出的措施。透明性,包括随附的使用说明,应协助部署者使用系统并支持其作出知情决策。部署者应能够更好地根据适用的义务选择他们计划使用的系统,了解预期和禁止使用的情况,并正确且适当地使用人工智能系统。为了增强使用说明信息的可读性和可访问性,必要时应包括示例说明,如系统的限制和预期使用及禁止使用情况。提供者应确保包括使用说明在内的所有文档包含有意义的、全面的、易获取和理解的信息,同时兼顾目标部署者的需求和可预见的知识水平。使用说明应以目标部署者容易理解的语言提供,具体语言由相关成员国确定。

(73) 高风险人工智能系统应按以下方式设计和开发,即自然人能够监督其运行,确保其按预期使用,并在系统生命周期内消除其影响。为此,系统提供者应在系统投放市场或提供服务之前确定适当的人工监督措施。特别是,在适当情况下,这些措施应保证系统具有内置的操作限制,无法被系统自身覆盖,并且能够响应人类操作员的指令,同时被指定负责监督的自然人具备履行该角色所必要的能力、经过培训和享有权限。此外,还必须确保高风险人工智能系统包含一些机制,以引导和告知被指定负责监督的自然人是否、在何时以及如何进行干预,以避免负面后果或风险的发生,或在系统未按预期运行时停止系统。鉴于某些生物特征识别系统在匹配错误情况下可能对个人造成重大影响,宜规定加强对这些系统的人工监督要求,以便部署者在采取任何行动或决策之前,必须由至少两名自然人分别加以核实并确认。这些人可以来自一个或多个组织,包括操作或使用系统的人。这一要求不应造成不必要的负担或延误,只要在系统生成的日志中自动记录不同人员分别进行的核实即可。鉴于执法、移民、边境管制和庇护领域的特殊性,如果欧盟或成员国法律认为适用这一要求不相称,则不应适用这一要求。

(74) 高风险人工智能系统应在其整个生命周期内始终如一地运行,并根据其预期目的和公认的技术水平,达到适当的准确性、稳健性和网络安全水平。鼓励欧盟委员会和相关组织及利益相关方适当考虑降低人工智能系统的风险和负面影响。应在随附的使用说明中说明系统预期的性能指标水平。敦促提供者以清晰易懂的方式向部署者传达这一信息,避免误解或误导性陈述。欧盟有关法定计量的立法,包括《非自动衡器指令》(第 2014/31/EU 号指令)[①]和《计量器具

---

① 欧洲议会和欧盟理事会 2014 年 2 月 26 日关于协调成员国法律以便将非自动称重仪器投放市场的第 2014/31/EU 号指令(OJ L 96,29.3.2014,p.107)。

指令》(第 2014/32/EU 号指令)①,旨在确保测量的准确性,并帮助提高商业交易的透明性和公平性。在此背景下,欧盟委员会应与利益相关方和相关组织(如计量和基准制定机构)合作,酌情鼓励制定人工智能系统的基准和测量方法。在此过程中,欧盟委员会应当注意到从事与人工智能有关的计量和相关测量指标工作的国际伙伴,并与之合作。

(75) 技术稳健性是对高风险人工智能系统的一项关键要求。这些系统应能够在面对由于系统内部限制或其运行环境(如错误、故障、不一致、意外情况)导致的有害或其他不良行为时保持弹性。因此,应采取技术和组织措施确保高风险人工智能系统的稳健性,如设计和开发适当的技术解决方案,以防止或尽量减少有害或其他不良行为的发生。这些技术解决方案可能包括在出现特定异常或操作超出特定预定界限时,使系统能够安全中断操作的机制(故障安全计划)。如果不能防范这些风险,可能会导致安全影响或对基本权利产生负面影响,如由于人工智能系统产生的错误决定、错误输出或有偏见的输出。

(76) 网络安全在确保人工智能系统抵御恶意第三方利用系统漏洞篡改其使用、行为、性能或损害其安全属性方面发挥着至关重要的作用。针对人工智能系统的网络攻击可以是利用人工智能的特定资产,如训练数据集(如数据投毒)或训练模型(如对抗攻击或成员推理攻击),或是利用人工智能系统的数字资产或底层信息通信技术(ICT)基础设施中的漏洞。为确保网络安全水平与风险相适应,高风险人工智能系统的提供者应采取适当措施,如安全控制,并酌情考虑底层信息通信技术基础设施。

(77) 在不影响本条例中关于稳健性和准确性相关要求的前提下,属于欧洲议会和欧盟理事会关于具有数字元素产品的横向网络安全要求的条例范围内的高风险人工智能系统,可以通过满足该条例中规定的基本网络安全要求来证明符合本条例的网络安全要求。当高风险人工智能系统满足欧洲议会和欧盟理事会关于具有数字元素产品的横向网络安全要求的条例的基本要求时,只要这些要求在根据该条例发布的欧盟符合性声明或其部分内容中得到证明,就应被视为符合本条例中规定的网络安全要求。为此,根据欧洲议会和欧盟理事会关于具有数字元素产品的横向网络安全要求的条例,对根据本条例被归类为高风险人工智能系统的具有数字元素的产品进行网络安全风险评估时,应考虑到未经授权的第三方试图篡改其使用、行为或性能的风险,包括人工智能特有的漏洞,如数据投毒或对抗攻击,以及根据本条例要求的对基本权利的相关风险。

---

① 欧洲议会和欧盟理事会 2014 年 2 月 26 日关于协调成员国法律以便将有关测量仪器投放市场的第 2014/32/EU 号指令(OJ L 96,29.3.2014, p.149)。

(78) 本条例所提供的符合性评估程序,应适用于根据欧洲议会和欧盟理事会关于具有数字元素产品的横向网络安全要求的条例涵盖并根据本条例被归类为高风险人工智能系统的具有数字元素产品的基本网络安全要求。然而,这一规则不应导致降低根据欧洲议会和欧盟理事会关于具有数字元素产品的横向网络安全要求的条例涵盖的关键产品的必要保证水平。因此,作为这一规则的例外,属于本条例范围并且根据欧洲议会和欧盟理事会关于具有数字元素产品的横向网络安全要求的条例被归类为重要和关键产品的高风险人工智能系统,以及适用于本条例附件中规定的基于内部控制的符合性评估程序的产品,必须遵守欧洲议会和欧盟理事会关于具有数字元素产品的横向网络安全要求的条例的符合性评估规定,但仅限于该条例的基本网络安全要求。在这种情况下,对于本条例涵盖的其他所有方面,应适用本条例附件中规定的基于内部控制的符合性评估条款。基于欧盟网络安全局(ENISA)在网络安全政策方面的知识和专长,以及根据第(EU)2019/881号条例[①]赋予欧盟网络安全局的任务,欧盟委员会应与欧盟网络安全局就人工智能系统的网络安全相关问题开展合作。

(79) 由被定义为提供者的特定自然人或法人负责将高风险人工智能系统投放市场或提供服务是适当的,无论该自然人或法人是否为该系统的设计者或开发者。

(80) 作为联合国《残疾人权利公约》的签署国,欧盟和成员国在法律上有义务保护残疾人不受歧视,促进对他们的平等对待,确保残疾人与其他人平等地获得信息和通信技术和系统,并确保尊重残疾人的隐私。鉴于人工智能系统的重要性和使用的日益增加,对所有新技术和服务应用的通用设计原则,应确保包括残疾人在内的每个可能受人工智能技术影响或使用人工智能技术的人,都能以充分考虑其固有尊严和多样性的方式,充分和平等地使用人工智能技术。因此,提供者必须确保完全符合无障碍要求,包括欧洲议会和欧盟理事会第(EU)2016/2102号指令[②]和第(EU)2019/882号指令。提供者应确保在设计上符合这些要求。因此,应尽可能将必要措施纳入高风险人工智能系统的设计中。

(81) 提供者应建立健全质量管理体系,确保完成所需的符合性评估程序,起草相关文件,并建立健全上市后监测体系。对于根据欧盟相关领域的法律要履行质量管理体系义务的高风险人工智能系统提供者,应当将本条例规定的质

---

① 欧洲议会和欧盟理事会 2019 年 4 月 17 日关于欧盟网络安全局以及信息和通信技术网络安全认证的第(EU) 2019/881 号条例,废除了(EU)526/2013 号条例(《网络安全法》)(OJ L 151, 7.6.2019,p. 15)。

② 欧洲议会和欧盟理事会 2016 年 10 月 26 日关于公共部门机构网站和移动应用程序无障碍化的第(EU) 2016/2102 号指令(OJ L 327,2.12.2016,p. 1)。

量管理体系要素纳入欧盟其他领域法律规定的现有质量管理体系中。在未来的标准化活动或欧盟委员会通过的指导方针中,应考虑本条例与欧盟现有领域法律之间的互补性。公共机关为自身而投入使用高风险人工智能系统时,可以酌情采用和实施作为在成员国或地区层面采用的质量管理体系一部分的质量管理体系规则,同时考虑到相关领域的具体情况以及涉及的公共机关的权限和组织。

(82) 为了执行本条例,并为运营者创造一个公平的竞争环境,同时考虑到提供数字产品的不同形式,重要的是确保在任何情况下,在欧盟设立的法人能够向主管机关提供关于人工智能系统合规性的所有必要信息。因此,在第三国设立的提供者在将其人工智能系统投放到欧盟之前,应通过书面授权,指定一名在欧盟设立的授权代表。该授权代表在确保那些未在欧盟设立的提供者在欧盟市场上投放或提供服务的高风险人工智能系统的合规性方面起着关键作用,并作为它们在欧盟境内的联系人。

(83) 鉴于人工智能系统价值链的性质和复杂性,并根据新的立法框架,必须确保法律的确定性并促进对本条例的遵守。因此,有必要明确价值链上相关运营者的作用和具体义务,如可能促进人工智能系统发展的进口者和分销者。在某些情况下,这些运营者可能会同时扮演多个角色,因此应累计履行与这些角色相关的所有义务。例如,运营者可以同时成为分销者和进口者。

(84) 为确保法律的确定性,有必要澄清在特定条件下,任何分销者、进口者、部署者或其他第三方应被视为高风险人工智能系统的提供者,并因此承担所有相关义务。这种情况会发生在该方将其名称或商标标示在已经投放市场或提供服务的高风险人工智能系统上时,但这不影响合同安排中规定的义务分配方式。若该方对已经投放市场或提供服务的高风险人工智能系统进行实质性修改,使其仍符合本条例对高风险人工智能系统的定义,或对未被归类为高风险且已投放市场或投入使用的人工智能系统(包括通用人工智能系统)进行修改,使其变为高风险人工智能系统,这些情况也适用此规定。这些条款应在不影响基于新立法框架的某些欧盟协调立法中已建立的更具体规则的前提下适用,并与本条例一同适用。例如,欧盟第(EU)2017/745 号条例第 16 条第 2 款规定,特定更改不应被视为可能影响设备合规性的修改,此规定应继续适用于该条例意义下的医疗设备高风险人工智能系统。

(85) 通用人工智能系统本身可作为高风险人工智能系统,也可作为其他高风险人工智能系统的组成部分。因此,由于其特殊性,并为了确保在人工智能价值链上公平分担责任,此类系统的提供者应与相关高风险人工智能系统的提供者密切合作,使其能够遵守本条例规定的相关义务,并与根据本条例设立的主管机关合作,而不论其他提供者是将其作为高风险人工智能系统本身,还是将其作为高风险人工智能系统的组件,除非本条例另有规定。

(86)根据本条例规定的条件,最初将人工智能系统投放市场或提供服务的提供者不应再被视为本条例意义上的提供者,并且在该提供者没有明确排除将人工智能系统转变为高风险人工智能系统的可能性的情况下,该提供者仍应密切合作,提供必要的信息,并提供合理预期的技术准入和其他协助,以履行本条例规定的义务,特别是关于高风险人工智能系统符合性评估的义务。

(87)此外,如果高风险人工智能系统作为基于新立法框架的欧盟协调立法范围内产品的安全组件,没有独立于产品投放市场或提供服务,则该立法中定义的产品制造者应遵守本条例规定的提供者的义务,尤其应确保嵌入最终产品中的人工智能系统符合本条例的要求。

(88)在人工智能价值链中,通常是多方提供人工智能系统、工具和服务,以及被提供者纳入人工智能系统的组件或流程,目的包括模型训练、模型再训练、模型测试和评估、软件集成或其他模型开发。这些参与方在价值链中扮演着重要角色,应该通过书面协议向高风险人工智能系统的提供者提供必要的信息、能力、技术访问权限和其他基于公认技术水平的协助,以使提供者能够完全履行本条例中规定的义务,同时又不损害其自身的知识产权或商业秘密。

(89)第三方在向公众提供工具、服务、流程或人工智能组件(通用人工智能模型除外)时,如果这些工具、服务、流程或人工智能组件是以自由和开源许可方式提供的,则不应被强制要求遵守针对人工智能价值链中的职责的要求,特别是针对使用或集成这些工具、服务、流程或人工智能组件的提供者的要求。应鼓励自由和开源工具、服务、流程或人工智能组件的开发者(通用人工智能模型除外)采用广泛接受的文档做法,如模型卡和数据表,以加快人工智能价值链中的信息共享,从而促进在欧盟内可信人工智能系统的发展。

(90)欧盟委员会可以制定和推荐高风险人工智能系统提供者与提供高风险人工智能系统使用或集成的工具、服务、组件或流程的第三方之间的自愿示范合同条款,以促进价值链上的合作。在制定自愿示范合同条款时,欧盟委员会还应考虑到适用于特定行业或商业案例的可能合同要求。

(91)鉴于人工智能系统的性质及其使用可能带来的安全和基本权利风险,包括需要确保在实际环境中对人工智能系统性能进行适当监控,设定部署者的具体责任是合适的。部署者尤其应采取适当的技术和组织措施,确保它们按照使用说明使用高风险人工智能系统,并应酌情规定监控人工智能系统的运行和记录保存方面的某些其他义务。此外,部署者应确保负责执行使用说明和本条例规定的人工监督的人员具备必要的能力,特别是具备适当的人工智能素养、经营培训和享有权限,以正确履行这些任务。上述义务不影响部署者在欧盟或成员国法律下对高风险人工智能系统承担的其他义务。

（92）本条例不妨碍雇主根据欧盟或成员国法律和惯例,包括欧洲议会和欧盟理事会第 2002/14/EC 号指令[①],在人工智能系统投入服务或使用的决定上向劳动者或其代表提供信息或信息和咨询的义务。在其他法律文书中规定的信息或信息和咨询义务未得到满足的情况下,仍有必要确保劳动者及其代表了解在工作场所计划部署高风险人工智能系统的情况。此外,这种知情权对于本条例所依据的保护基本权利的目标是辅助和必要的。因此,本条例应规定这方面的信息要求,但不影响劳动者的任何现有权利。

（93）与人工智能系统有关的风险既可能源于此类系统的设计方式,也可能源于其使用方式。因此,高风险人工智能系统的部署者在确保基本权利得到保护方面起着至关重要的作用,是对提供者在开发人工智能系统时所承担义务的补充。部署者最了解高风险人工智能系统的具体使用方式,因此可以识别开发阶段未预见的潜在重大风险,因为它们更准确地了解使用环境、可能受影响的个人或群体,包括弱势群体。本条例附件所列高风险人工智能系统的部署者在告知自然人方面也起着关键作用,它们在作出或协助作出与自然人有关的决定时,应酌情告知自然人他们将受到高风险人工智能系统的使用影响。这些信息应包括预期目的和所作决定的类型。部署者还应告知自然人他们根据本条例享有获得解释的权利。对于用于执法目的的高风险人工智能系统,应根据第（EU）2016/680 号指令第 13 条履行该义务。

（94）为执法目的使用人工智能系统进行生物特征识别时,涉及的任何生物特征数据处理都需要遵守第（EU）2016/680 号指令第 10 条的规定,即只有在严格必要的情况下,在对数据主体的权利和自由有适当保障的前提下,并经欧盟或成员国法律授权,才允许进行此类处理。在获得授权的情况下,此类使用还需遵守第（EU）2016/680 号指令第 4 条第 1 款规定的原则,包括合法性、公平性和透明度、目的限制、准确性和存储限制。

（95）在不影响适用的欧盟法律,特别是第（EU）2016/679 号条例和第（EU）2016/680 号指令的情况下,考虑到事后远程生物特征识别系统的侵扰性,事后远程生物特征识别系统的使用应受到保障措施的约束。事后远程生物特征识别系统的使用应始终以相称、合法和严格必要的方式进行,因此在识别的个人、地点、时间范围方面应具有针对性,并以合法获取的视频录像的封闭数据集为基础。在任何情况下,事后远程生物特征识别系统都不应在执法框架内使用,导致

[①] 欧洲议会和欧盟理事会 2002 年 3 月 11 日关于建立向欧洲共同体雇员提供信息和咨询的一般框架的第 2002/14/EC 号指令(OJ L 80,23.3.2002, p.29)。

无差别的监视。在任何情况下,事后远程生物特征识别的条件都不应成为规避实时远程生物特征识别的禁止条件和严格例外的依据。

(96) 为了有效确保基本权利得到保护,受公法管辖的高风险人工智能系统的部署者,或提供公共服务的私营组织,以及本条例附件中所列出的特定高风险人工智能系统的部署者,如银行或保险机构,应在提供服务前进行基本权利影响评估。私营组织也可能提供对个人重要的公共性服务。提供此类公共性服务的私营组织与公共利益任务相关,如教育、医疗保健、社会服务、住房、司法行政等领域。基本权利影响评估的目的是让部署者确定可能受影响的个人或个人群体的权利所面临的具体风险,并确定在出现这些风险时应采取的措施。影响评估应在部署高风险人工智能系统之前进行,并应在部署者认为任何相关因素发生变化时进行更新。影响评估应确定部署者按照预期目的使用高风险人工智能系统的相关流程,并应包括打算使用该系统的时间段和频率,以及在具体使用情况下可能受影响的自然人和群体的具体类别。评估还应包括确定可能对这些人或群体的基本权利产生影响的具体伤害风险。在进行评估时,部署者应考虑到与适当评估影响相关的信息,包括但不限于高风险人工智能系统提供者在使用说明中提供的信息。根据所确定的风险,部署者应确定在这些风险具体化的情况下所采取的措施,包括在具体使用情况下的治理安排,如根据使用说明进行人工监督的安排,或投诉处理和补救程序,因为它们在具体使用情况下可能有助于减轻对基本权利的风险。在进行影响评估后,部署者应通知相关市场监督机构。在适当情况下,为收集进行影响评估所需的相关信息,高风险人工智能系统的部署者,特别是在公共部门使用人工智能系统时,可让利益相关方参与进行影响评估,并设计在风险具体化的情况下应采取的措施,这些利益相关方包括可能受人工智能系统影响的群体的代表、独立专家和民间社会组织。欧盟人工智能办公室应开发一个问卷模板,以促进合规性并减少部署者的行政负担。

(97) 应明确界定通用人工智能模型的概念,并将其与人工智能系统的概念区分开来,以确保法律上的确定性。该定义应基于通用人工智能模型的关键功能特征,特别是通用性和胜任各种不同任务的能力。这些模型通常通过自我监督、无监督或强化学习等各种方法在大量数据上进行训练。通用人工智能模型可以通过多种方式投放市场,包括通过库、应用程序编程接口(API)、直接下载或实物拷贝。这些模型可以进一步修改或微调为新模型。虽然人工智能模型是人工智能系统的重要组成部分,但它们本身并不构成人工智能系统。人工智能模型需要添加更多的组件,如用户界面,才能成为人工智能系统。人工智能模型通常被集成到人工智能系统中,成为人工智能系统的一部分。本条例为通用人工智能模型和构成系统性风险的通用人工智能模型提供了具体规则,这些规则在这些模型被集成到或构成人工智能系统的一部分时也应适用。应该理解的是，一旦通用人工智能模型投放市场，通用人工智能模型提供者的义务就应适用。当通用人工智能模型的提供者将自己的模型集成到自己的人工智能系统中，并将该系统在市场上提供或提供服务时，该模型应被视为已投放市场，因此，本条例中有关模型的义务应继续适用，此外还应适用人工智能系统的义务。在任何情况下，当一个自有模型被用于纯粹的内部流程，而这些流程对于向第三方提供产品或服务并不重要，并且自然人的权利不受影响时，针对模型规定的义务不应适用。考虑到其潜在的重大负面影响，具有系统性风险的通用人工智能模型应始终遵守本条例规定的相关义务。该定义不应涵盖在投放市场前仅用于研究、开发和原型设计活动的人工智能模型。这并不影响在此类活动之后将模型投放市场时遵守本条例的义务。

（98）虽然模型的通用性也可由参数数量决定，但拥有至少十亿个参数并使用大量数据进行大规模自我监督训练的模型，应被视为具有显著的通用性，并能胜任各种不同的任务。

（99）大型生成式人工智能模型是通用人工智能模型的典型范例，因为它们可以灵活地生成内容，如文本、音频、图像或视频形式的内容，可随时满足各种不同任务的需要。

（100）当一个通用人工智能模型被集成到或构成一个人工智能系统的一部分时，该系统应被视为通用人工智能系统，因为这种集成使该系统有能力服务于各种目的。通用人工智能系统可以直接使用，也可以集成到其他人工智能系统中。

（101）通用人工智能模型的提供者在人工智能价值链中具有特殊的作用和责任，因为他们提供的模型可能构成一系列下游系统的基础，而这些系统往往是由下游提供者提供的，他们需要充分了解这些模型及其功能，以便能够将这些模型集成到他们的产品中，并履行本条例或其他条例规定的义务。因此，应制定相称的透明度措施，包括编制和不断更新文件，并提供有关通用人工智能模型的信息，供下游提供者使用。技术文件应由通用人工智能模型提供者编制并不断更新，以便在人工智能办公室和成员国主管机关提出要求时提供给它们。应在本条例的具体附件中列出此类文件应包括的最基本要素。欧盟委员会应有权根据不断变化的技术发展，通过授权法案修改这些附件。

（102）包括模型在内的软件和数据在自由和开源许可下发布，允许公开共享，用户可以自由访问、使用、修改和重新发布这些软件和数据或其修改版本，这可以促进市场研究和创新，并为欧盟经济提供重要的增长机会。在自由和开源许可下发布的通用人工智能模型，如果其参数（包括权重）、模型结构信息和模型使用信息都是公开的,则应被视为确保了高水平的透明度和公开性。如果许可证允许用户运行、复制、分发、研究、更改和改进软件和数据,包括模型,但必须注明模型的原始提供者,并遵守相同或类似的分发条款,那么许可证也应被视为自由和开源的。

(103)自由和开源的人工智能组件涵盖软件和数据,包括模型和通用人工智能模型,以及人工智能系统的工具、服务或流程。自由和开源的人工智能组件可通过不同渠道提供,包括在开放存储库中进行开发。就本条例而言,有偿提供或以其他方式货币化的人工智能组件,包括通过软件平台提供与人工智能组件相关的技术支持或其他服务,或出于改善软件安全性、兼容性或互操作性以外的原因使用个人数据,不应享受适用于自由和开源人工智能组件的例外待遇,但微型企业之间的交易除外。通过开放存储库提供人工智能组件这一事实本身不应构成货币化。

(104)通用人工智能模型在自由和开源许可下发布,其参数(包括权重、模型结构信息和模型使用信息)已公开,在对通用人工智能模型施加与透明度有关的要求方面,这些模型的提供者应受例外条件管辖,除非它们可被视为构成系统性风险,在这种情况下,模型是透明的并附有开源许可,不应被视为排除遵守本条例所规定义务的充分理由。在任何情况下,鉴于在自由和开源许可下发布通用人工智能模型,并不一定会披露用于模型训练或微调的数据集的实质性信息,以及如何确保遵守版权法,为通用人工智能模型提供的遵守透明度相关要求的例外情况,不应涉及编制模型训练所用内容概要的义务,以及制定政策以遵守欧盟版权法的义务,特别是根据欧洲议会和欧盟理事会第(EU)2019/790号指令①第4条第3款确定和遵守权利保留的义务。

(105)通用人工智能模型,特别是能够生成文本、图像和其他内容的大型生成式模型,为艺术家、作家和其他创作者及其创意内容的创作、传播、使用和消费方式带来了独特的创新机遇,同时也带来了挑战。开发和训练此类模型需要获取大量文本、图像、视频和其他数据。在这种情况下,文本和数据挖掘技术可广泛用于检索和分析这些内容,而这些内容可能受到版权和相关权利的保护。对受版权保护内容的任何使用都必须获得相关版权持有人的授权,除非适用相关的版权例外和限制。第(EU)2019/790号指令引入了例外和限制,允许在特定条件下可为文本和数据挖掘的目的复制和提取作品或其他主题。根据这些规则,版权持有人可以选择保留对其作品或其他主题的权利,以防止文本和数据挖

---

① 欧洲议会和欧盟理事会2019年4月17日关于数字单一市场版权和相关权利的第(EU)2019/790号指令,修订了第96/9/EC号和第2001/29/EC号指令(OJ L 130,17.5.2019,p.92)。

掘，除非是为了科学研究的目的。在以适当方式明确保留选择退出权的情况下，通用人工智能模型的提供者如果想对这些作品进行文本和数据挖掘，需要获得版权持有人的授权。

（106）将通用人工智能模型投放到欧盟市场的提供者应确保遵守本条例中的相关义务。为此，通用人工智能模型的提供者应制定一项政策，以遵守关于版权和相关权利的欧盟法律，特别是确定和遵守版权持有人根据第（EU）2019/790号指令第4条第3款表达的权利保留。任何将通用人工智能模型投放到欧盟市场的提供者都应遵守这一义务，无论对这些通用人工智能模型的训练所依据的版权相关行为发生在哪个司法管辖区。这对于确保通用人工智能模型提供者之间的公平竞争环境是必要的，任何提供者都不能通过采用低于欧盟规定的版权标准在欧盟市场上获得竞争优势。

（107）为了提高通用人工智能模型在预训练和训练中使用的数据的透明度，包括受版权法保护的文本和数据，此类模型的提供者应就通用模型训练中使用的内容制定足够详细的摘要并公布于众。在充分考虑保护商业秘密和商业机密信息的同时，该摘要的范围应是总体上全面而非技术上详细，以方便包括版权持有者在内的合法权益方行使和执行其在欧盟法律下的权利，如列出用于训练人工智能模型的主要数据集合或数据集，包括大型私人或公共数据库或数据档案，并对所使用的其他数据来源进行解释性说明。人工智能办公室宜提供一个摘要模板，该模板应简单、有效，并允许提供者以叙述形式提供所需的摘要。

（108）关于对通用人工智能模型提供者规定的义务，即制定一项遵守欧盟版权法的政策，并公开提供用于训练的内容摘要，人工智能办公室应监督提供者是否履行了这些义务，而不是对训练数据的版权合规性进行逐项核查或评估。本条例不影响欧盟法律规定的版权规则的执行。

（109）遵守适用于通用人工智能模型提供者的义务，应当与模型提供者的类型相称且成比例，排除为非专业或科学研究目的开发或使用模型者遵守义务的必要性，但应当鼓励他们自愿遵守这些要求。在不影响欧盟版权法的情况下，遵守这些义务应充分考虑到提供者的规模，并允许中小型企业（包括初创企业）采用简化的遵守方式，这些方式不应造成过高的成本，也不应阻碍对这些模型的使用。在对通用人工智能模型进行修改或微调的情况下，提供者的义务应仅限于修改或微调，例如，在现有的技术文件中补充有关修改的信息，包括新的训练数据源，以此来遵守本条例规定的价值链义务。

（110）通用人工智能模型可能带来系统性风险，其中包括但不限于：与重大事故、关键部门的中断以及对公众健康与安全的严重后果有关的任何实际或可合理预见的负面影响;对民主进程、公共和经济安全的任何实际的或可合理预见的负面影响;传播非法、虚假或歧视性内容。系统性风险应被理解为随着模型能力和模型覆盖范围的增加而增加,可能在模型的整个生命周期中出现,并受到误用条件、模型可靠性、模型公平性和模型安全性、模型自主性水平、获取工具的途径、新模式或组合模式、发布和传播策略、移除防护栏的可能性以及其他因素的影响。特别是,迄今为止,国际实践已确定需要关注以下风险:潜在的故意滥用或与人类意图相一致的非故意控制问题;化学、生物、辐射和核风险,如降低准入门槛的方式,包括武器开发、设计获取或使用;攻击性网络能力,如发现、利用或操作使用漏洞的方式;交互作用和工具使用的影响,包括控制物理系统和干扰关键基础设施的能力等;模型制作自己的副本或"自我复制"或训练其他模型的风险;模型可能导致有害偏见和歧视的方式,给个人、社区或社会带来风险;为虚假信息提供便利或损害隐私,给民主价值观和人权带来威胁;特定事件可能导致连锁反应,产生相当大的负面影响,可能影响到整个城市、整个领域的活动或整个社区。

（111）宜制定一种归类方法,衡量是否将通用人工智能模型归类为具有系统性风险的通用人工智能模型。由于系统性风险源于特别高的能力,如果一个通用人工智能模型具有高影响能力（根据适当的技术工具和方法进行评估）,或由于其影响范围而对内部市场产生重大影响,则该模型应被视为具有系统性风险。通用人工智能模型中的高影响能力指的是与最先进的通用人工智能模型中记录的能力相匹配或超过这些能力的能力。在模型投放市场后或部署者与模型互动时,可以更好地了解模型的全部能力。根据本条例生效时的技术水平,以浮点运算衡量的通用人工智能模型训练所用的累计计算量是模型能力的相关近似值之一。用于训练的计算量是在部署前旨在提高模型能力的各项活动和方法（如预训练、合成数据生成和微调）中所用计算量的累积。因此,应设定一个浮点运算的初始阈值,如果通用人工智能模型达到了这个阈值,就可以推定该模型是一个具有系统性风险的通用人工智能模型。这一阈值应随着时间的推移而调整,以反映技术和产业的变化,如算法的改进或硬件效率的提高,并应辅以模型能力的基准和指标。为此,人工智能办公室应与科学界、产业界、民间社会和其他专家合作。阈值以及评估高影响能力的工具和基准,应能有力地预测通用人工智能模型的通用性、能力和相关系统性风险,并可考虑到模型投放市场的方式或可能影响的用户数量。作为对这一制度的补充,如果发现某个通用人工智能模型的能力或影响等同于设定阈值所涵盖的能力或影响,欧盟委员会应有可能作出个别决定,将该模型指定为具有系统性风险的通用人工智能模型。该决定应在对本条例附件中规定的具有系统性风险的通用人工智能模型的指定标准进行整体评估的基础上作出，如训练数据集的质量或规模、业务和最终用户的数量、其输入和输出模式、其自主性水平和可扩展性，或其可使用的工具。在模型被指定为具有系统性风险的通用人工智能模型的提供者提出合理请求时，欧盟委员会应考虑该请求，并可决定重新评估该通用人工智能模型是否仍可被视为具有系统性风险。

（112）还有必要明确具有系统性风险的通用人工智能模型的分类程序。达到高影响能力适用阈值的通用人工智能模型应被推定为具有系统性风险的通用人工智能模型。提供者最迟应在满足要求或得知通用人工智能模型将满足导致推定的要求两周后通知人工智能办公室。这与浮点运算的阈值尤其相关，因为训练通用人工智能模型需要大量的规划，包括计算资源的前期分配，因此，通用人工智能模型的提供者能够在训练完成之前就知道其模型是否会达到阈值。在发出通知时，提供者应能证明，由于其具体特点，通用人工智能模型在特殊情况下不会带来系统性风险，因此不应被归类为具有系统性风险的通用人工智能模型。这些信息对于人工智能办公室预测具有系统性风险的通用人工智能模型投放市场很有价值，提供者可以尽早开始与人工智能办公室接触。对于计划以开源方式发布的通用人工智能模型，这一信息尤为重要，因为在开源模型发布后，确保遵守本条例规定义务的必要措施可能更难实施。

（113）如果欧盟委员会意识到一个通用人工智能模型符合将其归类为具有系统性风险的通用人工智能模型的要求，而以前未知或相关提供者没有通知欧盟委员会，欧盟委员会应有权将其归类为具有系统性风险的通用人工智能模型。除了人工智能办公室的监测活动外，一个附条件的警示系统应确保人工智能办公室从科学小组那里了解到有可能被归类为具有系统性风险的通用人工智能模型。

（114）对于存在系统性风险的通用人工智能模型的提供者，除了为通用人工智能模型提供者规定的义务之外，还应当规定旨在识别和降低这些风险并确保适当程度的网络安全保护的义务，无论它是作为独立模型提供的，还是嵌入人工智能系统或产品中提供的。为实现这些目标，本条例应要求提供者对模型进行必要的评估，特别是在首次投放市场之前，包括对模型进行对抗测试并记录在案，也可酌情通过内部或独立外部测试进行。此外，具有系统性风险的通用人工智能模型的提供者应持续评估和降低系统性风险，包括制定风险管理政策，如问责制和治理流程，实施上市后监测，在整个模型生命周期内采取适当措施，并与人工智能价值链上的相关参与者合作。

（115）具有系统性风险的通用人工智能模型的提供者应评估和降低可能的系统性风险。如果尽管努力识别和预防与可能带来系统性风险的通用人工智能模型有关的风险,但该模型的开发或使用仍造成了严重事件,通用人工智能模型提供者应毫不迟疑地跟踪该事件,并向欧盟委员会和成员国主管机关报告任何相关信息和可能的纠正措施。此外,在整个模型生命周期内,提供者应酌情确保对模型及其物理基础设施提供适当程度的网络安全保护。与恶意使用或攻击相关的系统性风险的网络安全保护应充分考虑模型的意外泄露、未经授权的发布、规避安全措施,以及防御网络攻击、未经授权的访问或模型失窃。可以通过确保模型权重、算法、服务器和数据集的安全来促进这种保护,如通过信息安全的操作安全措施、具体的网络安全政策、适当的技术和既定解决方案,以及网络和物理访问控制,以适应相关情况和所涉及的风险。

(116)人工智能办公室应鼓励和促进实践准则的起草、审查和修改,同时考虑到国际实践。可以邀请所有通用人工智能模型的提供者参与。为确保实践准则反映最新情况并适当考虑到各种不同的观点,人工智能办公室应与相关国家主管机关合作,并可酌情与民间社会组织和包括科学小组在内的其他利益相关方和专家协商,以起草此类准则。实践准则应涵盖通用人工智能模型和具有系统性风险的通用人工智能模型提供者的义务。此外,关于系统性风险,实践准则应有助于在欧盟层面建立系统性风险类型和性质的风险分类,包括其来源。实践准则还应侧重于具体的风险评估和缓解措施。

(117)实践准则应成为通用人工智能模型提供者正确遵守本条例规定的义务的核心工具。提供者应能依靠实践准则来证明其遵守了相关义务。通过实施法案,欧盟委员会可决定批准一项实践准则,并在欧盟范围内赋予其普遍效力,或者如果在本条例开始适用时,实践准则尚未最终确定或被人工智能办公室认为还不够充分的,欧盟委员会也可决定为履行相关义务提供共同规则。一旦统一标准公布并被人工智能办公室评估为适合涵盖相关义务,遵守欧洲统一标准的提供者应被推定为符合标准。此外,如果没有实践准则或统一标准,或选择不依赖这些准则或标准,通用人工智能模型的提供者应能够使用其他适当的方法来证明其合规性。

(118)本条例对人工智能系统和人工智能模型进行监管,对在欧盟境内将其投放市场、提供服务和使用的相关市场行为者规定了特定要求和义务,从而补充了第(EU)2022/2065号条例对将此类系统或模型嵌入其服务的中介服务提供者所规定的义务。如果此类系统或模式被嵌入到指定的超大型在线平台或超大型在线搜索引擎中,则须遵守第(EU)2022/2065号条例规定的风险管理框架。因此,本条例的相应义务应被推定为已履行,除非出现并在此类模型中识别出第(EU)2022/2065号条例未涵盖的重大系统性风险。在此框架内,超大型在线平台和超大型在线搜索引擎的提供者有义务评估其服务的设计、运作和使用所产生的潜在系统性风险,包括服务中使用的算法系统的设计如何可能导致此类风险,以及潜在滥用所产生的系统性风险。这些提供者还有义务采取适当的缓解措施,以尊重基本权利。

(119)考虑到不同欧盟法律文件范围内数字服务的快速创新和技术演变,特别是考虑到其接收者的使用和感知,本条例所涉及的人工智能系统可作为第(EU)2022/2065号条例所指的中介服务或其部分提供,应以技术中立的方式进行解释。例如,人工智能系统可用于提供在线搜索引擎服务,特别是在线聊天机器人等人工智能系统原则上会搜索所有网站,然后将搜索结果纳入其现有知识中,并利用更新的知识生成结合不同信息来源的单一输出。

(120)此外,本条例规定特定人工智能系统的提供者和部署者有义务检测和披露这些系统的输出是人工智能生成或操纵的,这与促进有效实施第(EU)2022/2065号条例特别相关。这尤其适用于超大型在线平台或超大型在线搜索引擎提供者的义务,即识别和降低因传播人工智能生成或操纵的内容而可能产生的系统性风险,特别是对民主进程、公民言论和选举进程产生实际或可预见负面影响的风险,包括通过虚假信息产生的风险。

(121)标准化应发挥关键作用,为提供者提供技术解决方案,确保其符合本条例,并与最新技术保持一致,以促进创新以及单一市场的竞争力和增长。遵守欧洲议会和欧盟理事会第(EU)1025/2012号条例[①]第2条第1款c项所定义的统一标准(通常应反映最新技术水平)应成为提供者证明符合本条例要求的一种手段。因此,应鼓励根据第(EU)1025/2012号条例第5条和第6条的规定,在标准的制定过程中兼顾所有利益相关方,特别是中小企业、消费者组织以及环境和社会利益相关方的利益。为了促进合规,欧盟委员会应毫不迟延地发布标准化申请。在准备标准化申请时,欧盟委员会应询问咨询论坛和人工智能委员会,以收集相关专业知识。然而,在没有相关统一标准的情况下,欧盟委员会应能够通过实施法案,并在咨询论坛的协商下,为本条例下的特定要求制定共同规范。当标准化要求未被任何欧洲标准化组织接受,或当相关的统一标准不能充分解决基本权利问题,或当统一标准不符合要求,或当适当的统一标准迟迟未被采纳时,共同规范应作为一种特殊的备用解决方案,以促进提供者履行遵守本条例要求的义务。如果由于统一标准的技术复杂性而导致该标准迟迟未获通过,欧盟

---

① 欧洲议会和欧盟理事会2012年10月25日关于欧洲标准化的第(EU)1025/2012号条例,修订了欧洲议会和欧盟理事会第89/686/EEC号、第93/15/EEC号指令,以及第94/9/EC号、第94/25/EC号、第95/16/EC号、第97/23/EC号、第98/34/EC号、第2004/22/EC号、第2007/23/EC号、第2009/23/EC号和第2009/105/EC号指令,废除了欧盟理事会第87/95/EEC号决定、欧洲议会和欧盟理事会第1673/2006/EC号决定(OJ L 316,14.11.2012,p.12)。

委员会应在制定共同规范之前对此加以考虑。在制定共同规范时，欧盟委员会应与国际伙伴和国际标准化组织合作。

（122）在不影响使用统一标准和共同规范的情况下，高风险人工智能系统的提供者，如果已经在反映该人工智能系统打算使用的特定地理、行为、背景或功能环境的数据上进行了训练和测试，则应被推定为遵守了本条例规定的数据治理要求下的相关措施。在不影响本条例规定的稳健性和准确性相关要求的前提下，根据第（EU）2019/881 号条例第 54 条第 3 款，只要网络安全证书或者符合性声明或其部分内容涵盖了本条例的网络安全要求，则应推定已根据该条例的网络安全计划获得认证或者已发布符合性声明的高风险人工智能系统符合本条例的网络安全要求，且其参考资料已在《欧盟官方公报》上公布。

（123）为了确保高风险人工智能系统的高度可信性，这些系统在投放市场和提供服务之前应接受符合性评估。

（124）为了最大限度地减轻运营者的负担并避免任何可能的重复，对于与基于新立法框架的现有欧盟协调立法所涵盖的产品有关的高风险人工智能系统，应将系统是否符合本条例的要求作为该法律已规定的符合性评估的一部分进行评估。因此，本条例要求的适用性不应影响相关欧盟协调立法规定的符合性评估的具体逻辑、方法或一般结构。

（125）鉴于高风险人工智能系统的复杂性和与之相关的风险，有必要为涉及公告机构的高风险人工智能系统制定一套适当的符合性评估程序，即所谓的第三方符合性评估。然而，鉴于专业的上市前认证机构目前在产品安全领域的经验，以及所涉及风险的不同性质，至少在本条例实施的初期阶段，限制第三方符合性评估对与产品无关的高风险人工智能系统的适用范围是适当的。因此，作为一般规则，此类系统的符合性评估应由提供者自行负责进行，唯一的例外是打算用于生物特征的人工智能系统。

（126）为了在需要时进行第三方符合性评估，成员国主管机关应根据本条例通知公告机构，但这些机构必须符合一系列要求，特别是关于独立性、能力、无利益冲突和适当的网络安全等要求。成员国主管机关应通过欧盟委员会根据第 768/2008/EC 号决定附件一第 R23 条开发和管理的电子通知工具，向欧盟委员会和其他成员国发送这些机构的通知。

（127）根据欧盟在世界贸易组织《技术性贸易壁垒协定》中所作的承诺，只要根据第三国法律建立的符合性评估机构符合本条例的适用要求，且欧盟已就此缔结协定，就足以促进符合性评估机构所产生的符合性评估结果的相互承认，而不受这些机构所在领土的限制。为此，欧盟委员会应积极探索可能的国际文件，特别是与第三国缔结相互承认协议。

(128)根据欧盟协调立法对产品进行实质性修改的公认概念,每当发生可能影响高风险人工智能系统遵守本条例的变化(如操作系统或软件架构的变化),或当系统的预期目的发生变化时,该人工智能系统应被视为新的人工智能系统,应进行新的符合性评估。然而,如果人工智能系统在投放市场和提供服务后继续"学习",即自动调整功能的执行方式,其算法和性能发生的变化不应构成实质性修改,条件是这些变化已由提供者预先确定,并在进行符合性评估时进行了评估。

(129)高风险人工智能系统应带有 CE 标志,以表明其符合本条例,从而可在内部市场自由流动。对于嵌入产品中的高风险人工智能系统,应贴上物理 CE 标志,并可辅以数字 CE 标志。对于仅以数字方式提供的高风险人工智能系统,应使用数字 CE 标志。成员国不得对符合本条例规定并带有 CE 标志的高风险人工智能系统投放市场和提供服务设置不合理的障碍。

(130)在特定情况下,创新技术的快速获得可能对人的健康和安全、保护环境和气候变化以及整个社会至关重要。因此,在公共安全或保护自然人的生命和健康、环境保护以及保护关键工业和基础设施资产的特殊情况下,市场监督机关可以授权将未经符合性评估的人工智能系统投放市场和提供服务。在本条例规定的有正当理由的情况下,执法机关或民事保护机关可以不经市场监督机关授权而将特定的高风险人工智能系统提供服务,条件是在使用过程中或使用后请求授权,不得无故拖延。

(131)为了促进欧盟委员会和成员国在人工智能领域的工作,并提高对公众的透明度,应要求高风险人工智能系统的提供者(与现有欧盟协调立法范围内的产品有关的系统除外),以及认为本条例附件所列的高风险人工智能系统用例中根据减免规定不属于高风险系统的提供者,在欧盟委员会建立和管理的欧盟数据库中登记自己及其人工智能系统的信息。在使用本条例附件中高风险系统用例中列出的人工智能系统之前,作为公共机关、机构或组织的高风险人工智能系统部署者应在这种数据库中登记,并选择他们打算使用的系统。其他部署者应有权自愿这样做。欧盟数据库的这一部分应向公众免费开放,信息应易于浏览、理解和机器可读。欧盟数据库还应方便用户,如提供搜索功能,包括通过关键词搜索,使公众能够找到高风险人工智能系统登记时需要提交的相关信息,以及本条例附件所列的与高风险人工智能系统相对应的高风险人工智能系统的用例。对高风险人工智能系统的任何实质性修改也应在欧盟数据库中登记。对于执法、移民、庇护和边境控制管理领域的高风险人工智能系统,应在欧盟数据库的安全非公开部分履行登记义务。对安全非公开部分的访问应严格限于欧盟委员会以及市场监督机关对其成员国数据库部分的访问。关键基础设施领域的高风险人工智能系统只应在国家一级登记。根据第(EU)2018/1725号条例,欧盟委员会应成为欧盟数据库的控制者。为确保欧盟数据库在部署后能充分发挥功能,欧盟数据库的设置程序应包括由欧盟委员会制定功能规范和独立审计报告。欧盟委员会作为欧盟数据库的数据控制者,在执行任务时应考虑到网络安全和与危害相关的风险。为了最大限度地提高公众对欧盟数据库的可用性和使用率,欧盟数据库,包括通过它提供的信息,应符合第(EU)2019/882号指令的要求。

(132)旨在与自然人互动或生成内容的特定人工智能系统,无论是否符合高风险的条件,都可能带来假冒或欺骗的具体风险。因此,在特定情况下,这些系统的使用应遵守特定的透明度义务,同时不影响对高风险人工智能系统的要求和义务,并应考虑到执法的特殊需要,遵守有针对性的例外规定。特别是,自然人应被告知他们正在与人工智能系统互动,除非从一个合理知情、善于观察和谨慎的自然人的角度来看,考虑到使用的情况和背景,这一点是显而易见的。在履行这项义务时,应考虑到因年龄或残疾而属于弱势群体的自然人的特点,只要人工智能系统也打算与这些群体互动。此外,如果人工智能系统通过处理自然人的生物特征数据,可以识别或推断出这些人的情绪或意图,或将他们归入特定类别,则应通知自然人。这些特定类别可能涉及性别、年龄、发色、眼睛颜色、文身、个人特征、种族出身、个人喜好和兴趣等方面。此类信息和通知应以无障碍格式提供给残疾人。

(133)各种人工智能系统可以生成大量合成内容,而人类越来越难以将这些内容与人类生成的真实内容区分开来。这些系统的广泛可用性和日益增强的能力对信息生态系统的完整性和信任度产生了重大影响,引发了大规模误导和操纵、欺诈、冒名顶替和欺骗消费者等新风险。鉴于这些影响、快速的技术发展以及对追踪信息来源的新方法和技术的需求,应当要求这些系统的提供者嵌入技术解决方案,以便能够以机器可读的格式进行标记,并检测出输出是由人工智能系统而非人类生成或操纵的。在技术可行的情况下,这些技术和方法应当足够可靠、可互操作、有效和稳健,同时考虑到现有的技术或这些技术的组合,如水印、元数据识别、证明内容出处和真实性的加密方法、日志记录方法、指纹或其他适当的技术。在履行这一义务时,提供者还应考虑到不同类型内容的特殊性和局限性,以及该领域的相关技术和市场发展情况,正如普遍公认的最先进技术所反映的那样。这些技术和方法可以在人工智能系统层面或人工智能模型层面实施,包括生成内容的通用人工智能模型,从而促进人工智能系统下游提供者履行这一义务。为了保持适度,可以设想这一标识义务不应涵盖主要为标准编辑提供辅助功能的人工智能系统,也不应涵盖不实质性改变部署者提供的输入数据或其语义的人工智能系统。

（134）除系统提供者采用的技术解决方案外，使用人工智能系统生成或处理与现有人员、物体、地点、组织或事件明显相似的图像、音频或视频内容，并会使人误认为是真实的（深度伪造）部署者，还应通过相应地标记人工智能输出并披露其人工智能来源，明确和可区别地披露该内容是人工智能创建或操纵的。遵守这一透明度义务不应被解释为使用该人工智能系统或其输出会妨碍《宪章》所保障的表达自由权、艺术与科学自由权，特别是当该内容是明显具有创造性、讽刺性、艺术性、虚构性或类似作品或节目的一部分时更应如此，但须适当保障第三方的权利和自由。在这些情况下，本条例规定的深度伪造作品的透明度义务仅限于以适当的方式披露这种生成或篡改内容的存在，既不妨碍作品的展示或欣赏，包括作品的正常开发和使用，又能保持作品的效用和质量。此外，对于人工智能生成或篡改的文本，如果其发布的目的是向公众提供有关公共利益问题的信息，也应承担类似的披露义务，除非人工智能生成的内容经过了人工审查或编辑控制过程，而且自然人或法人对内容的发布负有编辑责任。

（135）在不影响透明度义务的强制性质和全面适用性的情况下，欧盟委员会还可以鼓励和促进在欧盟层面起草实践准则，以促进有效履行有关检测和标注人工智能生成或操纵内容的义务，包括支持作出实际安排，酌情使检测机制便于使用，并促进与价值链上其他行为者的合作，传播内容或检查其真实性和来源，使公众能够有效区分人工智能生成的内容。

（136）本条例规定特定人工智能系统的提供者和部署者有义务检测和披露这些系统的输出是人工智能生成或操纵的，这与促进有效实施第（EU）2022/2065号条例特别相关。这尤其适用于超大型在线平台或超大型在线搜索引擎提供者的义务，即识别和降低因传播人工智能生成或操纵的内容而可能产生的系统性风险，特别是对民主进程、公民言论和选举进程产生实际或可预见的负面影响的风险，包括通过虚假信息产生的风险。根据本条例对人工智能系统生成的内容进行标注的要求，不影响第（EU）2022/2065号条例第16条第6款规定的托管服务提供者处理根据该条例第16条第1款收到的非法内容通知的义务，也不应影响对具体内容非法性的评估和决定。该评估应完全参照有关内容合法性的规则进行。

（137）遵守本条例规定的人工智能系统的透明度义务，不应被解释为表明根据本条例或其他欧盟和成员国法律使用该人工智能系统或其输出是合法的，并且不应影响欧盟或成员国法律规定的人工智能系统部署者的其他透明度义务。

（138）人工智能是一系列迅速发展的技术，需要监管和安全可控的实验空间,同时确保负责任的创新,并纳入适当的保障和风险缓解措施。为确保法律框架能促进创新、面向未来并能抵御干扰,成员国应确保其国家主管机关在国家一级建立至少一个人工智能监管沙盒,以促进在严格的监管之下开发和测试创新的人工智能系统,然后再将这些系统投放市场或以其他方式提供服务。成员国也可通过参与现有监管沙盒或者与一个或多个成员国主管机关联合建立沙盒来履行这一义务,只要这种参与能为参与的成员国提供同等水平的国家覆盖。人工智能监管沙盒可以以实物、数字或混合形式建立,既可容纳实物产品,也可容纳数字产品。建立机关还应确保人工智能监管沙盒有足够的资源,包括财力和人力。

(139)人工智能监管沙盒的目标应是通过在开发和上市前阶段建立一个受控的实验和测试环境,促进人工智能创新,确保创新的人工智能系统符合本条例及其他相关的欧盟和成员国法律。此外,人工智能监管沙盒应旨在增强法律确定性,鼓励创新者和主管机关监督和了解人工智能使用的机会、新兴风险和影响,促进主管机关和企业的监管学习,包括着眼于未来对法律框架的调整,支持与参与人工智能监管沙盒的机关合作和分享最佳实践,并加快市场准入,包括消除对包括初创企业在内的中小企业的障碍。人工智能监管沙盒应在整个欧盟范围内广泛使用,并应特别关注包括初创企业在内的中小企业对监管沙盒的可及性。参与人工智能监管沙盒应重点关注那些会给提供者和潜在提供者带来法律不确定性的问题,以便在欧盟内进行人工智能创新和实验,并促进循证监管学习。因此,对人工智能监管沙盒中的人工智能系统的监管应涵盖系统投放市场和提供服务前的开发、训练、测试和验证,以及对可能需要启动新的符合性评估程序的实质性修改的界定和发生的判断。在此类人工智能系统的开发和测试过程中发现的任何重大风险,都应采取适当的缓解措施,否则应暂停开发和测试过程。在适当情况下,建立人工智能监管沙盒的国家主管机关应与其他相关机关合作,包括监督基本权利保护的机关,并可允许人工智能生态系统内的其他参与者参与,如国家或欧洲标准化组织、公告机构、测试和实验机构、研究和实验室、欧洲数字创新中心以及利益相关方和民间社会组织。为确保在欧盟范围内统一实施并实现规模经济,宜制定人工智能监管沙盒实施的共同规则以及参与监管沙盒的相关机关之间的合作框架。如果存在依据其他法律要求设立的沙盒环境,根据本条例设立的人工智能监管沙盒不应干预其建立和运作,以保证对其他法律的遵守。在适当情况下,负责其他监管沙盒的相关主管机关应考虑使用这些沙盒的益处,以确保人工智能系统符合本条例。经国家主管机关和人工智能监管沙盒参与者同意,也可在人工智能监管沙盒框架内运行和监督真实世界条件下的测试。

(140)本条例应为人工智能监管沙盒中的提供者和潜在提供者提供法律依据,使其仅在特定条件下,根据第(EU)2016/679号条例第6条第4款和第9条第 2 款 g 项，以及第（EU）2018/1725 号条例第 5、6 和 10 条，并在不影响第（EU）2016/680 号指令第 4 条第 2 款和第 10 条的情况下，使用为其他目的收集的个人数据，在人工智能监管沙盒内为公共利益开发特定人工智能系统。第（EU）2016/679 号条例、第（EU）2018/1725 号条例以及第（EU）2016/680 号指令规定的数据控制者的所有其他义务和数据主体的权利仍然适用。特别是，本条例不应提供第（EU）2016/679 号条例第 22 条第 2 款 b 项和第（EU）2018/1725 号条例第 24 条第 2 款 b 项所指的法律依据。人工智能监管沙盒中的提供者应确保采取适当的保障措施，并与主管机关合作，包括遵循主管机关的指导，迅速、真诚地采取行动，以充分降低在沙盒开发、测试和实验过程中可能出现的任何已确定的对安全、健康和基本权利的重大风险。

（141）为了加快本条例附件所列高风险人工智能系统的开发和投放市场进程，重要的是，这些系统的提供者或潜在提供者也可受益于在真实世界条件下测试这些系统的具体制度，而无须参与人工智能监管沙盒。不过，在这种情况下，考虑到此类测试可能对个人造成的后果，应确保本条例为提供者或潜在提供者引入适当、充分的保障和条件。这些保障应包括要求自然人在知情同意的情况下参与真实世界条件下的测试，但执法部门除外，因为征求知情同意会妨碍人工智能系统的测试。根据本条例，主体对参与此类测试的同意有别于且不影响数据主体根据相关数据保护法对其个人数据处理的同意。同样重要的是，要最大限度地降低风险，并使主管机关能够进行监督，因此要求潜在提供者向主管市场监督机关提交真实世界测试计划，在欧盟数据库的专属部分登记测试情况，但有一些有限的例外情况，设定测试期限限制，并要求为特定弱势群体提供额外保障，以及一份书面协议，界定潜在提供者和部署者的角色和责任，并由参与真实世界测试的主管人员进行有效监督。此外，宜设想额外的保障措施，以确保人工智能系统的预测、建议或决定可以被有效地推翻和无视，并确保个人数据受到保护，并在主体撤回参与测试的同意时予以删除，同时不损害其根据欧盟数据保护法作为数据主体的权利。至于数据传输，同样适当的设想是，为在真实世界条件下进行测试而收集和处理的数据，只有在实施了欧盟法律规定的适当和适用的保障措施，特别是根据欧盟数据保护法规定的个人数据传输依据的情况下，才能传输到第三国，而对于非个人数据，则应根据欧盟法律，如欧洲议会和欧盟理事会第（EU）2022/868 号条例①和第（EU）2023/2854 号条例②，实施适当的保障措施。

---

① 欧洲议会和欧盟理事会 2022 年 5 月 30 日关于欧洲数据治理的第（EU）2022/868 号条例，修订了第（EU）2018/1724 号条例（《数据治理法》）(OJ L 152, 3.6.2022, p.1)。
② 欧洲议会和欧盟理事会 2023 年 12 月 13 日关于公平获取和使用数据的统一规则的第（EU）2023/2854 号条例，修订了第（EU）2017/2394 号条例和第（EU）2020/1828 号指令（《数据法》）(OJ L, 2023/2854, 22.12.2023, ELI: http://data.europa.eu/eli/reg/2023/2854/oj)。

(142) 为确保人工智能带来有益于社会和环境的成果,鼓励成员国支持和促进人工智能解决方案的研究和开发,以支持有益于社会和环境的成果,如基于人工智能的解决方案,通过分配足够的资源,包括公共资金和欧盟资金,以增加残疾人的无障碍环境、解决社会经济不平等问题或实现环境目标,并在适当情况下,在符合资格和选择标准的前提下,特别考虑追求这些目标的项目。这些项目应基于人工智能开发者,致力于不平等和不歧视、无障碍设计、消费者权益、环境权利和数字权利方面的专家,以及学术界人士之间的跨学科合作原则。

(143) 为了促进和保护创新,必须特别考虑到作为人工智能系统提供者或部署者的中小企业(包括初创企业)的利益。为此,成员国应制定针对这些运营者的举措,包括提高认识和信息沟通。成员国应向在欧盟设有注册办公室或分支机构的中小企业(包括初创企业)提供优先进入人工智能监管沙盒的机会,前提是它们满足资格条件和选择标准,且不排除其他提供者和潜在提供者在满足相同条件和标准的情况下进入沙盒。成员国应利用现有渠道,并在适当情况下建立新的专门渠道,与中小企业、初创企业、部署者、其他创新者以及适当情况下的地方公共机关进行沟通,通过提供指导和答复有关本条例实施的询问,在中小企业的整个发展道路上为其提供支持。在适当情况下,这些渠道应共同协作,发挥协同作用,并确保对中小企业(包括初创企业)和部署者的指导具有一致性。成员国应促进中小企业和其他利益相关方参与标准化制定过程。此外,在公告机构设定符合性评估费用时,应考虑到中小企业(包括初创企业)提供者的具体利益和需求。欧盟委员会应通过透明的磋商,定期评估中小企业(包括初创企业)的认证和合规成本,并与成员国合作降低这些成本。例如,对于提供者和其他运营者,特别是规模较小的提供者和运营者来说,与强制性文件和与机关沟通有关的翻译费用可能是一笔不小的开支。成员国应确保其确定和接受的用于相关提供者文件和与运营者沟通的语言,是尽可能多的跨境部署者能够广泛理解的语言。为了满足包括初创企业在内的中小企业的特殊需求,欧盟委员会应根据人工智能委员会的要求,为本条例所涵盖的领域提供标准化模板。此外,欧盟委员会应配合成员国的努力,为所有提供者和部署者提供一个单一的信息平台,提供与本条例有关的易于使用的信息,组织适当的宣传活动,以提高对本条例所产生的义务的认识,并评估和促进与人工智能系统有关的公共采购程序中最佳实践的趋同。直到最近才符合欧盟委员会第 2003/361/EC 号建议书①附件所指的小型企业资格的中型企业应可获得这些支持措施,因为这些新的中型企业有

---

① 欧盟委员会 2003 年 5 月 6 日关于微型、小型和中型企业定义的建议书(OJ L 124, 20.5. 2003, p.36)。

时可能缺乏必要的法律资源和培训,以确保正确理解和遵守本条例。

(144) 为了促进和保护创新,人工智能按需平台、欧盟委员会和成员国在欧盟或国家层面实施的所有相关的欧盟资助计划和项目,如数字欧洲计划、地平线欧洲计划,应酌情为实现本条例的目标做出贡献。

(145) 特别是,为了最大限度地降低因市场缺乏知识和专业技能而导致的实施风险,并促进提供者(特别是中小企业,包括初创企业)与公告机构遵守本条例规定的义务,人工智能按需平台、欧洲数字创新中心以及由欧盟委员会和成员国在欧盟或国家层面建立的测试和实验设施,应为本条例的实施做出贡献。人工智能按需平台、欧洲数字创新中心以及测试和实验设施在各自的任务和职权范围内,能够为提供者和公告机构提供特别的技术和科学支持。

(146) 此外,鉴于一些运营者的规模非常小,为了确保创新成本的相称性,允许微型企业以简化的方式履行其中一项成本最高的义务,即建立质量管理体系,这将减轻这些企业的行政负担和成本,同时不影响保护水平和遵守高风险人工智能系统要求的必要性。欧盟委员会应制定指导方针,明确规定微型企业以这种简化方式履行质量管理体系的要素。

(147) 欧盟委员会应尽可能为根据任何相关欧盟协调立法建立或认可的机构、组织或实验室使用测试和实验设施提供便利,这些组织、团体或实验室在该欧盟协调立法所涵盖的产品或设备符合性评估中执行相关任务。根据第(EU)2017/745 号条例和第(EU)2017/746 号条例,医疗器械领域的专家小组、专家实验室和参考实验室尤其如此。

(148) 本条例应建立一个治理框架,既能在国家层面协调和支持本条例的实施,又能在欧盟层面构建能力,并整合人工智能领域的利益相关方。本条例的有效实施和执行需要一个治理框架,以便在欧盟层面协调和建立核心专业知识。人工智能办公室是根据欧盟委员会的决定[①]成立的,其使命是发展欧盟在人工智能领域的专业知识和能力,并促进欧盟人工智能法律的实施。成员国应为人工智能办公室开展工作提供便利,以支持发展欧盟层面的专业知识和能力,并加强数字单一市场的运作。此外,应设立一个由成员国代表组成的人工智能委员会、一个整合科学界的科学小组,以及一个为在欧盟和国家层面实施本条例提供利益相关方意见的咨询论坛。欧盟专业知识和能力的发展还应包括利用现有资源和专业知识,特别是通过与在欧盟层面执行其他法律的背景下建立的结构协同增效,以及与欧盟层面的相关倡议协同增效,如欧洲高性能计算中心联合承诺和数字欧洲计划下的人工智能测试和实验设施。

---

① 即 2024 年 1 月 24 日欧盟委员会设立欧盟人工智能办公室的第 C(2004)390 号决定。

(149) 为促进本条例的顺利、有效和协调实施,应设立一个人工智能委员会。人工智能委员会应反映人工智能生态系统的各种利益,并由成员国代表组成。人工智能委员会应负责一系列咨询任务,包括就与本条例实施相关事项提供意见、建议、咨询或指导,其中包括与本条例规定的要求有关的执行事项、技术规范或现行标准,并就与人工智能相关的具体问题向欧盟委员会和成员国及其国家主管机关提供建议。为了使成员国在指定其在人工智能委员会中的代表时具有一定的灵活性,这些代表可以是属于公共组织的任何人员,他们应具有相关的能力和权力,以促进国家层面的协调,并为完成人工智能委员会的任务做出贡献。人工智能委员会应设立两个常设小组,为市场监督机关和通知机关之间就与市场监督和公告机构有关的问题开展合作和交流提供平台。市场监督常设小组应根据第(EU)2019/1020号条例第30条的含义,充当本条例的行政合作小组(ADCO)。根据该条例第33条,欧盟委员会应通过开展市场评估或研究来支持市场监督常设小组的活动,特别是为了确定本条例中需要市场监督机关之间进行具体和紧急协调的方面。人工智能委员会可酌情设立其他常设或临时小组,以研究具体问题。人工智能委员会还应酌情与在相关欧盟法律范围内开展活动的相关欧盟组织、专家组和网络合作,尤其包括根据相关欧盟数据、数字产品和服务法律开展活动的组织、专家组和网络。

(150) 为确保利益相关方参与本条例的实施和应用,应设立一个咨询论坛,为人工智能委员会和欧盟委员会提供建议和技术知识。为确保在商业和非商业利益之间,以及在商业利益类别内(涉及中小企业和其他企业)利益相关者代表的多样性和平衡性,咨询论坛应包括但不限于行业界、初创企业、中小企业、学术界、民间社会(包括社会合作伙伴),以及基本权利机构、欧盟网络安全局、欧洲标准化委员会、欧洲电工标准化委员会和欧洲电信标准化协会等。

(151) 为支持本条例的实施和执行,特别是人工智能办公室对通用人工智能模型的监测活动,应成立一个由独立专家组成的科学小组。组成科学小组的独立专家应根据人工智能领域最新的科学或技术专业知识进行挑选,并应公正、客观地执行任务,确保在执行任务和开展活动过程中获得的信息和数据的保密性。为了加强有效执行本条例所需的国家能力,成员国应能够请求科学小组专家库为其执法活动提供支持。

(152) 为了支持充分执行人工智能系统并加强成员国的能力,应建立并向成员国提供欧盟人工智能测试支持机构。

(153) 成员国在本条例的适用和执行方面发挥着关键作用。为此,各成员国应指定至少一个通知机关和至少一个市场监督机关作为国家主管机关,负责监督本条例的适用和执行。成员国可根据本国具体的组织特点和需要,决定指定任何类型的公共组织来执行本条例所指的国家主管机关的任务。为了提高成员国的组织效率,并在成员国和欧盟层面建立与公众和其他对应方的单一联系点,每个成员国都应指定一个市场监督机关作为单一联系点。

(154)国家主管机关应独立、公正和不带偏见地行使权力,以维护其活动和任务的客观性原则,确保本条例的适用和实施。这些机关的成员应避免采取任何与其职责不符的行动,并应遵守本条例规定的保密规则。

(155)为了确保高风险人工智能系统的提供者能够考虑到使用高风险人工智能系统的经验,以改进其系统及设计和开发过程,或能够及时采取任何可能的纠正措施,所有提供者都应建立上市后监测系统。在相关情况下,上市后监测系统应包括分析与其他人工智能系统(包括其他设备和软件)的相互作用。上市后监测系统不应涵盖执法机关作为部署者的敏感操作数据。这一系统也是确保人工智能系统在投放市场和提供服务后继续"学习"可能产生的风险能够得到更有效、更及时处理的关键。在这种情况下,还应要求提供者建立一个系统,向有关机关报告因使用其人工智能系统而导致的任何严重事件,即导致死亡或者严重损害健康的事件或故障、严重且不可逆转地破坏关键基础设施的管理和运行、违反旨在保护基本权利的欧盟法律规定的义务或者严重破坏财产或环境。

(156)为确保本条例(欧盟协调立法)规定的要求和义务得到适当和有效的执行,第(EU)2019/1020号条例建立的市场监督和产品合规制度应完全适用。根据本条例指定的市场监督机关应拥有本条例和第(EU)2019/1020号条例规定的所有执法权力,并应独立、公正、无偏见地行使权力和履行职责。虽然大多数人工智能系统不受本条例具体要求和义务的约束,但当人工智能系统出现风险时,市场监督机关可根据本条例对所有人工智能系统采取措施。由于属于本条例范围内的欧盟机构、机关和组织的特殊性,指定欧洲数据保护专员作为它们的主管市场监督机关是合适的。这不应妨碍成员国指定国家主管机关。市场监督活动不应影响被监督组织独立执行任务的能力,特别是在欧盟法律要求这种独立性的情况下。

(157)根据本条例,相关国家公共机关或者组织(包括平等组织和数据保护机关)在监督保护基本权利的欧盟法律实施时,其职责、任务、权力和独立性不受影响。根据其职责的需要,这些国家公共机关或组织还应有权查阅根据本条例创建的任何文件。应制定具体的保障程序,以确保对健康、安全和基本权利构成风险的人工智能系统进行充分和及时的执法。针对此类有风险的人工智能系统的程序应适用于有风险的高风险人工智能系统,违反本条例规定的禁止做法而投放市场、提供服务和使用的被禁系统,以及违反本条例规定的透明度要求而提供的有风险的人工智能系统。

(158) 欧盟金融服务立法包括适用于受监管金融机构在提供这些服务过程中(包括使用人工智能系统时)的内部治理与风险管理规则和要求。为确保统一适用和执行本条例规定的义务以及欧盟金融服务立法的相关规则和要求,负责监督和执行金融服务立法的主管机关,特别是欧洲议会和欧盟理事会第(EU)575/2013号条例①、第2008/48/EC号指令②、第2009/138/EC号指令③、第2013/36/EU号指令④、第2014/17/EU号指令⑤和第(EU)2016/97号指令⑥中定义的主管机关,应在其各自权限范围内被指定为监督本条例实施的主管机关,包括针对受监管和监督的金融机构提供或使用的人工智能系统进行市场监督活动,除非成员国决定指定另一机关履行这些市场监督任务。这些主管机关应拥有本条例和第(EU)2019/1020号条例规定的所有权力,以执行本条例的要求和义务,包括开展上市后市场监督活动的权力,这些活动可酌情纳入相关欧盟金融服务立法规定的现有监督机制和程序。可以设想,在根据本条例作为市场监督机关行事时,负责监督根据第2013/36/EU号指令被监管的信贷机构的国家机关,如果参与了根据欧盟理事会第1024/2013号条例⑦建立的单一监督机制(SSM),则应立即向欧洲中央银行报告在其市场监督活动过程中发现的可能与欧洲中央银行根据该条例规定的审慎监管任务有关的任何信息。为进一步加强本条例与适用于根据欧洲议会和欧盟理事会第2013/36/EU号指令被监管的信贷机构的规则之间的一致性,还应将提供者在风险管理、上市后监测和文件方面的部分程序性义务纳入第2013/36/EU号指令规定的现有义务和程序中。为避免重叠,还应考虑对提供者的质量管理体系和高风险人工智能系统部署者的监控义务进行有限的减损,只要这些义务适用于受第2013/36/EU号指令监管的信贷机构。同样的制度应适用于第2009/138/EU号指令规定的保险和再保险

---

① 欧洲议会和欧盟理事会2013年6月26日关于信贷机构和投资公司审慎要求的第(EU)575/2013号条例,修订了第(EU)648/2012号条例(OJ L 176,27.6.2013,p.1)。
② 欧洲议会和欧盟理事会2008年4月23日关于消费者信贷协议的第2008/48/EC号指令,废除了欧盟理事会第87/102/EEC号指令(OJ L 133,22.5.2008,p.66)。
③ 欧洲议会和欧盟理事会2009年11月25日关于从事和开展保险和再保险业务(偿付能力II)的第2009/138/EC号指令(OJ L 335,17.12.2009,p.1)。
④ 欧洲议会和欧盟理事会2013年6月26日关于信贷机构活动准入和信贷机构及投资公司审慎监管的第2013/36/EU号指令,修订了第2002/87/EC号指令,并废除了第2006/48/EC号指令和第2006/49/EC号指令(OJ L 176,27.6.2013,p.338)。
⑤ 欧洲议会和欧盟理事会2014年2月4日关于与住宅不动产有关的消费者信贷协议的第2014/17/EU号指令,修订了2008/48/EC号指令和2013/36/EU号指令以及第(EU)1093/2010号条例(OJ L 60,28.2.2014, p.34)。
⑥ 欧洲议会和欧盟理事会2016年1月20日关于保险分销的第(EU)2016/97号指令(OJ L 26,2.2.2016, p.19)。
⑦ 欧盟理事会2013年10月15日赋予欧洲中央银行有关信贷机构审慎监管政策的具体任务的第(EU)1024/2013号条例(OJ L 287,29.10.2013,p.63)。

业企业及保险控股公司,以及第 2016/97/EU 号指令规定的保险中介机构和其他类型的金融机构,这些机构须遵守根据相关欧盟金融服务立法制定的内部治理、安排或流程要求,以确保金融部门的一致性和平等待遇。

(159) 对于本条例附件所列的生物特征领域高风险人工智能系统,只要被用于执法、移民、难民和边境控制管理目的或者司法和民主进程,每个市场监督机关都应拥有有效的调查和纠正权力,至少包括获得正在处理的所有个人数据和执行任务所需的所有信息的权力。市场监督机关应能完全独立地行使权力。本条例对其获取敏感操作数据的任何限制,不应影响第(EU)2016/680 号指令赋予其的权力。本条例中关于向国家数据保护机关披露数据的任何除外规定都不应影响这些机关当前或未来超越本条例范围的权力。

(160) 成员国的市场监督机关和欧盟委员会应能够提议联合活动,包括由市场监督机关或市场监督机关与欧盟委员会联合开展联合调查,目的是促进合规、查明不合规情况、提高认识,并就被发现在两个或多个成员国构成严重风险的特定类别的高风险人工智能系统提供与本条例相关的指导。应根据第(EU)2019/1020 号条例第 9 条开展促进合规的联合活动。人工智能办公室应为联合调查提供协调支持。

(161) 对于建立在通用人工智能模型基础上的人工智能系统,有必要明确欧盟和成员国层面的责任和权限。为避免权限重叠,如果人工智能系统基于通用人工智能模型,且模型和系统由同一提供者提供,则应在欧盟层面通过人工智能办公室进行监督,为此,该办公室应拥有第(EU)2019/1020 号条例所指的市场监督机关的权力。在所有其他情况下,国家市场监督机关仍负责人工智能系统的监管。然而,对于部署者可直接用于至少一种被归类为高风险目的的通用人工智能系统,市场监督机关应与人工智能办公室合作,进行合规性评估,并相应地通知人工智能委员会和其他市场监督机关。此外,如果市场监督机关因无法获取与高风险人工智能系统所基于的通用人工智能模型相关的特定信息而无法完成对高风险人工智能系统的调查,市场监督机关应能够请求人工智能办公室提供协助。在这种情况下,应比照适用第(EU)2019/1020 号条例第六章中关于跨境案件互助的程序。

(162) 为了充分利用集中的欧盟专业知识和协同作用,监督和执行通用人工智能模型提供者的义务的权力应该是欧盟委员会的职权。人工智能办公室应能采取一切必要行动,监督本条例在通用人工智能模型方面的有效实施。它应能够根据其监测活动的结果,或应市场监督机关的请求,按照本条例规定的条件,主动调查可能违反有关通用人工智能模型提供者规则的行为。为支持对人工智能办公室进行有效监督,应规定下游提供者可就可能违反通用人工智能模型和人工智能系统提供者规则的行为提出投诉。

（163）为了补充通用人工智能模型的治理系统，科学小组应支持人工智能办公室的监测活动，并可在特定情况下向人工智能办公室发出附条件的警示，触发调查等后续行动。如果科学小组有理由怀疑通用人工智能模型在欧盟层面构成具体和可识别的风险，就应该这样做。此外，如果科学小组有理由怀疑某个通用人工智能模型符合导致被归类为具有系统性风险的通用人工智能模型的标准，也应属于这种情况。为使科学小组具备执行这些任务所需的信息，应建立一个机制，使科学小组能够请求欧盟委员会要求提供者提供文件或信息。

（164）人工智能办公室应能够采取必要行动，监测本条例规定的通用人工智能模型提供者义务的有效实施和遵守情况。人工智能办公室应能根据本条例规定的权力调查可能的违规行为，包括要求提供文件和信息、进行评估，以及要求通用人工智能模型提供者采取措施。在进行评估时，为了利用独立的专业知识，人工智能办公室应能够让独立专家代表其进行评估。应通过要求采取适当措施，包括在发现系统性风险的情况下采取风险缓解措施，以及限制在市场上提供、撤回或召回模型等方式，强制履行义务。作为一种保障措施，在需要本条例规定的程序性权利之外，通用人工智能模型的提供者应享有第（EU）2019/1020号条例第18条规定的程序性权利，这些权利应比照适用，且不影响本条例规定的更具体的程序性权利。

（165）根据本条例的要求开发高风险人工智能系统以外的人工智能系统，可能会使欧盟更多地采用符合伦理和值得信赖的人工智能。应鼓励非高风险人工智能系统的提供者制定行为准则，包括相关治理机制，以促进自愿适用适用于高风险人工智能系统的部分或全部强制性要求，这些要求应根据系统的预期目的和所涉及的较低风险进行调整，并考虑到可用的技术解决方案和行业最佳实践，如模型和数据卡。还应鼓励所有人工智能系统（无论是否高风险）和人工智能模型的提供者，并酌情鼓励其部署者，在自愿的基础上适用与欧盟《可信人工智能伦理准则》的要素、环境可持续性、人工智能素养措施、包容性和多样化的人工智能系统设计和开发等相关的额外要求，包括关注弱势群体和残障人士的无障碍环境，酌情让企业和民间社会组织、学术界、研究机构、工会和消费者保护组织等利益相关方参与设计和开发人工智能系统，以及开发团队的多样性，包括性别平衡。为确保自愿行为准则行之有效，它们应基于明确的目标和关键绩效指标，衡量这些目标的实现情况。此外，在制定准则时，应酌情让企业、民间社会组织、学术界、研究机构、工会及消费者保护组织等利益相关方参与。欧盟委员会可制定举措，包括部门性举措，促进降低阻碍跨境数据交换的技术壁垒，以支持人工智能的发展，包括数据访问基础设施、不同类型数据的语义和技术互操作性。

(166) 重要的是,与产品有关的人工智能系统,根据本条例不属于高风险,因此不需要遵守为高风险人工智能系统规定的要求,在投放市场和提供服务时仍然是安全的。为实现这一目标,欧洲议会和欧盟理事会第(EU)2023/988 号条例①将作为安全网适用。

(167) 为确保欧盟和成员国主管机关之间的信任和建设性合作,参与实施本条例的各方应根据欧盟或成员国法律,尊重在执行任务过程中获得的信息和数据的机密性。他们在执行任务和开展活动时,应特别保护知识产权、商业机密信息和商业秘密、本条例的有效实施、公共和国家安全利益、刑事和行政诉讼程序的完整性以及机密信息的完整性。

(168) 应通过实施处罚和其他强制措施来强制遵守本条例。成员国应采取一切必要措施,确保本条例的规定得到执行,包括对违反本条例规定的行为规定有效、适度和劝阻性的处罚,并尊重一事不再理原则。为了加强和统一对违反本条例行为的行政处罚,应对某些特定违法行为设定行政罚款的上限。在评估罚款金额时,各成员国应根据具体情况考虑所有相关因素,特别是侵权行为及其后果的性质、严重程度和持续时间,以及提供者的规模,尤其是如果提供者是中小企业,包括初创企业。欧洲数据保护专员应有权对本条例范围内的欧盟机构、机关和组织处以罚款。

(169) 本条例对通用人工智能模型提供者规定的义务应通过罚款等方式强制执行。为此,还应对违反这些义务的行为,包括不遵守欧盟委员会根据本条例要求采取的措施的行为规定适当的罚款额度,并根据相称性原则规定适当的时效期限。欧盟委员会根据本条例作出的所有决定均可由欧盟法院根据《欧洲联盟运作条约》进行审查,包括法院根据《欧洲联盟运作条约》第 261 条对处罚的无限管辖权。

(170) 欧盟和成员国法律已经为权利和自由受到人工智能系统使用不利影响的自然人和法人提供了有效的补救措施。在不影响这些补救措施的前提下,任何有理由认为本条例的规定遭到违反的自然人或法人都应有权向相关市场监督机关提出申诉。

(171) 当部署者以本条例中规定的特定高风险系统的输出结果为主要依据作出决定,并对受影响者产生法律效力或对其产生类似的重大影响,从而使他们认为对其健康、安全或基本权利产生不利影响时,受影响者应有权要求获得解释。这种解释应明确而有意义,并应为受影响者行使其权利提供依据。获得解

---

① 欧洲议会和欧盟理事会 2023 年 5 月 10 日关于一般产品安全的第(EU)2023/988 号条例,修订了欧洲议会和欧盟理事会第(EU)1025/2012 号条例、第(EU)2020/1828 号指令,废除了欧洲议会和欧盟理事会第 2001/95/EC 号指令和欧盟理事会第 87/357/EEC 号指令(OJ L 135, 23.5.2023, p.1)。

释的权利不适用于根据欧盟或成员国法律规定有例外或限制的人工智能系统的使用,而应只适用于欧盟法律尚未规定这一权利的情况。

(172)举报违反本条例行为的人员应受到欧盟法律的保护。因此,欧洲议会和欧盟理事会第(EU)2019/1937号指令①应适用于举报违反本条例的行为以及对举报此类违法行为的人员的保护。

(173)为了确保必要时可以调整监管框架,应将根据《欧洲联盟运作条约》第290条采取行动的权力授予欧盟委员会,以便修改以下内容:人工智能系统不被认为是高风险的条件,高风险人工智能系统的清单,有关技术文件的规定,规定符合性评估程序、确定应适用基于质量管理体系评估和技术文件评估的符合性评估程序的高风险人工智能系统的欧盟符合性声明的内容,具有系统性风险的通用人工智能模型的分类规则的阈值、基准和指标,包括对这些基准和指标的补充,具有系统性风险的通用人工智能模型的指定标准,以及通用人工智能模型提供者的技术文档和透明度信息。特别重要的是,欧盟委员会应在筹备工作中开展适当的磋商,包括专家层面的磋商,并按照2016年4月13日《关于更好地制定法律的机构间协议》②规定的原则开展磋商。特别是,为确保平等参与授权法案的准备工作,欧洲议会和欧盟理事会应与成员国专家在同一时间收到所有文件,其专家可系统地参加欧盟委员会专家小组关于授权法案准备工作的会议。

(174)鉴于技术的飞速发展和有效实施本条例所需的专业技术知识,欧盟委员会应在2029年8月2日前以及此后每四年对本条例进行评估和审查,并向欧洲议会和欧盟理事会报告。此外,考虑到对本条例适用范围的影响,欧盟委员会应每年评估一次修订高风险人工智能系统清单和禁止行为清单的必要性。此外,在2028年8月2日之前以及此后每四年,欧盟委员会应进行评估并向欧洲议会和欧盟理事会报告是否有必要修订附件中的高风险领域、第四章透明度义务范围内的人工智能系统、监督和治理系统的有效性,以及关于通用人工智能模型节能开发的标准化可交付成果的开发进度,包括是否有必要采取进一步措施或行动。最后,在2028年8月2日之前以及此后每三年,欧盟委员会应评估自愿行为准则的影响和有效性,以促进适用于高风险系统的要求也适用于其他人工智能系统,以及可能对此类人工智能系统的其他额外要求。

(175)为确保本条例的统一实施条件,应赋予欧盟委员会实施权。这些权力应根据欧洲议会和欧盟理事会第(EU)182/2011号条例③行使。

---

① 欧洲议会和欧盟理事会2019年10月23日关于保护报告违反欧盟法律行为的人员的第(EU)2019/1937号指令(OJ L 305,26.11.2019,p.17)。
② OJ L 123, 12.5.2016, p. 1.
③ 欧洲议会和欧盟理事会2011年2月16日制定成员国控制欧盟委员会行使执行权力机制的规则和一般原则的第(EU)182/2011号条例(OJ L 55,28.2.2011,p.13)。

（176）本条例的目标包括改善内部市场的运作，促进以人为本和值得信赖的人工智能的使用，同时确保高度保护健康、安全、《宪章》所载的基本权利，包括民主、法治和环境保护，防止人工智能系统在欧盟境内造成有害影响，并支持创新。这一目标无法由成员国单独充分实现，但鉴于行动的规模或效果，在欧盟层面可以更好地实现这些目标，因此欧盟可根据《欧盟条约》第5条规定的辅助性原则采取措施。根据该条规定的相称性原则，本条例并未超出实现该目标所必需的范围。

（177）为了确保法律的确定性，确保运营者有适当的适应期，并避免对市场造成干扰，包括确保人工智能系统使用的连续性，本条例适用于在其一般适用日期之前已投放市场和提供服务的高风险人工智能系统，前提是从该日期起，这些系统的设计或预期目的发生重大变化。有必要说明的是，在这方面，"重大变化"的概念应被理解为实质上等同于"实质性修改"的概念，而根据本条例，实质性修改仅用于高风险人工智能系统。作为例外情况并考虑到公共责任，作为本条例附件所列法案所建立的大型信息技术系统组成部分的人工智能系统的运营者，以及打算由公共机关使用的高风险人工智能系统的运营者，应分别采取必要步骤，在2030年年底前和2030年8月2日前遵守本条例的要求。

（178）鼓励高风险人工智能系统的提供者在过渡期内就开始自愿遵守本条例的相关义务。

（179）本条例自2026年8月2日起适用。然而，考虑到与以特定方式使用人工智能有关的不可接受的风险，本条例的禁令和一般规定应从2025年2月2日起适用。虽然这些禁令的全部效力将随着本条例的治理和执行而建立，但预计禁令的适用对于考虑不可接受的风险和对民法等其他程序产生影响是很重要的。此外，与治理和符合性评估系统有关的基础设施应在2026年8月2日之前投入运行，因此，关于公告机构和治理结构的规定应自2025年8月2日起适用。鉴于技术进步和采用通用人工智能模型的速度很快，通用人工智能模型提供者的义务应从2025年8月2日起适用。为了使提供者能够及时证明合规，实践准则应在2025年5月2日前准备就绪。人工智能办公室应确保分类规则和程序随着技术发展而更新。此外，成员国应制定并向欧盟委员会通报处罚规则，包括行政罚款，并确保这些规则在本条例生效之日前得到适当和有效的执行。因此，关于处罚的规定应从2025年8月2日起适用。

（180）根据第（EU）2018/1725号条例第42条第1、2款，欧洲数据保护专员和欧洲数据保护委员会进行了磋商，并于2021年6月18日发表了联合意见：

本条例已通过。

第一章 总　　则

第 1 条　事　　项

1. 本条例的目的是改善内部市场的运作，促进以人为本和值得信赖的人工智能的应用，同时确保对《宪章》所载的健康、安全、基本权利（包括民主、法治和环境保护）的高度保护，使其免受欧盟内人工智能系统的有害影响，并支持创新。

2. 本条例规定：

(a) 关于人工智能系统在欧盟投放市场、提供服务和使用的统一规则；

(b) 禁止特定人工智能行为；

(c) 对高风险人工智能系统的具体要求以及此类系统运营者的义务；

(d) 特定人工智能系统的统一透明度规则；

(e) 通用人工智能模型投放市场的统一规则；

(f) 关于市场监测、市场监督治理和执法的规则；

(g) 支持创新的措施，特别关注中小企业，包括初创企业。

第 2 条　范　　围

1. 本条例适用于：

(a) 在欧盟境内将人工智能系统投放市场或提供服务和将通用人工智能模型投放市场的提供者，无论这些提供者是在欧盟境内设立还是位于第三国；

(b) 在欧盟境内设立或位于欧盟境内的人工智能系统的部署者；

(c) 在第三国设有营业所场或位于第三国的人工智能系统的提供者和部署者，且该系统所产生的输出用于欧盟境内；

(d) 人工智能系统的进口者和分销者；

(e) 以自己的名称或商标将人工智能系统与其产品一起投放市场或提供服务的产品制造者；

(f) 不在欧盟境内的提供者的授权代表；

(g) 位于欧盟境内的受影响者。

2. 对于根据第 6 条第 1 款，与附件一第 B 节所列欧盟协调立法涵盖的产品有关，被归类为高风险人工智能系统的人工智能系统，只有第 6 条第 1 款、第 102

条至第 109 条和第 112 条适用。第 57 条仅适用于本条例对高风险人工智能系统的要求已纳入欧盟协调立法的情况。

3. 本条例不适用于欧盟法律范围之外的区域,在任何情况下都不得影响成员国在国家安全方面的权限,无论成员国委托哪类组织执行与这些权限有关的任务。

本条例不适用于专门为军事、国防或国家安全目的而投放市场、提供服务或者经修改或不经修改而使用的人工智能系统,无论从事这些活动的组织属于何种类型。

本条例不适用于未在欧盟投放市场或提供服务的人工智能系统,如果其输出在欧盟仅用于军事、国防或国家安全目的,则无论开展这些活动的组织属于何种类型。

4. 本条例不适用于第三国公共机关或根据本条第 1 款属于本条例范围内的国际组织,如果这些机关或组织在与欧盟或一个或多个成员国进行执法和司法合作的国际合作或协议框架内使用人工智能系统,条件是该第三国或国际组织在保护个人基本权利和自由方面提供充分保障。

5. 本条例不影响第(EU)2022/2065 号条例第二章规定的中介服务提供者责任条款的适用。

6. 本条例不适用于专门为科学研究和开发目的开发并提供服务的人工智能系统或人工智能模型,包括其输出。

7. 欧盟关于保护个人数据、隐私和通信保密的法律适用于与本条例规定的权利和义务相关的个人数据处理。在不影响本条例第 10 条第 5 款和第 59 条规定的安排的情况下,本条例不得影响第(EU)2016/679 号条例或第(EU)2018/1725 号条例以及第 2002/58/EC 号指令或第(EU)2016/680 号指令。

8. 本条例不适用于人工智能系统或模型在投放市场或提供服务前的任何研究、测试和开发活动;这些活动的开展应遵守适用的欧盟法律。在真实世界条件下进行的测试不在此豁免范围内。

9. 本条例不妨碍与消费者保护和产品安全相关的其他欧盟法案所规定的规则。

10. 本条例不适用于在纯粹个人非专业活动中使用人工智能系统的自然人部署者的义务。

11. 本条例不妨碍欧盟或成员国在雇主使用人工智能系统方面保留或引入更有利于保护劳动者权利的法律、条例或行政规定,也不妨碍鼓励或允许适用更有利于劳动者的集体协议。

12. 本条例不适用于根据自由和开源许可下发布的人工智能系统,除非它们作为高风险人工智能系统或者属于第5条或第50条规定的人工智能系统投放市场或提供服务。

第3条 定 义

为本条例之目的,定义如下：

(1)"人工智能系统"是一种以机器为基础的系统,旨在以不同程度的自主性运行,在部署后可能会表现出适应性,并且为了明确或隐含的目标,从接收到的输入中推断出如何生成输出,如可影响物理或虚拟环境的预测、内容、建议或决策；

(2)"风险"是指发生危害的可能性和危害的严重性的组合；

(3)"提供者"是指开发人工智能系统或通用人工智能模型,或已开发人工智能系统或通用人工智能模型,并将其投放市场或者以自己的名义或商标提供服务的自然人或法人、公共机关、机关或其他组织,无论是付费还是免费；

(4)"部署者"是指在其授权下使用人工智能系统的任何自然人或法人、公共机关、机关或其他组织,但在个人非专业活动中使用人工智能系统的情况除外；

(5)"授权代表"是指位于或设立在欧盟境内的任何自然人或法人,他们已收到并接受人工智能系统或通用人工智能模型提供者的书面授权,分别代表其履行和执行本条例规定的义务和程序；

(6)"进口者"是指位于欧盟境内或者在欧盟境内设立,并将带有欧盟境外自然人或者法人名称或商标的人工智能系统投放市场的任何自然人或者法人；

(7)"分销者"是指供应链中除提供者或进口者外,在欧盟市场上提供人工智能系统的任何自然人或法人；

(8)"运营者"是指提供者、产品制造者、部署者、授权代表、进口者或分销者；

(9)"投放市场"是指在欧盟市场上首次提供人工智能系统或通用人工智能模型；

(10)"在市场上提供"是指在商业活动中提供人工智能系统或通用人工智能模型,供在欧盟市场上销售或使用,无论是付费还是免费；

(11)"提供服务"是指直接向部署者提供人工智能系统,供其首次使用,或供其在欧盟内部用于预期目的；

(12)"预期目的"是指人工智能系统提供者预期的用途,包括提供者在使用说明、宣传或销售材料和声明以及技术文件中提供的信息所规定的具体使用环境和条件；

(13)"合理可预见的滥用"是指人工智能系统的使用不符合其预期目的,但可能是由合理可预见的人类行为或与其他系统(包括其他人工智能系统)的互动造成的;

(14)"安全组件"是指产品或人工智能系统的一个组件,该组件履行该产品或人工智能系统的安全功能,其失灵或发生故障会危及人身或财产的健康和安全;

(15)"使用说明"是指提供者为告知部署者人工智能系统的预期目的和正确使用方法而提供的信息;

(16)"召回人工智能系统"是指任何旨在实现向提供者返还人工智能系统,或者使提供给部署者的人工智能系统停止服务或禁止使用而采取的措施;

(17)"撤销人工智能系统"是指任何旨在阻止供应链中的人工智能系统在市场上提供的措施;

(18)"人工智能系统的性能"是指人工智能系统实现其预期目的的能力;

(19)"通知机关"是指负责制定和实施评估、指定和通知符合性评估机构及其监督所需程序的国家机关;

(20)"符合性评估"是指证明本条例第三章第二节中有关高风险人工智能系统的要求是否得到满足的过程;

(21)"符合性评估机构"是指执行第三方符合性评估活动的组织,包括测试、认证和检查;

(22)"公告机构"是指根据本条例和其他相关欧盟协调立法公告的符合性评估机构;

(23)"实质性修改"是指人工智能系统在投放市场或提供服务后发生的改动,这种改动是提供者在最初的符合性评估中没有预见到或没有计划到的,并因此影响了人工智能系统符合本条例第三章第二节规定的要求,或导致人工智能系统被评估的预期目的发生改动;

(24)"CE 标志"是指提供者用以表明人工智能系统符合本条例第三章第二节和其他适用的关于粘贴要求的欧盟协调立法规定的标志;

(25)"上市后监测系统"是指人工智能系统提供者为收集和审查从使用其投放市场或提供服务的人工智能系统中获得的经验而开展的所有活动,以确定是否需要立即采取任何必要的纠正或预防措施;

(26)"市场监督机关"是指根据第(EU)2019/1020 号条例开展活动和采取措施的国家机关;

(27)"统一标准"是指第(EU)1025/2012 号条例第 2 条第 1 款 c 项定义的统一标准;

(28)"共同规范"是指第(EU)1025/2012号条例第2条第4项中定义的一套技术规格,它提供了遵守本条例规定的特定要求的方法;

(29)"训练数据"是指通过拟合可学习参数来训练人工智能系统的数据;

(30)"验证数据"是指用于评估训练后的人工智能系统并调整其不可学习参数及其学习过程的数据,旨在防止欠拟合或过拟合;

(31)"验证数据集"是指单独的数据集或训练数据集的一部分,可以是固定的或可变的分割数据;

(32)"测试数据"是指用于对人工智能系统进行独立评估的数据,以便在该系统投放市场或提供服务前确认其预期性能;

(33)"输入数据"是指提供给人工智能系统或由人工智能系统直接获取的数据,该系统根据这些数据产生输出;

(34)"生物特征数据"是指通过特定技术处理而产生的与自然人的身体、生理或行为特征有关的个人数据,如面部图像或指纹数据;

(35)"生物特征识别"是指自动识别人的身体、生理、行为或心理特征,通过将该自然人的生物特征数据与数据库中存储的个人生物特征数据进行比较,从而确定该自然人的身份;

(36)"生物特征验证"是指通过将自然人的生物特征数据与先前提供的生物特征数据进行比较,从而对自然人的身份进行一对一的自动验证,包括认证;

(37)"特殊类别个人数据"是指第(EU)2016/679号条例第9条第1款、第(EU)2016/680号指令第10条和第(EU)2018/1725号条例第10条第1款中提及的个人数据类别;

(38)"敏感操作数据"是指与预防、侦查、调查或起诉刑事犯罪活动有关的操作数据,披露这些数据可能危及刑事诉讼的公正性;

(39)"情感识别系统"是指根据自然人的生物特征数据识别或推断其情感或意图的人工智能系统;

(40)"生物特征分类系统"是指根据自然人的生物特征数据将其归入特定类别的人工智能系统,除非它是另一项商业服务的辅助系统,且出于客观技术原因而绝对必要;

(41)"远程生物特征识别系统"是指无须自然人主动参与,通常在远距离通过将个人的生物特征数据与参考数据库中的生物特征数据进行比较来识别自然人的人工智能系统;

(42)"实时远程生物特征识别系统"是指一种远程生物特征识别系统,在该系统中,生物特征数据的采集、比较和识别都没有明显的延迟,不仅包括即时识别,还包括有限的短时延迟,以避免规避;

(43)"事后远程生物特征识别系统"是指除实时远程生物特征识别系统以外的远程生物特征识别系统；

(44)"公共场所"是指任何公有或私有的、可供人数不确定的自然人进入的物理空间，不论是否适用特定进入条件，也不论潜在的容量限制；

(45)"执法机关"是指：

(a) 负责预防、调查、侦查或起诉刑事犯罪或执行刑事处罚的任何公共机关，包括维护公共安全和防范对公共安全的威胁；或

(b) 受成员国法律委托，为预防、调查、侦查或起诉刑事犯罪或执行刑事处罚，包括保障和预防对公共安全的威胁而行使公共权力的任何其他组织或实体；

(46)"执法"是指执法机关或代表执法机关开展的预防、调查、侦查或起诉刑事犯罪或执行刑事处罚的活动，包括保障和预防对公共安全的威胁；

(47)"人工智能办公室"是指欧盟委员会在2024年1月24日的决定中规定的促进人工智能系统和通用人工智能模型的实施、监测和监督以及人工智能治理的职能；本条例中提及的人工智能办公室应被理解为是指欧盟委员会；

(48)"国家主管机关"是指通知机关或市场监督机关；对于由欧盟机构、机关、办公室和组织提供服务和使用的人工智能系统，本条例中提及的国家主管机关或市场监督机关应被理解为是指欧洲数据保护专员；

(49)"严重事件"是指直接或间接导致以下任何情况的人工智能系统事件或故障：

(a) 某人死亡，或某人的健康受到严重损害；

(b) 对重要基础设施的管理或运行造成严重的、不可逆转的破坏；

(c) 违反旨在保护基本权利的欧盟法律规定的义务；

(d) 对财产或环境造成严重损害。

(50)"个人数据"是指第(EU)2016/679号条例第4条第1款所定义的个人数据；

(51)"非个人数据"是指除第(EU)2016/679号条例第4条第1款所定义的个人数据以外的数据；

(52)"画像"是指第(EU)2016/679号条例第4条第4款所定义的画像；

(53)"真实世界测试计划"是指描述在真实世界条件下测试的目标、方法、地理、人口和时间范围、监测、组织和实施的文件；

(54)"沙盒计划"是指参与提供者和主管机关达成的文件，描述在沙盒内进行活动的目标、条件、时间表、方法和要求；

(55)"人工智能监管沙盒"是指由主管机关建立的一个受控框架，该框架为人工智能系统的提供者或潜在提供者提供了在监督规管之下根据沙盒计划在有

限时间内开发、训练、验证和测试人工智能系统的可能性,必要时在现实世界条件下进行;

(56)"人工智能素养"是指提供者、使用者和受影响者在考虑到他们在本条例中的权利和义务的情况下,能够对人工智能系统进行知情部署,并对人工智能的机遇和风险及其可能造成的伤害有所认识的技能、知识和理解;

(57)"真实世界条件测试"是指在实验室或其他模拟环境之外的现实世界条件下,为预期目的对人工智能系统进行的临时测试,目的是收集可靠和稳健的数据,评估和验证人工智能系统是否符合本条例的要求;只要符合第 57 条或第 60 条规定的所有条件,这种测试就不应被视为将人工智能系统投放市场和提供服务;

(58)"受试者",就真实世界测试而言,是指在真实世界条件下参加试验的自然人;

(59)"知情同意"是指受试者在被告知与其决定参与真实世界条件下特定测试相关的所有细节后,自由、具体、明确和自愿地表示愿意参与该测试;

(60)"深度伪造"是指人工智能生成或操纵的图像、音频或视频内容,这些内容与现有的人物、物体、地点、组织或事件相似,会让人误以为是真实的或可信的内容;

(61)"广泛侵权"是指任何违反保护个人利益的欧盟法律的作为或不作为,该作为或不作为:

(a)已经损害或可能损害居住在至少两个成员国中的个人的集体利益,而非以下情况之一的成员国:

(i)该作为或不作为的起源地或发生地;

(ii)相关提供者或其授权代表(如适用)所在地或设立地;或

(iii)在部署者实施侵权行为时部署者的设立地;

(b)已经、正在或可能对个人的集体利益造成损害,并具有共同特征,包括同一非法行为、同一利益受到侵犯,以及由同一运营者在至少三个成员国同时实施;

(62)"关键基础设施"是指提供第(EU)2022/2557 号指令第 2 条第 4 款所指的基本服务所必需的资产、设施、设备、网络或系统,或其中的一部分;

(63)"通用人工智能模型"是指一个人工智能模型,包括使用大量数据进行大规模自我监督训练的人工智能模型,无论该模型以何种方式投放市场,都能显示出显著的通用性,能够胜任各种不同的任务,并可集成到各种下游系统或应用中。这不包括在投放市场前用于研究、开发和原型设计活动的人工智能模型;

(64)"高影响能力"是指与最先进的通用人工智能模型中记录的能力相匹

配或超过的能力；

（65）"系统性风险"是指通用人工智能模型的高影响能力所特有的风险，因其影响范围广而对内部市场产生重大影响，对公众健康、安全、公共安全、基本权利或整个社会产生实际或可合理预见的负面影响，并可在整个价值链中大规模传播；

（66）"通用人工智能系统"是指基于通用人工智能模型的人工智能系统，有能力满足各种目的，既可直接使用，也可集成到其他人工智能系统中；

（67）"浮点运算"是指任何涉及浮点数的数学运算或赋值操作，浮点数是实数的一个子集，在计算机上通常用固定精度的整数乘以固定基数的整数指数的形式表示；

（68）"下游提供者"是指集成了人工智能模型的人工智能系统（包括通用人工智能系统）的提供者，无论该人工智能模型是由其自身提供并进行垂直整合，还是由其他组织基于合同关系提供。

第 4 条　人工智能素养

人工智能系统的提供者和部署者应采取措施，尽最大努力确保其工作人员和代表他们处理人工智能系统操作和使用的其他人员具有足够的人工智能知识水平，同时考虑到他们的技术知识、经验、教育和培训以及人工智能系统的使用环境，并考虑到人工智能系统将用于哪些人或哪些群体。

第二章　被禁止的人工智能行为

第 5 条　被禁止的人工智能行为

1. 下列人工智能行为应被禁止：

（a）在市场上投放、提供服务或使用此类人工智能系统，即采用超越个人意识的潜意识技术或者有目的的操纵或欺骗性技术，其目的或效果是通过显著损害个人或群体作出知情决定的能力，实质性地扭曲他们的行为，从而导致他们作出本不会作出的决定，给个人、他人或群体造成或很可能造成重大伤害；

（b）在市场上投放、提供服务或使用此类人工智能系统，即利用自然人或特定群体因其年龄、残疾或者特定社会经济状况而存在的任何脆弱性，其目的或效

果是实质性地扭曲该人或属于该群体的人的行为,从而给该人或他人造成或很可能造成重大伤害;

(c) 在市场上投放、提供服务或使用此类人工智能系统,即根据自然人或群体在一定时间内的社会行为或者已知、推断或预测的个人或个性特征进行评估或分类,其社会评分导致以下任一或两种情况:

(i) 在与最初生成或收集数据背景无关的社会情境下,对特定自然人或群体造成有害或不利的对待;

(ii) 特定自然人或群体受到与其社会行为或其严重性不相称的有害或不利的对待;

(d) 在市场上投放、提供服务或使用此类人工智能系统,即专门用于对自然人进行风险评估,以评估或预测自然人实施刑事犯罪的风险,其依据完全是对自然人的画像或对其个性特征和行为特质的评估;本禁令不适用于支持人工评估某人是否参与犯罪活动的人工智能系统,因为该评估已经以与犯罪活动直接相关的客观和可核实的事实为依据;

(e) 在市场上投放、提供服务或使用此类人工智能系统,即专门用于通过从互联网或闭路电视监控录像中无针对性地获取面部图像来创建或扩展面部识别数据库;

(f) 在市场上投放、提供服务或使用此类人工智能系统,即专门用于在工作场所和教育机构中推断自然人的情绪,但出于医疗或安全原因打算将人工智能系统投入使用或投放市场的情况除外。

(g) 在市场上投放、提供服务或使用此类生物特征分类系统,即专门根据生物特征数据对自然人进行单独分类,以推断或推测其种族、政治观点、工会成员身份、宗教或哲学信仰、性生活或性取向;这一禁令不包括根据生物特征数据对合法获取的生物特征数据集(如图像)进行标记或过滤,或在执法领域对生物特征数据进行分类;

(h) 为执法目的在公共场所使用"实时"远程生物特征识别系统,除非出于以下目的之一,这种使用是绝对必要的:

(i) 有针对性地搜寻特定的绑架、人口贩运或性剥削受害者,以及搜寻失踪人员;

(ii) 防止对自然人的生命或人身安全造成具体、重大和紧迫的威胁,或防止发生真正且现实的或真正且可预见的恐怖袭击威胁;

(iii) 对涉嫌犯罪的人进行定位或识别,以便对附件二所述罪行进行刑事调查、起诉或执行刑事处罚,这些罪行在有关成员国可处以至少四年的监禁或拘留令;

本款 h 项不影响第（EU）2016/679 号条例第 9 条关于为执法以外目的处理生物特征数据的规定。

2. 为实现第 1 款 h 项所述的任何目标，在公共场所使用"实时"远程生物特征识别系统进行执法时，应仅用于确认特定目标个体的身份，并应考虑到以下因素：

（a）可能使用该系统的情况的性质，特别是如果不使用该系统将造成的危害的严重性、可能性和规模；

（b）使用该系统对所有相关人员的权利和自由的影响，特别是这些影响的严重性、可能性和规模。

此外，为本条第 1 款 h 项所指的任何目标而在公共场所使用"实时"远程生物特征识别系统进行执法时，应根据授权使用该系统的国家法律，遵守与使用有关的必要和相称的保障措施和条件，特别是在时间、地理和个人限制方面。只有在执法机关完成了第 27 条规定的基本权利影响评估，并根据第 49 条在欧盟数据库中登记了该系统的情况下，才可授权在公共场所使用"实时"远程生物特征识别系统。然而，在有正当理由的紧急情况下，可以不在欧盟数据库中登记而开始使用这种系统，条件是这种登记必须在没有不当拖延的情况下完成。

3. 为了本条第 1 款 h 项和第 2 款的目的，在公共场所为执法目的使用"实时"远程生物特征识别系统，应事先获得司法机关或对该使用的决定具有约束力的独立行政机关的授权，授权应根据第 5 款提及的国内法详细规则，在提出合理要求后发出。但是，在有正当理由的紧急情况下，可以不经授权而开始使用该系统，条件是申请授权不得无故拖延，最迟不得超过 24 小时。如果该授权被拒绝，则应立即停止使用，并应立即丢弃和删除所有数据以及使用的结果和输出。

主管司法机关或其决定具有约束力的独立行政机关只有在根据客观证据或向其提交的明确说明，认为使用有关"实时"远程生物特征识别系统对实现本条第 1 款 h 项所规定的目标之一是必要的和相称的，特别是在时间、地理和个人范围方面仍限于绝对必要的情况下，才应给予授权。在对申请作出决定时，该机关应考虑第 2 款中提到的因素。不得仅根据"实时"远程生物特征识别系统的输出结果作出对个人产生不利法律影响的决定。

4. 在不影响第 3 款的情况下，每次为执法目的在公共场所使用"实时"远程生物特征识别系统，均应按照第 5 款提及的国家规则通知有关市场监督机关和国家数据保护机关。通知至少应包含第 6 款规定的信息，不应包括敏感操作数据。

5. 在第 1 款 h 项、第 2 款及第 3 款所列的限度和条件下，成员国可决定完全或部分允许为执法目的在公共场所使用"实时"远程生物特征识别系统的可能性。有关成员国应在其国内法中就第 3 款所述授权的申请、签发和行使以及监督和报告制定必要的详细规则。这些规则还应具体说明,在第 1 款 h 项所列的目标中,包括在 h 项 iii 目所指的刑事犯罪中,主管机关可被授权为执法目的使用这些系统。成员国最迟应在这些规则通过后 30 天内将其通知欧盟委员会。成员国可根据欧盟法律,就远程生物特征识别系统的使用制定限制性更强的法律。

6. 成员国的国家市场监督机关和国家数据保护机关,如被告知根据第 4 款为执法目的在公共场所使用"实时"远程生物特征识别系统,应向欧盟委员会提交关于这种使用情况的年度报告。为此,欧盟委员会应向成员国及其市场监督机关和数据保护机关提供一个模板,其中包括由主管司法机关或其决定具有约束力的独立行政机关根据第 3 款的授权请求所作决定的数量及其结果的信息。

7. 欧盟委员会应在第 6 款所述年度报告的基础上,根据成员国的汇总数据,发布关于为执法目的在公共场所使用实时远程生物特征识别系统的年度报告。这些年度报告不应包括相关执法活动的敏感操作数据。

8. 本条不影响适用于违反其他欧盟法律的人工智能实践的禁令。

第三章　高风险人工智能系统

第一节　高风险人工智能系统的划分

第 6 条　高风险人工智能系统的分类规则

1. 无论人工智能系统是否独立于 a 项和 b 项所述产品投放市场或提供服务,只要满足以下两个条件,该人工智能系统就应被视为高风险系统:
(a) 人工智能系统打算用作产品的安全组件,或者人工智能系统本身就是本条例附件一所列欧盟协调立法所涵盖的产品;
(b) 根据 a 项,其安全组件为人工智能系统的产品,或作为产品的人工智能系统本身,必须接受第三方的符合性评估,以便根据本条例附件一所列的欧盟协调立法,将该产品投放市场或提供服务。

2. 除第 1 款所指的高风险人工智能系统外,本条例附件三所指的人工智能系统也应被视为高风险系统。

3. 根据第 2 款的例外规定,如果附件三中的人工智能系统对自然人的健康、安全或基本权利不构成重大损害风险,包括不会对决策结果产生重大影响,则不应被视为高风险系统。

如果符合以下一项或多项标准,则应适用本款第 1 项:
(a) 人工智能系统的目的是执行狭义的程序任务;
(b) 人工智能系统旨在改进先前完成的人类活动的结果;
(c) 人工智能系统的目的是检测决策模式或偏离先前决策模式的情况,而不是在未经适当人工审查的情况下取代或影响先前完成的人工评估;或
(d) 人工智能系统旨在执行与附件三所列用例有关的评估的准备任务。

尽管有本款第 1 项的规定,但附件三所指的人工智能系统在对自然人进行画像时,应始终被视为高风险系统。

4. 认为附件三所述人工智能系统不是高风险系统的提供者应在该系统投放市场或提供服务之前将其评估结果记录在案。该提供者应履行第 49 条第 2 款规定的登记义务。应国家主管机关的要求,提供者应提供评估文件。

5. 欧盟委员会应在咨询欧洲人工智能委员会后,在 2026 年 2 月 2 日前,根据第 96 条的规定,提供具体实施本条的指导方针,以及一份人工智能系统高风险和非高风险使用案例的综合实例清单。

6. 欧盟委员会有权根据第 97 条通过授权法案,修改本条第 3 款第 2 项规定的条件。只有在有具体可靠的证据表明存在属于附件三范围的人工智能系统,但不会对自然人的健康、安全或基本权利造成重大危害的情况下,欧盟委员会才可根据第 97 条通过授权法案,在第 3 款第 2 项规定的条件之外增加新的条件,或修改这些条件。

7. 欧盟委员会应根据第 97 条通过授权法案,删除第 3 款第 2 项中规定的任何条件,前提是有具体可靠的证据表明这对保持欧盟对健康、安全和基本权利的保护水平是必要的。

8. 根据第 6 款和第 7 款对第 3 款第 2 项规定条件的任何修改,都不得降低对健康、安全和基本权利的总体保护水平,且应确保与根据第 7 条第 1 款通过的授权法案保持一致,并应考虑到市场和技术的发展。

第 7 条　对附件三的修正

1. 欧盟委员会有权根据第 97 条通过授权法案,对附件三进行修改,增加或修改符合以下两个条件的高风险人工智能系统的使用案例:
(a) 人工智能系统打算用于附件三所列的任何领域;
(b) 人工智能系统有可能对健康和安全造成危害,或对基本权利造成不利影

响,而且这种危险等同于或大于附件三中已经提到的高风险人工智能系统造成危害或不利影响的风险。

2. 在评估第1款b项规定的条件时,欧盟委员会应考虑以下标准:

(a) 人工智能系统的预期目的;

(b) 人工智能系统已被使用或可能被使用的程度;

(c) 人工智能系统处理和使用的数据的性质和数量,尤其是是否处理了特殊类别的个人数据;

(d) 人工智能系统自主行事的程度,以及人类推翻可能导致潜在伤害的决定或建议的可能性;

(e) 人工智能系统的使用在多大程度上已经对健康和安全造成了损害,对基本权利产生了不利影响,或在多大程度上引起了人们对这种损害或不利影响的可能性的严重关注,例如,提交给国家主管机关的报告或有据可查的指控,或酌情提交的其他报告所表明的情况;

(e) 人工智能系统的使用在多大程度上已经对健康和安全造成了损害,对基本权利产生了不利影响,或在多大程度上引起了人们对这种损害或不利影响的可能性的严重关注,例如,提交给国家主管机关的报告或有据可查的指控,或酌情提交的其他报告所表明的情况;

(g) 可能受到伤害或不利影响的人对人工智能系统产生的结果的依赖程度,特别是由于实际或法律原因,无法合理地选择不接受该结果;

(h) 权力失衡的程度,或可能受到伤害或遭受不利影响的人相对于人工智能系统部署者而言处于弱势地位的程度,特别是由于地位、权力、知识、经济或社会环境或年龄等原因;

(i) 人工智能系统产生的结果在多大程度上易于纠正或逆转,同时考虑到现有的纠正或逆转的技术解决方案,其中对健康、安全、基本权利有不利影响的结果不应被视为易于纠正或逆转的结果;

(j) 部署人工智能系统对个人、群体或整个社会带来的好处的程度和可能性,包括对产品安全可能带来的改善;

(k) 现有欧盟立法在多大程度上规定了以下方面:

(i) 针对人工智能系统带来的风险采取有效的补救措施,但不包括损害赔偿要求;

(ii) 采取有效措施预防或最大限度地降低这些风险。

3. 欧盟委员会有权根据第97条通过授权法案,修改附件三的清单,以删除同时满足以下两个条件的高风险人工智能系统:

(a) 考虑到第2款所列的标准,有关的高风险人工智能系统不再对基本权利、健康或安全构成任何重大风险；

（b）已删除内容不会降低欧盟法律对健康、安全和基本权利的总体保护水平。

第二节　高风险人工智能系统的要求

第 8 条　需符合的要求

1. 高风险人工智能系统应符合本节规定的要求，同时考虑到其预期目的以及人工智能和人工智能相关技术公认的最新技术水平。在确保遵守这些要求时，应考虑到第 9 条所述的风险管理体系。

2. 如果产品包含人工智能系统，而本条例的要求以及附件一第 A 节所列欧盟协调立法的要求适用于该系统，提供者应负责确保其产品完全符合欧盟协调立法的所有适用要求。在确保第 1 款所述高风险人工智能系统符合本节规定的要求时，为了确保一致性、避免重复和尽量减少额外负担，提供者应可选择酌情将其提供的与产品有关的必要测试和报告流程、信息和文件纳入附件一第 A 节所列欧盟协调立法要求的现有文件和程序中。

第 9 条　风险管理体系

1. 应建立、实施、记录和维护与高风险人工智能系统有关的风险管理体系。

2. 风险管理体系应被理解为在高风险人工智能系统的整个生命周期内规划和运行的一个持续迭代过程，需要定期进行系统审查和更新。它应包括以下步骤：

（a）识别和分析高风险人工智能系统在按照其预期目的使用时可能对健康、安全或基本权利造成的已知和可合理预见的风险；

（b）估计和评估高风险人工智能系统在按照其预期目的和在可合理预见的滥用条件下使用时可能出现的风险；

（c）根据对从第 72 条提及的上市后监测系统中收集的数据的分析，评估其他可能出现的风险；

（d）为应对本款 a 项所确定的风险采取适当的、有针对性的风险管理措施。

3. 本条所指的风险只涉及那些通过开发或设计高风险人工智能系统或提供充分的技术信息可以合理减轻或消除的风险。

4. 第 2 款 d 项提及的风险管理措施应适当考虑本节规定的各项要求的综合应用所产生的影响和可能的相互作用，以便更有效地将风险降至最低，同时在实施这些要求的措施时实现适当的平衡。

5. 第 2 款 d 项所指的风险管理措施应使与每一危险相关的剩余风险以及高风险人工智能系统的整体剩余风险被判定为可以接受。

在确定最合适的风险管理措施时,应确保以下几点:

(a) 通过充分设计和开发高风险人工智能系统,在技术上可行的情况下,消除或减少已确定和可评估的风险,并根据第 2 款进行评估;

(b) 酌情实施适当的缓解和控制措施,以应对无法消除的风险;

(c) 根据第 13 条的规定提供必要的信息,并酌情对部署者进行培训。

为了消除或减少与使用高风险人工智能系统有关的风险,应适当考虑部署者的技术知识、经验、教育、预期培训以及使用该系统的假定环境。

6. 应测试高风险人工智能系统,以确定最合适和最有针对性的风险管理措施。测试应确保高风险人工智能系统能始终如一地达到预期目的,并符合本节规定的要求。

7. 测试程序可包括根据第 60 条在真实世界条件下进行的测试。

8. 高风险人工智能系统的测试应在开发过程中的任何适当时间进行,并且无论如何都应在投放市场或提供服务之前进行。测试应根据事先确定的指标和概率阈值进行,这些指标和阈值应与高风险人工智能系统的预期目的相适应。

9. 在实施第 1 至 7 款所述风险管理体系时,提供者应考虑高风险人工智能系统的预期目的是否可能对 18 岁以下的人产生不利影响,并酌情考虑是否可能对其他弱势群体产生不利影响。

10. 对于高风险人工智能系统的提供者而言,如果其需遵守欧盟法律其他相关条款中有关内部风险管理流程的要求,则第 1 至 9 款所述方面可作为根据该法律制定的风险管理程序的一部分或与之相结合。

第 10 条　数据和数据治理

1. 高风险人工智能系统如使用数据训练模型的技术,在开发时应以符合第 2 至 5 款所述质量标准的训练、验证和测试数据集为基础。

2. 训练、验证和测试数据集应遵守与人工智能系统预期目的相适应的适当数据治理和管理办法。这些做法应特别涉及:

(a) 相关的设计选择;

(b) 数据收集过程和数据来源,如果是个人数据,还应说明收集数据的最初目的;

(c) 相关的数据准备处理操作,如注释、标记、清理、更新、丰富和聚合;

(d) 提出假设,特别是关于数据应衡量和代表的信息的假设;

(e) 评估所需数据集的可用性、数量和适用性；

(f) 考虑到可能出现的偏见，这些偏见可能会影响人员的健康和安全，对基本权利产生负面影响，或导致欧盟法律所禁止的歧视，尤其是在数据输出会影响未来运营投入的情况下；

(g) 采取适当措施，发现、防止和减少根据 f 项确定的可能的偏见；

(h) 确定妨碍遵守本条例的相关数据差距或缺陷，以及如何解决这些差距和缺陷。

3. 训练、验证和测试数据集应具有相关性、足够的代表性，并在最大可能的范围内做到没有错误，而且从预期目的来看是完整的。数据集应具有适当的统计特性，包括在适用的情况下，与打算使用高风险人工智能系统的个人或群体有关的统计特性。数据集的这些特性可以在单个数据集或数据集组合的层面上得到满足。

4. 数据集应在预期目的要求的范围内，考虑到高风险人工智能系统预期使用的具体地理、场景、行为或功能环境所具有的特征或要素。

5. 在确保根据第 2 款 f 项和 g 项对高风险人工智能系统进行偏见检测和纠正的严格必要范围内，此类系统的提供者可例外地处理特殊类别的个人数据，但须采取适当的保障措施以保护自然人的基本权利和自由。除第（EU）2016/679 号条例、第（EU）2018/1725 号条例和第（EU）2016/680 号指令中的规定外，必须满足以下所有条件才能进行此类处理：

(a) 通过处理其他数据，包括合成数据或匿名数据，无法有效地检测和纠正偏见；

(b) 特殊类别的个人数据在重复使用上受到技术限制，并采取最先进的安全和隐私保护措施，包括假名化；

(c) 对特殊类别的个人数据应采取措施，确保所处理的个人数据安全可靠、受到保护、有适当的保障措施，包括严格的访问控制和记录，以避免被滥用，并确保只有负有适当保密义务的授权人员才能访问这些个人数据；

(d) 不得向其他方传送、转让或以其他方式获取特殊类别的个人数据；

(e) 一旦偏差得到纠正或个人数据的保存期届满（以先到者为准），特殊类别的个人数据应被删除；

(f) 根据第（EU）2016/679 号条例、第（EU）2018/1725 号条例和第（EU）2016/680 号指令，处理活动记录包括为什么处理特殊类别的个人数据对于检测和纠正偏见是绝对必要的，以及为什么处理其他数据无法实现该目标。

6. 对于不使用涉及人工智能模型训练技术的高风险人工智能系统的开发，第 2 至 5 款仅适用于测试数据集。

第 11 条 技 术 文 件

1. 高风险人工智能系统的技术文件应在该系统投放市场或提供服务之前编制,并应不断更新。

技术文件的编制应能证明高风险人工智能系统符合本节的要求,并以清晰和全面的形式向国家主管机关和公告机构提供必要的信息,以评估人工智能系统是否符合这些要求。它至少应包含本条例附件四所列的要素。包括初创企业在内的中小企业可以简化方式提供附件四中规定的技术文件要素。为此,欧盟委员会应针对小型和微型企业的需要制定简化的技术文件格式。如果包括初创企业在内的中小企业选择以简化方式提供附件四所要求的信息,则应使用本款中提到的表格。公告机构应接受该表格用于符合性评估。

2. 当涉及附件一第 A 节所列的欧盟协调立法涵盖的产品的高风险人工智能系统在投放市场或提供服务时,应编制一套包含第 1 款规定的所有信息以及这些法律法规所要求的信息的技术文件。

3. 欧盟委员会有权根据第 97 条的规定通过授权法案,对附件四进行必要的修改,以确保在技术进步的情况下,技术文件能提供评估系统是否符合本节要求的所有必要信息。

第 12 条 保 存 记 录

1. 高风险人工智能系统在技术上应允许自动记录系统生命周期内的事件("日志")。

2. 为了确保人工智能系统功能的可追溯程度与系统的预期目的相适应,日志记录功能应能记录以下相关事件:

(a) 识别可能导致人工智能系统出现第 79 条第 1 款意义上的风险或出现实质性修改的情况;

(b) 促进第 72 条所指的上市后监测;和

(c) 监测第 26 条第 5 款所指的高风险人工智能系统的运行。

3. 对于附件三第 1 点 a 项所述的高风险人工智能系统,日志记录功能至少应提供以下内容:

(a) 记录每次使用系统的时间(每次使用的开始日期和时间以及结束日期和时间);

(b) 系统检查输入数据所依据的参考数据库;

(c) 搜索结果匹配的输入数据;

(d) 第 14 条第 5 款所述参与结果核查的自然人的身份信息。

第 13 条　透明度和向部署者提供信息

1. 高风险人工智能系统的设计和开发应确保其操作具有足够的透明度,使部署者能够解释系统的输出并加以适当使用。应确保适当类型和程度的透明度,以遵守第三节中规定的提供者和部署者的相关义务。

2. 高风险人工智能系统应附有适当的数字格式或其他形式的使用说明,其中包括简明、完整、正确和清晰的信息,这些信息应与部署者相关,便于部署者使用和理解。

3. 使用说明应至少包含以下信息:

(a) 提供者的身份信息和联系方式,以及(如适用)其授权代表的身份信息和联系方式;

(b) 高风险人工智能系统的特点、能力和性能限制,包括:

(i) 其预期目的;

(ii) 高风险人工智能系统已经过测试和验证并可预期的准确性水平,包括第 15 条所述的指标、稳健性和网络安全,以及可能对可预期的准确性水平、稳健性和网络安全产生影响的任何已知和可预见的情况;

(iii) 任何已知或可预见的、与高风险人工智能系统按其预期目的使用有关的,或在可合理预见的滥用条件下,可能导致第 9 条第 2 款所述健康和安全或基本权利风险的情况;

(iv) 在适用的情况下,高风险人工智能系统提供与解释其输出相关信息的技术能力和特点;

(v) 在适当情况下,高风险人工智能系统对打算使用该系统的特定个人或群体的性能;

(vi) 在适当情况下,考虑到高风险人工智能系统的预期目的、输入数据的规格,或所使用的训练、验证和测试数据集方面的任何其他相关信息;

(vii) 在适用的情况下,提供使部署者能够解释高风险人工智能系统的输出并加以适当使用的相关信息。

(c) 在初次进行符合性评估时由提供者预先确定的对高风险人工智能系统及其性能所作的更改(如有);

(d) 第 14 条中提到的人工监督措施,包括为便于部署者解释高风险人工智能系统的输出而采取的技术措施;

(e) 所需的计算和硬件资源、高风险人工智能系统的预期寿命,以及任何必要的维护和保养措施,包括其频率,以确保该人工智能系统的正常运行,包括软件更新;

(f) 在相关情况下,说明高风险人工智能系统所包含的机制,使部署者能够根据第 12 条的规定正确收集、储存和解释日志。

第 14 条 人 工 监 督

1. 高风险人工智能系统的设计和开发方式应包括适当的人机界面工具,以便在人工智能系统使用期间能由自然人进行有效监督。

2. 人工监督应旨在防止或最大限度地减少高风险人工智能系统按照预期目的使用或在可合理预见的滥用条件下使用时可能对健康、安全或基本权利造成的风险,特别是在尽管适用了本节规定的其他要求但这种风险依然存在的情况下。

3. 监督措施应与高风险人工智能系统的风险、自主程度和使用环境相称,并应通过以下一种或两种类型的措施来确保:

(a) 在高风险人工智能系统投放市场或提供服务之前,由提供者确定并内置于(在技术上可行时)该系统中的措施;

(b) 在高风险人工智能系统投放市场或提供服务之前,由提供者确定且适合由部署者实施的措施。

4. 为执行第 1、2、3 款,高风险人工智能系统应以被指派进行人工监督的自然人能够适当且与具体情况相称地执行以下任务的方式提供给部署者:

(a) 正确理解高风险人工智能系统的相关能力和局限性,并能对其运行进行适当的监控,以便发现和处理异常情况、故障和未预计到的表现;

(b) 保持对自动依赖或过度依赖高风险人工智能系统输出(自动化偏见)可能性的警觉,尤其是对于为自然人决策提供信息或建议的高风险人工智能系统;

(c) 正确解读高风险人工智能系统的输出,同时考虑到现有的解读工具和方法;

(d) 决定在任何特定情况下不使用高风险人工智能系统,或以其他方式忽略、覆盖或逆转高风险人工智能系统的输出;

(e) 干预高风险人工智能系统的运行,或者通过"停止"按钮或类似程序中断系统,使系统在安全状态下停止运行。

5. 对于附件三第 1 点 a 项所指的高风险人工智能系统,本条第 3 款所指的措施应确保部署者不得根据该系统产生的识别结果采取任何行动或作出任何决定,除非该身份识别已由至少两名具有必要能力、经过培训和具有权限的自然人单独核实和确认。

由至少两名自然人单独核实的要求不应适用于为执法、移民、边境管制或庇护目的而使用的高风险人工智能系统,如果欧盟或成员国法律认为适用这一要求不相称。

第 15 条　准确性、稳健性和网络安全

1. 高风险人工智能系统的设计和开发应使其达到适当的准确性、稳健性和网络安全水平，并在其整个生命周期中始终如一。

2. 为解决如何衡量本条第 1 款规定的准确性和稳健性以及任何其他相关性能指标的技术问题，欧盟委员会应与相关利益方以及计量和基准制定机构等组织合作，酌情鼓励制定基准和衡量方法。

3. 高风险人工智能系统的准确度等级和相关准确度指标应在随附的使用说明中声明。

4. 高风险人工智能系统应尽可能具备应对系统内部或系统运行环境中可能出现的错误、故障或不一致情况的弹性，特别是在与自然人或其他系统交互时。为此，应采取技术和组织措施。

高风险人工智能系统的稳健性可通过技术冗余解决方案来实现，其中可包括备份或故障安全计划。

对于在投放市场或提供服务后继续学习的高风险人工智能系统，应以尽可能消除或减少可能有偏见的输出影响未来操作输入（"反馈回路"）风险的方式进行开发，并确保任何此类反馈回路都能通过适当的缓解措施得到妥善处理。

5. 高风险人工智能系统应具有抵御未经授权的第三方试图利用系统漏洞改变其使用、输出或性能的能力。

旨在确保高风险人工智能系统网络安全的技术解决方案应当适合相关情况和风险。

针对人工智能特定漏洞的技术解决方案应酌情包括以下措施：预防、检测、应对、解决和控制试图篡改训练数据集（"数据中毒"）或用于训练的预训练组件（"模型中毒"）的攻击，旨在导致人工智能模型出错的输入（"对抗样本"或"模型规避"），保密攻击或模型缺陷。

第三节　高风险系统的提供者和部署者以及其他各方的义务

第 16 条　高风险人工智能系统提供者的义务

高风险人工智能系统的提供者应：

(a) 确保高风险人工智能系统符合第二节的要求；

(b) 在高风险人工智能系统上标明其名称、注册商号或注册商标、联系地址,如无法标明,则在其包装或随附文件上标明;

(c) 拥有符合第 17 条规定的质量管理体系;

(d) 保存第 18 条提及的文件;

(e) 在其控制下,保存第 19 条所述高风险人工智能系统自动生成的日志;

(f) 确保高风险人工智能系统在投放市场或提供服务之前,经过第 43 条所述的相关符合性评估程序;

(g) 根据第 47 条的规定,起草欧盟符合性声明;

(h) 根据第 48 条的规定,在高风险人工智能系统上加贴 CE 标志,如无法实现,则在其包装或随附文件上加贴 CE 标志,以表明其符合本条例的规定;

(i) 遵守第 49 条第 1 款规定的登记义务;

(j) 采取必要的纠正措施,并提供第 20 条所要求的信息;

(k) 应国家主管机关的合理要求,证明高风险人工智能系统符合第二节的要求。

(l) 根据第(EU) 2019/882 号指令、第(EU) 2016/2102 号指令,确保高风险人工智能系统符合无障碍要求。

第 17 条 质量管理体系

1. 高风险人工智能系统的提供者应建立质量管理体系,以确保遵守本条例。该体系应以书面政策、程序和指令的形式系统、有序地记录下来,并至少应包括以下方面:

(a) 符合监管合规战略,包括遵守符合性评估程序和管理高风险人工智能系统修改的程序;

(b) 用于高风险人工智能系统的设计、设计控制和设计验证的技术、程序和系统行动;

(c) 用于高风险人工智能系统的开发、质量控制和质量保证的技术、程序和系统行动;

(d) 在高风险人工智能系统开发前、开发中和开发后进行的检查、测试和验证程序及其频率;

(e) 应采用的技术规范,包括标准,在相关的统一标准没有完全采用或没有涵盖第二节中列出的所有相关要求的情况下,用于确保高风险人工智能系统符合这些要求的方法;

(f) 数据管理系统和程序,包括数据采集、数据收集、数据分析、数据标注、数据存储、数据过滤、数据挖掘、数据聚合、数据保留,以及在高风险人工智能系

统投放市场或提供服务之前,或者为了投放市场或提供服务的目的而进行的与数据有关的任何其他操作;

(g) 第 9 条所述的风险管理体系;

(h) 根据第 72 条建立、实施和维护上市后监测系统;

(i) 根据第 73 条报告严重事件的相关程序;

(j) 与国家主管机关、其他相关机构(包括提供或支持数据访问的机构)、公告机构、其他运营者、客户或其他相关方的沟通处理;

(k) 所有相关文件和信息的记录保存系统和程序;

(l) 资源管理,包括与供应安全有关的措施;

(m) 问责制框架,规定管理层和其他工作人员在本款所列各方面的责任。

2. 第 1 款所述方面的实施应与提供者组织的规模相称。无论如何,提供者都应尊重确保其人工智能系统符合本条例所需的严格程度和保护水平。

3. 受相关领域欧盟法律下的质量管理体系或等效功能义务约束的高风险人工智能系统提供者,可以将第 1 款中列出的各方面纳入根据相应法律制定的质量管理体系。

4. 对于受欧盟金融服务立法中的内部治理、安排或流程要求约束的金融机构,除本条第 1 款 g、h、i 项外,通过遵守相关欧盟金融服务立法的内部治理安排或流程规则,即可视为已履行建立质量管理体系的义务。在这种情况下,应考虑本条例第 40 条提及的任何统一标准。

第 18 条 文 件 保 存

1. 在高风险人工智能系统投放市场或提供服务后的 10 年内,提供者应随时向国家主管机关提供以下文件:

(a) 第 11 条提及的技术文件;

(b) 第 17 条所述质量管理体系的相关文件;

(c) 公告机构批准的变更相关文件(如适用);

(d) 公告机构发布的决定和其他文件(如适用);

(e) 第 47 条所述的欧盟符合性声明。

2. 各成员国应确定在提供者或其在成员国境内的授权代表于第 1 款所述期限届满前破产或停止活动的情况下,该款所提及的文件仍可供国家主管机关使用的条件。

3. 受欧盟金融服务立法中的内部治理、安排或流程要求约束的金融机构提供者,应将技术文件作为根据相关欧盟金融服务立法保存的文件的一部分进行维护。

第 19 条　自动生成日志

1. 高风险人工智能系统的提供者应保存高风险人工智能系统自动生成的第 12 条第 1 款所述日志，只要这些日志在其控制范围之内。在不影响适用的欧盟或成员国法律的情况下，日志应至少保存六个月，具体保存期限应与高风险人工智能系统的预期目的相适应，除非适用的欧盟或成员国法律，特别是有关保护个人数据的欧盟法律另有规定。

2. 受欧盟金融服务立法中的内部治理、安排或流程要求约束的金融机构提供者，应将其高风险人工智能系统自动生成的日志作为根据相关金融服务立法保存的文件的一部分进行维护。

第 20 条　纠正措施和提供信息的义务

1. 高风险人工智能系统的提供者如认为或有理由认为其投放市场或提供服务的高风险人工智能系统不符合本条例的规定，应立即采取必要的纠正措施，使该系统符合规定，酌情予以撤销、禁用或召回。他们应通知有关高风险人工智能系统的分销者，并酌情通知部署者、授权代表和进口者。

2. 如果高风险人工智能系统存在第 79 条第 1 款所指的风险，且提供者意识到了该风险，则应立即与报告的部署者(如适用)合作调查原因，并通知负责高风险人工智能系统的市场监督机关，以及(如适用)根据第 44 条为该高风险人工智能系统颁发证书的公告机构，特别是告知其不合规的性质和所采取的任何相关纠正措施。

第 21 条　与主管机关的合作

1. 高风险人工智能系统的提供者应在主管机关提出合理要求时，向该机关提供证明高风险人工智能系统符合第二节规定的要求所必需的所有信息和文件。这些信息和文件应使用有关成员国指定的欧盟机构官方语言之一，且应易于该机关理解。

2. 在主管机关提出合理要求后，提供者还应酌情允许提出要求的主管机关查阅第 12 条第 1 款所述高风险人工智能系统自动生成的日志，只要这些日志在其控制范围之内。

3. 主管机关根据本条规定获得的任何信息均应按照第 78 条规定的保密义务处理。

第 22 条　高风险人工智能系统提供者的授权代表

1. 在欧盟境外设立的提供者在欧盟市场上提供高风险人工智能系统之前，

应通过书面授权,指定一名在欧盟境内设立的授权代表。

2. 提供者应确保其授权代表能够执行本条例规定的任务。

3. 授权代表应执行提供者授权书中规定的任务。授权代表应根据请求,以主管机关确定的欧盟机构官方语言之一,向市场监督机关提供一份授权书副本。根据本条例,授权书应赋予授权代表执行以下任务的权限:

(a) 确认已起草第 47 条中的欧盟符合性声明和第 11 条中的技术文件,提供者已执行适当的符合性评估程序;

(b) 在高风险人工智能系统投放市场或提供服务后的 10 年内,向主管机关和第 74 条第 10 款所指的国家机关或机构提供指定授权代表的提供者的详细联系信息、第 47 条中的欧盟符合性声明副本、技术文件以及(如适用)公告机构签发的证书;

(c) 应合理请求,向主管机关提供证明高风险人工智能系统符合第二节规定要求所需的所有信息和文件,包括本款 b 项所述的信息和文件,包括访问第 12 条第 1 款所述的由高风险人工智能系统自动生成的日志,只要这些日志在提供者的控制之下;

(d) 应在主管机关提出合理请求时,配合其对高风险人工智能系统采取的任何行动,特别是减少和降低高风险人工智能系统带来的风险;

(e) 在适用的情况下,遵守第 49 条第 1 款所述的登记义务,或者如果登记是由提供者自行进行的,则确保本条例附件八第 A 节第 3 点所述的信息正确无误。

授权书应赋予授权代表在所有与确保遵守本条例有关的问题上,可以在提供者之外,直接接受主管机关的问询。

4. 如果授权代表认为或有理由认为提供者的行为违反了本条例规定的义务,则应终止授权。在这种情况下,授权代表应立即向相关市场监督机关与相关公告机构(如适用)通报授权终止及其原因。

第 23 条　进口者的义务

1. 在将高风险人工智能系统投放市场之前,进口者应确保该系统符合本条例的规定,具体包括:

(a) 核实高风险人工智能系统的提供者是否已执行了第 43 条所述的相关符合性评估程序;

(b) 核实提供者是否已根据第 11 条和附件四编制了技术文件;

(c) 核实系统是否带有所需的 CE 标志,并附有第 47 条所述的欧盟符合性声明和使用说明;

(d) 核实提供者是否已根据第 22 条第 1 款指定了授权代表。

2. 如果进口者有充分理由认为高风险人工智能系统不符合本条例的规定，或者是伪造的，或者附有伪造的文件，则进口者在该系统符合规定之前不得将其投放市场。如果高风险人工智能系统存在第 79 条第 1 款所指的风险，进口者应将此情况通知系统提供者、授权代表和市场监督机关。

3. 进口者应在其包装或随附文件（如适用）上标明其名称、注册商号或注册商标，以及与高风险人工智能系统有关的联系地址。

4. 进口者应确保，当高风险人工智能系统在其责任范围内时，储存或运输条件（如适用）不会危及其符合第二节规定的要求。

5. 进口者应在高风险人工智能系统投放市场或提供服务后的 10 年内，保存一份由公告机构颁发的证书（如适用）、使用说明和第 47 条所述的欧盟符合性声明的副本。

6. 进口者应在相关主管机关提出合理要求时，向其提供证明高风险人工智能系统符合第二节要求的所有必要的信息和文件，包括第 5 款所述的保存的信息和文件，且其语言应易于理解。为此，它们还应确保向这些机关提供技术文件。

7. 进口者应与相关主管机关合作，采取任何与进口者投放市场的高风险人工智能系统有关的行动，特别是减少和降低该系统带来的风险。

第 24 条 分销者的义务

1. 在市场上提供高风险人工智能系统之前，分销者应核实该系统是否带有所需的 CE 标志，是否附有第 47 条所述的欧盟符合性声明和使用说明，以及该系统的提供者和进口者是否遵守了第 16 条 b 项、c 项以及第 23 条第 3 款规定的各自义务。

2. 分销者如根据其掌握的信息认为或有理由认为高风险人工智能系统不符合第二节所列的要求，则在该系统符合这些要求之前，不得在市场上提供该系统。此外，如果高风险人工智能系统存在第 79 条第 1 款所指的风险，分销者应酌情将此情况通知该系统的提供者或进口者。

3. 分销者应确保在其负责高风险人工智能系统期间，储存或运输条件不会危及该系统符合第二节规定的要求。

4. 分销者如根据其掌握的信息认为或有理由认为其在市场上提供的高风险人工智能系统不符合第二节所列要求，则应采取必要的纠正措施使该系统符合这些要求，或者撤回或召回该系统，或者确保提供者、进口者或任何相关运营者酌情采取这些纠正措施。如果高风险人工智能系统存在第 79 条第 1 款所指的风险，分销者应立即将此情况通知该系统的提供者或进口者以及相应的高风险人工智能系统主管机关，特别是提供不符合要求的详细情况和所采取的纠正措施。

5. 在相关主管机关提出合理要求后，高风险人工智能系统的分销者应向该主管机关提供其根据第 1 至 4 款采取的行动的所有必要信息和文件，以证明该系统符合第二节规定的要求。

6. 分销者应与相关主管机关合作，采取任何与他们在市场上提供的高风险人工智能系统有关的行动，特别是减少或降低该系统造成的风险。

第 25 条　人工智能价值链上的责任

1. 在下列任何一种情况下，任何分销者、进口者、部署者或其他第三方均应被视为本条例所指的高风险人工智能系统的提供者，并应承担第 16 条规定的提供者义务：

（a）在已投放市场或提供服务的高风险人工智能系统上标注自己的名称或商标，但不影响合同中规定的义务分配方式；

（b）对已投放市场或提供服务的高风险人工智能系统进行实质性修改，但根据第 6 条的规定仍属于高风险人工智能系统；

（c）改变了未被列为高风险的、已投放市场或提供服务的人工智能系统（包括通用人工智能系统）的预期用途，使该人工智能系统成为第 6 条所指的高风险人工智能系统。

2. 如果出现第 1 款所述情况，最初将人工智能系统投放市场或提供服务的提供者将不再被视为本条例所指的特定人工智能系统的提供者。最初提供者应与新提供者密切合作，提供必要的信息和合理预期的技术访问及其他协助，以履行本条例规定的义务，特别是关于高风险人工智能系统符合性评估的义务。本款不适用于最初提供者已明确规定不得将其人工智能系统更改为高风险人工智能系统的情况，因此不承担移交文件的义务。

3. 如果高风险人工智能系统是附件一第 A 节所列欧盟协调立法所涵盖产品的安全组件，则产品制造者应被视为高风险人工智能系统的提供者，并应在以下任一情况下履行第 16 条规定的义务：

（a）高风险人工智能系统与产品一起以产品制造者的名义或商标投放市场；

（b）产品投放市场后，高风险人工智能系统以产品制造者的名义或商标提供服务。

4. 高风险人工智能系统的提供者与提供高风险人工智能系统中使用或集

成的人工智能系统、工具、服务、组件或流程的第三方应通过书面协议,根据公认的技术水平,明确必要的信息、能力、技术访问和其他协助,以使高风险人工智能系统的提供者能够充分履行本条例规定的义务。本款不适用于在自由和开源许可下向公众提供工具、服务、流程或组件(通用人工智能模型除外)的第三方。

人工智能办公室可为高风险人工智能系统提供者与提供高风险人工智能系统使用或集成的工具、服务、组件或流程的第三方之间制定并推荐合同的自愿性示范条款。在制定这些自愿性示范条款时,人工智能办公室应考虑到适用于特定部门或商业案例的可能合同要求。自愿性示范条款应以易于使用的电子格式公布并免费提供。

5. 第2款和第3款不影响根据欧盟法律和成员国法律遵守和保护知识产权、商业机密信息和商业秘密的必要性。

第26条 高风险人工智能系统部署者的义务

1. 高风险人工智能系统的部署者应采取适当的技术和组织措施,确保按照本条第3款和第6款的规定,根据系统所附的使用说明使用这些系统。

2. 部署者应指派具备必要能力、经过培训和享有权限的自然人进行人工监督,并提供必要支持。

3. 第1款和第2款规定的义务不影响部署者根据欧盟或成员国法律承担的其他义务,也不影响部署者为实施提供者指示的人工监督措施而自行安排资源和活动的自由。

4. 在不影响第1款和第2款的情况下,如果部署者对输入数据行使控制权,则应确保输入数据与高风险人工智能系统的预期目的相关并具有充分代表性。

5. 部署者应根据使用说明监控高风险人工智能系统的运行情况,并在必要时根据第72条通知提供者。当部署者有理由认为按照使用说明使用可能导致人工智能系统出现第79条第1款所指的风险时,他们应立即通知提供者或分销者和有关市场监督机关,并暂停使用该系统。如果部署者发现严重事件,也应立即通知提供者,然后通知进口者、分销者和事件相关的市场监督机关。如果部署者无法联系到提供者,则应比照适用第73条。这项义务不包括执法机关作为人工智能系统部署者的敏感操作数据。

对于受欧盟金融服务立法的内部治理、安排或流程要求约束的金融机构部署者而言,遵守相关金融服务立法规定的内部治理安排、流程和机制规则,即视为履行了本款前段规定的监控义务。

6. 高风险人工智能系统的部署者应该保存高风险人工智能系统自动生成

的日志,只要这些日志在其控制范围之内,保存期应与高风险人工智能系统的预期目的相适应,至少为六个月,除非适用的欧盟或成员国法律,特别是欧盟个人数据保护法另有规定。

受欧盟金融服务立法的内部治理、安排或流程要求约束的金融机构部署者应保存日志,作为根据相关欧盟金融服务立法保存的文件的一部分。

7. 在工作场所投入或使用高风险人工智能系统之前,作为雇主的部署者应告知劳动者代表和受影响的劳动者,他们将使用高风险人工智能系统。在适用的情况下,应根据欧盟和成员国法律规定的规则和程序以及关于劳动者及其代表信息通报的实践提供这些信息。

8. 高风险人工智能系统的部署者如果是公共机关或欧盟机构、组织、办公室或机关,则应遵守第49条所述的登记义务。当这些部署者发现他们打算使用的高风险人工智能系统尚未在第71条所指的欧盟数据库中登记时,他们不得使用该系统,并应通知提供者或分销者。

9. 在适用的情况下,高风险人工智能系统的部署者应使用根据本条例第13条提供的信息,以履行其根据第(EU)2016/679号条例第35条或第(EU)2016/680指令第27条开展数据保护影响评估的义务。

10. 在不影响第(EU)2016/680号指令的情况下,在对涉嫌或被判定犯有刑事罪的人进行定向搜查的调查框架内,用于事后远程生物特征识别的高风险人工智能系统的部署者应事先或在不无故拖延且不迟于48小时内,向司法机关或其决定具有约束力并接受司法审查的行政机关请求授权使用该系统,除非该系统用于与罪行直接相关的客观和可核实的事实初步识别潜在嫌疑人的情况。每次使用应仅限于对具体刑事犯罪调查所严格必要的范围。

如果本款第1项规定的授权请求被拒绝,则应立即停止使用与该授权请求相关联的事后远程生物特征识别系统,并删除与高风险人工智能系统的使用相关联的个人数据。

在任何情况下,这种用于事后远程生物特征识别的高风险人工智能系统都不得以无针对性的方式用于执法目的,且不得与刑事犯罪、刑事诉讼、真正且现实的或真正且可预见的刑事犯罪威胁或寻找具体的失踪人员无关。应确保执法机关不得仅根据这种事后远程生物特征识别系统的输出结果作出对个人产生不利法律影响的决定。

本款不影响关于生物特征数据处理的第(EU)2016/679号条例第9条和第(EU)2016/680号指令第10条的规定。

无论目的或部署者如何,此类高风险人工智能系统的每次使用都应记录在相关警方档案中,并应根据要求提供给相关市场监督机关和国家数据保护机关,但不包括与执法有关的敏感操作数据的披露。本项不得损害第(EU)2016/680号指令赋予监管机关的权力。

部署者应向有关市场监督机关和国家数据保护机关提交年度报告,说明其使用事后远程生物特征识别系统的情况,但不包括披露与执法有关的敏感操作数据。报告可以汇总以涵盖多个部署情况。

成员国可根据欧盟法律,对使用事后远程生物特征识别系统制定限制性更强的法律。

11. 在不影响本条例第50条的情况下,附件三所述高风险人工智能系统的部署者在作出或协助作出与自然人有关的决定时,应告知自然人其使用了高风险人工智能系统。对于用于执法目的的高风险人工智能系统,应适用第(EU)2016/680号指令第13条的规定。

12. 部署者应与相关主管机关合作,采取与高风险人工智能系统有关的任何行动,以执行本条例。

第27条 高风险人工智能系统的基本权利影响评估

1. 在部署第6条第2款所指的高风险人工智能系统之前,除打算用于附件三第2点所列领域的高风险人工智能系统外,受公法管辖的组织或提供公共服务的私营组织,以及附件三第5点b项和c项所指的高风险人工智能系统的部署者,应评估使用这种系统可能对基本权利产生的影响。为此,部署者应进行如下评估:

(a) 描述部署者按照预期目的使用高风险人工智能系统的流程;

(b) 说明每个高风险人工智能系统的使用期限和频率;

(c) 在特定情况下,可能受其使用影响的自然人和群体的类别;

(d) 考虑到提供者根据第13条提供的信息,可能对根据本款c项确定的各类自然人或群体产生影响的具体伤害风险;

(e) 根据使用说明,说明人工监督措施的执行情况;

(f) 当这些风险出现时应采取的措施,包括内部管理和投诉机制的安排。

2. 本条第1款规定的义务适用于高风险人工智能系统的首次使用。在类似情况下,部署者可依赖以前进行的基本权利影响评估或提供者进行的现有影响评估。如果在使用高风险人工智能系统期间,部署者认为第1款所列的任何要素已发生变化或不再是最新的,部署者应采取必要措施更新信息。

3. 一旦进行了本条第1款所述的评估,部署者应将评估结果通知市场监督机关,并提交填写好的本条第5款所述的模板,作为通知的一部分。在第46条第1款所述情况下,部署者可免除通知义务。

4. 如果本条所规定的任何义务已在根据第（EU）2016/679 号条例第 35 条或第（EU）2016/680 号指令第 27 条进行的数据保护影响评估中得到遵守，则本条第 1 款所述基本权利影响评估应作为该数据保护影响评估的补充。

5. 人工智能办公室应开发一个问卷模板，包括通过自动化工具，方便部署者以简化的方式履行本条规定的义务。

第四节　通知机关和公告机构

第 28 条　通　知　机　关

1. 每个成员国应指定或设立至少一个通知机关，负责制定和实施评估、指定和通知符合性评估机构及其监督的必要程序。这些程序应由所有成员国的通知机关合作制定。

2. 成员国可根据第（EC）765/2008 号条例及其含义，决定第 1 款所述的评估和监督的国家认证机构。

3. 通知机关的设立、组织和运作不应与符合性评估机构有利益冲突，并确保其活动的客观性和公正性。

4. 通知机关的组织方式应确保，与符合性评估机构通知相关的决定由对这些机构进行评估以外的主管人员作出。

5. 通知机关不得提供或进行符合性评估机构开展的活动，也不得以商业或竞争的方式提供任何咨询服务。

6. 通知机关应根据第 78 条的规定为其获得的信息保密。

7. 通知机关应配备足够数量的称职人员，适当履行其任务。称职人员应酌情具备其职能所需的信息技术、人工智能和法律等领域的专业知识，包括对基本权利的监督。

第 29 条　符合性评估机构的通知申请

1. 符合性评估机构应向其所在成员国的通知机关提交通知申请。

2. 通知申请应附有对符合性评估活动、符合性评估模块和符合性评估机构声称有能力处理的人工智能系统类型的说明，以及由国家认证机构颁发的认证证书（如有），证明符合性评估机构符合第 31 条规定的要求。

申请公告机构根据任何其他欧盟协调立法的现有指定相关的任何有效文件也应包括在内。

3. 如果有关符合性评估机构不能提供认证证书，则应向通知机关提供所有必要的文件证据,以核查、认可和定期监测是否符合第 31 条规定的要求。

4. 对于根据任何其他欧盟协调立法指定的公告机构,与这些指定相关的所有文件和证书可酌情用于支持本条例规定的指定程序。公告机构应在发生相关变更时更新本条第 2 款和第 3 款提及的文件,以便负责公告机构的机关能够监测和核查其是否持续遵守第 31 条规定的所有要求。

第 30 条 通知程序

1. 通知机关只能通知符合第 31 条要求的符合性评估机构。

2. 通知机关应使用由欧盟委员会开发和管理的电子通知工具,将第 1 款提及的每个符合性评估机构通知欧盟委员会和其他成员国。

3. 本条第 2 款所指的通知应包括符合性评估活动的全部细节、符合性评估模块、有关人工智能系统的类型以及相关的能力证明。如果通知不是以第 29 条第 2 款所述的认证证书为依据,则通知机关应向欧盟委员会和其他成员国提供书面证据,证明符合性评估机构的能力,以及为确保该机构将受到定期监督并将继续满足第 31 条规定的要求而作出的安排。

4. 在通知机关发出包含第 29 条第 2 款所述认可证书的通知后两周内,或在通知机关发出包含第 29 条第 3 款所述书面证据的通知后两个月内,若欧盟委员会或其他成员国未提出异议,有关符合性评估机构可开展公告机构的活动。

5. 如有异议,欧盟委员会应立即与相关成员国和符合性评估机构进行磋商。欧盟委员会应据此决定授权是否合理,并将其决定通知相关成员国和符合性评估机构。

第 31 条 与公告机构有关的要求

1. 公告机构应根据成员国的国内法成立,并具有法人资格。

2. 公告机构应满足完成任务所需的组织、质量管理、资源和流程要求,以及适当的网络安全要求。

3. 公告机构的组织结构、职责分配、报告流程和运作应确保人们对其开展的符合性评估活动及其结果有信心。

4. 公告机构在对高风险人工智能系统进行符合性评估活动时应独立于系统的提供者。公告机构还应独立于任何对所评估的高风险人工智能系统有经济利益的其他运营者,以及提供者的任何竞争对手。这并不妨碍符合性评估机构使用为其运作所必需的经评估的高风险人工智能系统,或将此类系统用于个人目的。

5. 符合性评估机构及其高级管理层和负责执行符合性评估任务的人员不

得直接参与高风险人工智能系统的设计、开发、营销或使用,也不得代表参与这些活动的各方。他们不得从事任何可能与其被通知的符合性评估相关的独立判断或诚信有冲突的活动。这尤其适用于咨询服务。

6. 公告机构的组织和运作应保障其活动的独立性、客观性和公正性。公告机构应记录和实施保障公正性的结构和程序,并在其整个组织、人员和评估活动中促进和应用公正性原则。

7. 公告机构应制定书面程序,确保其工作人员、委员会、子公司、分包方和任何相关机构或外部机构的人员遵守第 78 条的规定,对其在开展符合性评估活动期间掌握的信息保密,除非法律要求披露。公告机构的工作人员有义务对在执行本条例规定的任务过程中获得的所有信息保守职业秘密,但与开展活动的成员国的通知机关有关的信息除外。

8. 公告机构应制定开展活动的程序,这些程序应适当考虑到企业的规模、所处行业、结构以及有关人工智能系统的复杂程度。

9. 公告机构应为其符合性评估活动投保适当的责任保险,除非责任由其所在成员国根据国内法承担,或该成员国本身直接负责符合性评估。

10. 公告机构应能够以最高程度的专业操守和特定领域的必要能力执行本条例赋予它们的所有任务,无论这些任务是由公告机构自己执行,还是代表其执行并由其负责。

11. 公告机构应具备足够的内部能力,以便能够有效地评估外部各方代表其执行的任务。公告机构应长期拥有足够的行政、技术、法律和科学人员,这些人员应具备与相关类型的人工智能系统、数据和数据计算以及第二节规定的要求有关的经验和知识。

12. 公告机构应参与第 38 条所述的协调活动。公告机构还应直接参加或派代表参加欧洲标准化组织,或确保了解和掌握相关标准的最新情况。

第 32 条　推定符合与公告机构有关的要求

如果符合性评估机构证明其符合相关统一标准或部分标准的要求,而这些标准的参考资料已在《欧盟官方公报》上公布,则应推定该机构符合第 31 条规定的要求,只要适用的统一标准涵盖了这些要求。

第 33 条　公告机构的子公司和分包合同

1. 如果公告机构将与符合性评估有关的具体任务分包或求助于子公司,应确保分包方或子公司符合第 31 条规定的要求,并相应地通知通知机关。

2. 公告机构应对分包方或子公司(无论其设立在何处)执行的任务负全部

责任。

3. 只有在征得提供者同意的情况下,才可将活动分包或由子公司开展。公告机构应公布其子公司名单。

4. 与分包方或子公司的资格评估以及它们根据本条例开展的工作有关的文件,应自分包终止之日起五年内交由通知机关保存。

第 34 条 公告机构的运作义务

1. 公告机构应按照第 43 条所述的符合性评估程序,核查高风险人工智能系统是否符合要求。

2. 公告机构在开展活动时应避免给提供者造成不必要的负担,并适当考虑到企业的规模、所处行业、结构和有关高风险人工智能系统的复杂程度。应特别注意尽量减少欧盟委员会第 2003/361/EC 号建议书中定义的微型和小型企业的行政负担和合规成本。尽管如此,公告机构仍应尊重本条例对高风险人工智能系统合规性所要求的严格程度和保护水平。

3. 公告机构应向第 28 条所述的通知机关提供并按要求提交所有相关文件,包括提供者的文件,以便该机构开展评估、指定、通知和监测活动,并为本节概述的评估提供便利。

第 35 条 根据本条例指定的公告机构的识别号和名单

1. 欧盟委员会应为每个公告机构分配一个唯一的识别号,即使该机构根据多项欧盟法案被通知。

2. 欧盟委员会应公布根据本条例通知的机构名单,包括分配给它们的识别号和它们被通知的活动。欧盟委员会应确保不断更新该名单。

第 36 条 通 知 变 更

1. 通知机关应通过第 30 条第 2 款提及的电子通知工具,向欧盟委员会和其他成员国通报公告机构通知的任何相关变更。

2. 第 29 条和第 30 条所述程序适用于通知范围的扩展。

对于除扩大范围以外的通知变更,应适用本条第 3 至 9 款规定的程序。

3. 如果公告机构决定停止其符合性评估活动,应尽快告知通知机关和有关提供者,并在计划停止活动的情况下,至少提前一年告知通知机关和有关提供者。公告机构的证书在其停止活动后九个月内继续有效,条件是另一个公告机构已书面确认它将承担这些证书所涵盖的高风险人工智能系统的责任。新的公告机构应在该期限结束前完成对受影响的高风险人工智能系统的全面评估,然后再为这些系统签发新的证书。如果公告机构已停止活动,通知机关应撤销指定。

4. 如果通知机关有充分的理由认为公告机构不再符合第31条规定的要求,或者认为公告机构未能履行其义务,通知机关应立即尽最大努力调查此事。在这种情况下,它应将提出的反对意见通知有关公告机构,并给予其发表意见的机会。如果通知机关得出结论认为,公告机构不再符合第31条规定的要求,或未能履行其义务,则应根据未能符合这些要求或未能履行这些义务的严重程度,酌情限制、中止或撤销指定。它应立即向欧盟委员会和其他成员国通报有关情况。

5. 如果其指定被中止、限制或全部或部分撤销,公告机构应在10天内通知有关提供者。

6. 在限制、中止或撤销指定的情况下,通知机关应采取适当步骤,确保保存有关公告机构的档案,并应其他成员国的通知机关和市场监督机关的要求,向其提供这些档案。

7. 在限制、中止或撤销指定的情况下,通知机关应:

(a) 评估公告机构颁发的证书的影响;

(b) 在通知更改指定后的三个月内,向欧盟委员会和其他成员国提交调查结果报告;

(c) 要求公告机构在主管机关确定的合理期限内,中止或撤销任何不当发放的证书,以确保市场上的高风险人工智能系统符合要求;

(d) 向欧盟委员会和成员国通报其要求中止或撤销的证书;

(e) 向提供者注册营业地所在成员国的国家主管机关提供其要求中止或撤销的证书的所有相关信息。该主管机关应在必要时采取适当措施,避免对健康、安全或基本权利造成潜在风险。

8. 除不当签发的证书和指定被中止或限制的情况外,证书在以下情况下仍然有效:

(a) 通知机关在中止或限制后一个月内确认,受中止或限制影响的证书不存在健康、安全或基本权利方面的风险,并且通知机关已制定了纠正中止或限制的行动时间表;或

(b) 通知机关已确认在中止或限制期间不会签发、修改或重新签发与中止有关的证书,并说明公告机构是否有能力在中止或限制期间继续监督和负责已签发的现有证书。如果通知机关确定公告机构没有能力支持已签发的现有证书,证书所涉系统的提供者应在中止或限制后的三个月内,以书面形式向其注册营业地所在成员国的国家主管机关确认,另一合格的公告机构将临时承担公告

机构的职能,以在中止或限制期间对证书进行监督并继续负责。

9. 除证书签发不当和指定被撤销的情况外,在下列情况下,证书的有效期应为九个月:

(a) 证书所涉高风险人工智能系统的提供者的注册营业地所在成员国的国家主管机关已确认有关系统对健康、安全和基本权利没有风险;

(b) 另一公告机构已书面确认将立即对这些系统承担责任,并将在撤销指定后十二个月内完成对这些系统的评估。

在本款第 1 项提及的情况下,证书所涉系统的提供者的营业地所在成员国的国家主管机关可将证书的临时有效期再延长三个月,但总共不得超过十二个月。

国家主管机关或受指定变更影响承担公告机构职能的公告机构应立即将此事通知欧盟委员会、其他成员国和其他公告机构。

第 37 条　对公告机构权限的挑战

1. 如有理由怀疑公告机构的能力或怀疑公告机构是否继续履行第 31 条规定的要求及其适用的责任,欧盟委员会应在必要时对所有情况进行调查。

2. 通知机关应根据要求向欧盟委员会提供与通知或保持有关公告机构权限相关的所有信息。

3. 欧盟委员会应确保在根据本条进行调查的过程中获得的所有敏感信息按照第 78 条的规定得到保密处理。

4. 如果欧盟委员会确定某一公告机构不符合或不再符合其通知的要求,则应将此情况告知发出通知的成员国,并要求其采取必要的纠正措施,包括必要时中止或撤销通知。如果成员国未采取必要的纠正措施,欧盟委员会可通过实施法案中止、限制或撤销(对公告机构的)指定。该实施法案应根据第 98 条第 2 款所述审查程序通过。

第 38 条　公告机构的协调

1. 对于高风险人工智能系统,欧盟委员会应确保根据本条例在符合性评估程序中积极开展活动的公告机构之间进行适当的协调与合作,并以公告机构部门小组的形式妥善运作。

2. 通知机关应确保其所通知的公告机构直接或通过指定的代表参与第 1 款所述的小组工作。

3. 欧盟委员会应促进通知机关之间交流知识和最佳实践。

第 39 条　第三国的符合性评估机构

根据与欧盟缔结了协议的第三国法律建立的符合性评估机构，只要符合第 31 条列出的要求或确保同等水平的合规性，即可被授权开展本条例规定的公告机构活动。

第五节　标准、符合性评估、证书、注册

第 40 条　统一标准和标准化交付成果

1. 高风险人工智能系统或通用人工智能模型若符合统一标准或其中部分标准，而这些标准的参考资料已根据第（EU）1025/2012 号条例在《欧盟官方公报》上公布，则应被推定为符合本章第二节规定的要求，或在适用情况下，符合本条例第五章第二节和第三节规定的义务，只要这些标准涵盖了这些要求或义务。

2. 欧盟委员会应根据第（EU）1025/2012 号条例第 10 条，在不无故拖延的情况下，发布涵盖本章第二节规定的所有要求以及本条例第五章第二节和第三节规定的适用义务的标准化申请（如适用）。标准化申请还应要求提供有关报告和文件流程的交付成果，以改善人工智能系统的资源性能，如减少高风险人工智能系统在其生命周期内的能源消耗和其他资源消耗，以及有关通用人工智能模型的节能开发。在准备标准化申请时，欧盟委员会应咨询欧洲人工智能委员会和相关利益方，包括咨询论坛。

在向欧洲标准化组织发出标准化请求时，欧盟委员会应规定标准必须明确、一致，包括与附件一所列现有欧盟协调立法所涵盖产品的各部门制定的标准一致，并旨在确保在欧盟投放市场或提供服务的高风险人工智能系统或通用人工智能模型符合本条例规定的相关要求或义务。

欧盟委员会应要求欧洲标准化组织提供证据，证明其根据第（EU）1025/2012 号条例第 24 条的规定，为实现本条第 1、2 款所述目标而作出的最大努力。

3. 标准化进程的参与者应努力促进人工智能领域的投资和创新，包括通过提高法律确定性以及欧盟市场的竞争力和增长，促进加强标准化方面的全球合作，同时考虑到人工智能领域符合欧盟价值观、基本权利和利益的现有国际标准，并应根据第（EU）1025/2012 号条例第 5、6、7 条，加强多方利益相关者治理，确保利益的均衡代表和所有利益相关方的有效参与。

第 41 条　共 同 规 范

1. 在满足以下条件的情况下，欧盟委员会可以通过实施法案，为本章第二

节规定的要求或第五章第二节和第三节规定的义务(如适用)制定共同规范:

(a)根据第(EU)1025/2012号条例第10条第1款,欧盟委员会已请求一个或多个欧洲标准化组织为本章第二节所列要求或第五章第二节和第三节规定的义务(如适用)起草一份统一标准,并且

(i)该请求未被任何欧洲标准化组织接受;或

(ii)未在第(EU)1025/2012号条例第10条第1款规定的最后期限内交付满足该请求的统一标准;或

(iii)相关的统一标准没有充分解决基本权利问题;或

(iv)统一标准不符合要求;以及

(b)根据第(EU)1025/2012号条例,本章第二节所述要求或第五章第二节和第三节所述义务(如适用)所涉及的统一标准的参考资料尚未在《欧盟官方公报》上公布,并且预计在合理期限内也不会公布此类参考资料。

在起草共同规范时,欧盟委员会应咨询第67条所述的咨询论坛。

本款第1项所述的实施法案应按照第98条第2款所述的审查程序通过。

2. 在起草实施法案之前,欧盟委员会应通知第(EU)1025/2012号条例第22条提及的委员会,其认为本条第1款规定的条件已得到满足。

3. 符合第1款所述共同规范或这些规范的部分内容的高风险人工智能系统或通用人工智能模型应被推定为符合本章第二节规定的要求,或者在适用的情况下符合第五章第二节和第三节所述的义务,如果这些共同规范涵盖了这些要求或义务。

4. 如果欧洲标准化组织通过了一项统一标准,并建议欧盟委员会在《欧盟官方公报》上公布其参考资料,欧盟委员会应根据第(EU)1025/2012号条例对该统一标准进行评估。在《欧盟官方公报》上公布统一标准的参考资料时,欧盟委员会应废除第1款提及的实施法案,或者废除其中涵盖本章第二节规定的相同要求或第五章第二节和第三节规定的相同义务(如适用)的部分。

5. 如果高风险人工智能系统或通用人工智能模型的提供者未遵守第1款中提到的共同规范,他们应充分证明已采用的技术解决方案符合本章第二节规定的要求,或者已遵守第五章第二节和第三节中规定的义务(如适用),至少达到与之相当的水平。

6. 如果成员国认为某项共同规范不完全符合本章第二节规定的要求,或者不符合第五章第二节和第三节规定的义务(如适用),则应将此情况通知欧盟委员会并作出详细解释。欧盟委员会应评估该信息,并酌情修订确立相关共同规范的实施法案。

第 42 条　推定符合特定要求

1. 如果高风险人工智能系统经过训练和测试,其数据反映了拟使用该系统的特定地理、行为、场景或功能环境,则应推定该系统符合第 10 条第 4 款规定的相关要求。

2. 高风险人工智能系统如果根据第(EU)2019/881 号条例的网络安全计划已获得认证或发布符合性声明,且其参考资料已在《欧盟官方公报》上公布,则应推定其符合本条例第 15 条规定的网络安全要求,前提是网络安全证书或符合性声明或上述文件的部分内容涵盖了这些要求。

第 43 条　符合性评估

1. 对于附件三第 1 点所列的高风险人工智能系统,如果在证明高风险人工智能系统符合本章第二节规定的要求时,提供者采用了第 40 条所述的统一标准,或在适用的情况下采用了第 41 条所述的共同规范,则提供者应选择下列符合性评估程序之一:

(a) 附件六所述的内部控制;或

(b) 在附件七所述公告机构的参与下,评估质量管理体系和技术文件。

在证明高风险人工智能系统符合第二节所列要求时,提供者应遵循附件七所列的符合性评估程序,其中:

(a) 第 40 条所述的统一标准不存在,第 41 条所述的共同规范也不可用;

(b) 提供者未采用或仅采用了部分统一标准;

(c) a 项中提到的共同规范存在,但提供者尚未应用;

(d) a 项中提及的一项或多项统一标准在发布时受到限制,且仅限于标准中受到限制的部分。

为了进行附件七规定的符合性评估程序,提供者可以选择任何公告机构。然而,如果高风险人工智能系统是由执法、移民或庇护机关或者由欧盟机构、组织、办公室或机关提供服务的,则第 74 条第 8 款或第 9 款所述的市场监督机关(如适用)作为公告机构。

2. 对于附件三第 2 至 8 点所述的高风险人工智能系统,提供者应遵循附件六所述的基于内部控制的符合性评估程序,该程序未规定公告机构的参与。

3. 对于附件一第 A 节所列欧盟协调立法所涵盖的高风险人工智能系统,提供者应遵循这些法案所要求的相关符合性评估程序。本章第二节规定的要求应适用于这些高风险人工智能系统,并应成为评估的一部分。附件七第 4.3、4.4、4.5 点和第 4.6 点的第 5 段也应适用。

为进行该评估,上述法案公示的公告机构有权控制高风险人工智能系统是否符合本章第二节规定的要求,条件是这些公告机构是否符合第 31 条第 4、5、10 和 11 款规定的要求已根据上述法案的通知程序进行了评估。

如果附件一第 A 节所列的法案使产品制造者可以选择不进行第三方符合性评估,前提是该制造者必须采用了涵盖全部相关要求的统一标准,则该制造者只有在同时采用了涵盖本章第二节所列要求的统一标准或第 41 条所述的共同规范(如适用)的情况下才能使用该选项。

4. 已经接受过符合性评估程序的高风险人工智能系统,在进行实质性修改时,无论修改后的系统是拟进一步分发,还是由当前的部署者继续使用,都应接受新的符合性评估程序。

对于投放市场或提供服务后仍在继续学习的高风险人工智能系统,如果提供者在初次进行符合性评估时已预先确定对高风险人工智能系统及其性能的更改,而且这些更改是附件四第 2 点 f 项所述技术文件所载信息的一部分,则不应构成实质性修改。

5. 欧盟委员会有权根据第 97 条通过授权法案,以便根据技术发展情况修订附件六和附件七。

6. 欧盟委员会有权根据第 97 条通过授权法案,以便修改本条第 1 款和第 2 款,将附件三第 2 至 8 点所述的高风险人工智能系统纳入附件七或其部分内容所述的符合性评估程序。欧盟委员会在通过这些授权法案时,应考虑到附件六所述的基于内部控制的符合性评估程序在预防或最大限度地降低此类系统对健康和安全造成的风险以及对基本权利的保护方面的有效性,以及公告机构是否具备足够的能力和资源。

第 44 条 证 书

1. 公告机构根据附件七颁发的证书应采用公告机构所在成员国有关机关易于理解的语言。

2. 证书的有效期为:附件一所列人工智能系统不超过五年,附件三所列人工智能系统不超过四年。经提供者申请,证书的有效期可根据适用的符合性评估程序延长,对附件一所列的人工智能系统,每次延长不得超过五年,对附件三所列的人工智能系统,每次延长不得超过四年。任何证书的补充部分在其所补充的证书的有效期内继续有效。

3. 如果公告机构发现人工智能系统不再符合本章第二节规定的要求,则应考虑到相称性原则,中止或撤销颁发的证书或对其施加限制,除非该系统提供者在公告机构规定的适当截止期限内采取适当的纠正措施,确保符合这些要求。

公告机构应说明其决定的理由。

对公告机构的决定,包括对颁发符合性证书的决定,应有上诉程序。

第 45 条 公告机构的信息义务

1. 公告机构应向通知机关通报以下事项:

(a) 根据附件七的要求签发的任何欧盟技术文件评估证书及其补充文件,以及质量管理体系认证;

(b) 任何拒绝、限制、中止或撤销根据附件七的要求签发的欧盟技术文件评估证书或质量管理体系认证;

(c) 影响通知范围或通知条件的任何情况;

(d) 市场监督机关就符合性评估活动提出的任何信息要求;

(e) 根据要求,提供在其通知范围内开展的符合性评估活动以及任何其他活动,包括跨境活动和分包活动。

2. 每个公告机构应将下列情况通知其他公告机构:

(a) 该机构拒绝、中止或撤销的质量管理体系认证,并应要求提供其已签发的质量管理体系认证;

(b) 该机构拒绝、撤销、中止或以其他方式被限制的欧盟技术文件评估证书或其任何补充文件,并应要求提供已签发的证书和/或补充文件。

3. 每个公告机构应向其他开展类似符合性评估活动的公告机构提供有关负面符合性评估结果问题的相关信息,并应要求提供正面符合性评估结果的相关信息。

4. 根据第 78 条,公告机构应对其获得的信息保密。

第 46 条 符合性评估程序的减免

1. 对于第 43 条规定的减免,在有合理理由的请求下,任何市场监督机关均可出于公共安全或保护人员生命和健康、环境保护或保护关键工业和基础设施资产的特殊原因,授权将高风险人工智能系统在有关成员国境内投放市场或提供服务。考虑到使减免得以合理适用的特殊原因,该授权应在执行必要的符合性评估程序有限期间内有效,需要毫不迟延地完成这些程序。

2. 在出于公共安全的特殊原因或者在自然人的生命或人身安全受到具体、实质性和迫在眉睫的威胁的情况下,执法机关或民事保护机关可在没有第 1 款所述授权的情况下将特定的高风险人工智能系统提供服务,前提是此类授权在使用期间或使用之后毫不拖延地申请。如果此类授权被拒绝,则应立即停止使用该系统,并应立即丢弃使用过程中的所有结果和产出。

3. 只有当市场监督机关认为高风险人工智能系统符合本章第二节的要求时,才可签发第 1 款所述授权。市场监督机关应将根据第 1、2 款签发的任何授权通知欧盟委员会和其他成员国。这项义务不包括与执法机关活动有关的敏感操作数据。

4. 如果在收到第 3 款所述信息后 15 个工作日内,成员国或欧盟委员会均未对成员国市场监督机关根据第 1 款发出的授权提出异议,则该授权应被视为合理。

5. 如果在收到第 3 款所述通知后 15 个工作日内,一成员国对另一成员国市场监督机关签发的授权提出异议,或者欧盟委员会认为该授权违反欧盟法律,或成员国关于第 3 款所述系统合规性的结论没有根据,欧盟委员会应立即与相关成员国进行磋商。应征求有关运营者的意见,并使其有可能提出自己的看法。据此,欧盟委员会应决定该授权是否合理,并将其决定通知有关成员国和相关运营者。

6. 如果欧盟委员会认为授权不合理,有关成员国的市场监督机关应撤销该授权。

7. 对于与附件一第 A 节所列欧盟协调立法所涵盖产品有关的高风险人工智能系统,仅适用该欧盟协调立法中规定的符合性评估的减免情形。

第 47 条　欧盟符合性声明

1. 提供者应为每个高风险人工智能系统制定一份书面的机器可读的、亲笔签名或电子签名的欧盟符合性声明,并在高风险人工智能系统投放市场或提供服务后,保留 10 年以供国家主管机关使用。欧盟符合性声明应标明所针对的高风险人工智能系统。欧盟符合性声明的副本应当按照要求提交给相关国家主管机关。

2. 欧盟符合性声明应说明相关高风险人工智能系统符合本章第二节规定的要求。欧盟符合性声明应包含附件五所列的信息,并应翻译成高风险人工智能系统投放市场或提供使用的成员国国家主管机关易于理解的语言。

3. 如果高风险人工智能系统受其他欧盟协调立法的约束,并且这些立法也要求提供欧盟符合性声明,则应针对适用于高风险人工智能系统的所有欧盟法律制定一份单一的欧盟符合性声明。该声明应当包含所需全部信息,以确定该声明所涉及的欧盟协调立法。

4. 通过制定欧盟符合性声明,提供者应承担起遵守本章第二节所列要求的责任。提供者应根据情况及时更新欧盟符合性声明。

5. 欧盟委员会有权根据第 97 条通过授权法案,以便更新附件五中规定的欧盟符合性声明的内容,从而引入因技术进步而变得必要的内容。

第 48 条　CE 认证标志

1. CE 符合性标志应遵循第（EC）765/2008 号条例第 30 条规定的一般原则。

2. 对于以数字方式提供的高风险人工智能系统，只有在可以通过该系统的访问界面或者易于访问的机器可读代码或其他电子手段轻松访问的情况下，才应使用数字 CE 标志。

3. CE 标志应以明显、清晰和不可擦除的方式粘贴在高风险人工智能系统上。如果由于高风险人工智能系统的性质而无法或不能保证粘贴 CE 标志，则应酌情将其粘贴在包装上或随附文件上。

4. 在适用的情况下，CE 标志后应加上负责第 43 条规定的符合性评估程序的公告机构的识别号。公告机构的识别号应由该机构自己或者根据其指示由提供者或提供者的授权代表粘贴。在任何提及高风险人工智能系统符合 CE 标志要求的宣传材料中也应标明该识别号。

5. 如果高风险人工智能系统受欧盟其他法律的约束，其他法律也规定必须粘贴 CE 标志，则 CE 标志应表明高风险人工智能系统也符合其他法律的要求。

第 49 条　登　　记

1. 在将附件三所列的高风险人工智能系统投放市场或提供服务之前，除附件三第 2 点所述的高风险人工智能系统外，提供者或授权代表（如适用）应在第 71 条所述的欧盟数据库中登记自己及其系统。

2. 在将人工智能系统投放市场或提供服务之前，如果提供者已根据第 6 条第 3 款规定得出结论认为该系统不属于高风险系统，则提供者或授权代表（如适用）应在第 71 条所述的欧盟数据库中登记自己及其系统。

3. 在将附件三所列的高风险人工智能系统（附件三第 2 点所列的高风险人工智能系统除外）提供服务或使用之前，作为公共机关、欧盟机构、组织、办公室或机关的部署者或代表其行事的人员应在第 71 条所述的欧盟数据库中登记自己、选择系统并登记其使用情况。

4. 对于附件三第 1、6 和 7 点所述执法、移民、庇护和边境控制管理领域的高风险人工智能系统，本条第 1、2 和 3 款所述登记应在第 71 条所述欧盟数据库的安全非公开部分进行，并应仅包括以下信息（如适用）：

（a）附件八第 A 节第 1 至 10 点，第 6、8 和 9 点除外；

（b）附件八第 B 节第 1 至 5 点和第 8、9 点；

（c）附件八第 C 节第 1 至 3 点；

(d) 附件九第 1、2、3、5 点。

只有第 74 条第 8 款所述的欧盟委员会和国家机关才能访问本款第 1 项所列的欧盟数据库的相应限制部分。

5. 附件三第 2 点所述的高风险人工智能系统应在国家层面登记。

第四章 特定人工智能系统提供者和部署者的透明度义务

第 50 条 特定人工智能系统提供者和部署者的透明度义务

1. 提供者应确保旨在与自然人直接互动的人工智能系统在设计和开发时，让相关自然人知道他们正在与一个人工智能系统互动，除非从一个合理知情、善于观察和谨慎的自然人的角度来看，考虑到使用的情况和背景，这一点是显而易见的。本义务不适用于经法律授权用于侦查、预防、调查或起诉刑事犯罪的人工智能系统，但应有适当的保障措施保护第三方的权利和自由，除非这些系统可供公众举报刑事犯罪。

2. 生成合成音频、图像、视频或文本内容的人工智能系统（包括通用人工智能系统）的提供者，应确保人工智能系统的输出以机器可读的格式标示，并可检测为是人工智能生成或处理的。提供者应确保其技术解决方案在技术可行的范围内是有效的、可互操作的、稳健的和可靠的，同时应考虑到不同类型内容的特殊性和局限性、实施成本和公认的最先进技术，这些都可能反映在相关的技术标准中。本义务不适用于人工智能系统执行标准编辑的辅助功能，或不实质性改变部署者提供的输入数据或其语义，或法律授权侦查、预防、调查和起诉刑事犯罪的情况。

3. 情感识别系统或生物特征分类系统的部署者应将该系统的运行情况告知接触该系统的自然人，并应根据第（EU）2016/679 号条例、第（EU）2018/1725 号条例以及第（EU）2016/680 号指令（如适用）处理个人数据。这一义务不适用于法律允许用于侦查、预防或调查刑事犯罪的生物特征分类和情感识别的人工智能系统，但须有适当的保障措施保护第三方的权利和自由，并符合欧盟法律。

4. 人工智能系统的部署者在生成或处理构成深度伪造的图像、音频或视频内容时，应披露该内容是人工智能生成或处理的。这项义务不适用于经法律授权用于侦查、预防、调查或起诉刑事犯罪的情况。如果内容构成明显具有艺术性、创造性、讽刺性、虚构性或类似性质的作品或节目的一部分，本款规定的透明度义务仅限于以不妨碍作品展示或欣赏的适当方式披露此类生成或处理内容的存在。

如果人工智能系统生成或处理的文本是为了向公众提供有关公共利益事项的信息而发布的，其部署者应披露该文本是人工智能生成或处理的。这项义务不适用于以下情况：法律授权使用人工智能系统侦查、预防、调查和起诉刑事犯罪；人工智能生成的内容经过人工审核或编辑控制并且自然人或法人对发布的内容负有编辑责任。

5. 第 1 至 4 款中所提及的信息最迟应在首次互动或接触时以清晰可辨的方式提供给相关自然人。信息应符合适用的可访问要求。

6. 第 1 至 4 款不应影响第三章规定的要求和义务，也不应影响欧盟或成员国法律为人工智能系统部署者规定的其他透明度义务。

7. 人工智能办公室应鼓励和促进在欧盟层面制定实践准则，以促进有效履行关于检测和标示人工智能生成或处理内容的义务。欧盟委员会有权根据第 56 条第 6 款规定的程序通过实施法案来批准这些实践准则。如果欧盟委员会认为实践准则不够充分，则有权根据第 98 条第 2 款规定的审查程序通过一项实施法案，明确规定履行这些义务的共同规则。

第五章　通用人工智能模型

第一节　分级规则

第 51 条　将通用人工智能模型分类为有系统性风险的通用人工智能模型

1. 通用人工智能模型如符合下列任何一项条件，则应归类为具有系统性风险的通用人工智能模型：

（a）根据适当的技术工具和方法（包括指标和基准）进行评估，它具有高影响能力；

（b）根据欧盟委员会依职权作出的决定，或在科学小组提出附条件的警示之后，考虑到附件十三中规定的标准，它具有与 a 项所述相当的能力或影响。

2. 根据第 1 款 a 项,当一个通用人工智能模型用于训练的浮点运算累计计算量大于 10^{25} 时,应推定该模型具有高影响能力。

3. 欧盟委员会应根据第 97 条通过授权法案,修订本条第 1、2 款所列的阈值,并在必要时根据算法的改进或硬件效率的提高等技术发展情况,补充基准和指标,使这些阈值能够反映最新技术水平。

第 52 条 程 序

1. 如果通用人工智能模型符合第 51 条第 1 款 a 项所述条件,相关提供者应立即通知欧盟委员会,无论如何应在满足该要求或得知将满足该要求后两周内通知欧盟委员会。该通知应包括证明相关要求已得到满足的必要信息。如果欧盟委员会发现某个通用人工智能模型存在系统性风险,但没有接到通知,欧盟委员会可决定将其指定为存在系统性风险的模型。

2. 符合第 51 条第 1 款 a 项所述条件的通用人工智能模型的提供者,可在其通知中提出充分的论据,以证明在特殊情况下,尽管该模型符合该要求,但由于其具体特点,该模型并不存在系统性风险,因此不应被归类为具有系统性风险的通用人工智能模型。

3. 如果欧盟委员会得出结论认为,根据第 2 款提交的论据没有得到充分证实,而且相关提供者无法证明通用人工智能模型由于其具体特点而不存在系统性风险,则欧盟委员会应驳回这些论据,并将该通用人工智能模型视为具有系统性风险的通用人工智能模型。

4. 欧盟委员会可根据附件十三所列标准,依职权或在科学小组根据第 90 第 1 款 a 项发出附条件的警示后,指定一个通用人工智能模型存在系统性风险。

欧盟委员会有权根据第 97 条通过授权法案,对附件十三进行修订,以具体说明和更新该附件中规定的标准。

5. 对于根据第 4 款被指定为具有系统性风险的通用人工智能模型的提供者提出的合理请求,欧盟委员会应予以考虑,并可决定根据附件十三所列标准重新评估该通用人工智能模型是否仍被视为具有系统性风险。这种请求应包含作出指定决定后出现的客观、详细和新的理由。提供者最早可在指定决定后六个月内申请重新评估。如果欧盟委员会在重新评估后决定继续将其指定为具有系统性风险的通用人工智能模型,提供者可在作出该决定后最早六个月内申请重新评估。

6. 欧盟委员会应确保公布具有系统性风险的通用人工智能模型清单,并不断更新该清单,同时不影响根据欧盟和成员国法律遵守和保护知识产权以及商业机密信息或商业秘密的需要。

第二节　通用人工智能模型提供者的义务

第 53 条　通用人工智能模型提供者的义务

1. 通用人工智能模型的提供者应：

（a）制定并不断更新该模型的技术文件，包括其训练和测试过程及其评估结果，其中至少应包括附件十一中所列的内容，以便根据要求提供给人工智能办公室和成员国主管机关；

（b）为拟将通用人工智能模型集成到其人工智能系统中的人工智能系统提供者制定、更新并提供信息和文件。在不影响根据欧盟和成员国法律遵守和保护知识产权、商业机密信息或商业秘密的前提下，这些信息和文件应：

（i）让人工智能系统的提供者充分了解通用人工智能模型的能力和局限性，并遵守本条例规定的义务；以及

（ii）至少包含附件十二所列内容；

（c）制定一项政策以遵守关于版权和相关权利的欧盟法律，特别是确定和遵守（包括通过最先进的技术）根据第（EU）2019/790 号指令第 4 条第 3 款表达的权利保留；

（d）根据人工智能办公室提供的模板，就通用人工智能模型训练所用的内容编写一份足够详细的摘要，并公之于众。

2. 第 1 款 a、b 项规定的义务不适用于自由和开源许可下发布的人工智能模型的提供者，该许可允许访问、使用、修改和分发模型，其参数，包括权重、模型结构信息和模型使用信息，均向公众公开。这一例外不适用于具有系统性风险的通用人工智能模型。

3. 通用人工智能模型的提供者在根据本条例行使其权限和权力时，应视需要与欧盟委员会和国家主管机关进行合作。

4. 在统一标准公布之前，通用人工智能模型的提供者可以依靠第 56 条所指的实践准则来证明其遵守了本条第 1 款规定的义务。遵守欧洲统一标准的提供者，在这些标准涵盖的义务范围内可被推定为符合要求。不遵守经批准的实践准则或不符合欧洲统一标准的通用人工智能模型的提供者应证明有其他适当的合规方法，以供欧盟委员会评估。

5. 为了便于遵守附件十一，特别是第 2 点 d、e 项的规定，欧盟委员会有权根据第 97 条通过授权法案，详细规定衡量和计算方法，以便提供可比较和可核查的文件。

6. 欧盟委员会有权根据第 97 条第 2 款通过授权法案,以便根据不断发展的技术修订附件十一和附件十二。

7. 根据本条规定获得的任何信息和文件,包括商业秘密,均应按照第 78 条规定的保密义务对其进行处理。

第 54 条　通用人工智能模型提供者的授权代表

1. 在欧盟市场上投放通用人工智能模型之前,在第三国设立的提供者应通过书面授权,指定一个在欧盟设立的授权代表。

2. 提供者应使其授权代表能够执行从提供者收到的授权书中规定的任务。

3. 授权代表应执行提供者授权书中规定的任务。它应根据要求以欧盟机构的官方语言之一向人工智能办公室提供一份授权书副本。在本条例中,授权代表应有权执行以下任务:

(a) 核查附件十一中规定的技术文件是否已经拟定,第 53 条与第 55 条(如适用)中所述的所有义务是否已由提供者履行;

(b) 在通用人工智能模型投放市场后的 10 年内,为人工智能办公室和国家主管机关保存一份附件十一中规定的技术文件副本,以及指定授权代表的提供者的详细联系方式,以供人工智能办公室和国家主管机关使用;

(c) 应合理要求,向人工智能办公室提供所有必要的信息和文件,包括 b 项中提及的信息和文件,以证明其遵守了本章规定的义务;

(d) 应合理要求,与人工智能办公室和国家主管机关合作,采取与通用人工智能模型有关的任何行动,包括集成该模型的人工智能系统在欧盟市场上投放市场或提供服务时。

4. 授权书应赋予授权代表在所有与确保遵守本条例有关的问题上,可以在提供者外,直接接受人工智能办公室或国家主管机关的问询。

5. 如果授权代表认为或有理由认为提供者的行为违反了本条例规定的义务,则应终止授权。在这种情况下,授权代表还应立即向人工智能办公室通报授权书的终止及其原因。

6. 本条规定的义务不适用于根据自由和开源许可下发布的通用人工智能模型的提供者,该许可允许获取、使用、修改和分发模型,并且其参数,包括权重、模型结构信息和模型使用信息均已向公众公开,除非通用人工智能模型存在系统性风险。

第三节 具有系统性风险的通用人工智能模型提供者的义务

第 55 条 具有系统性风险的通用人工智能模型提供者的义务

1. 除第 53 条和第 54 条所列义务外,具有系统性风险的通用人工智能模型的提供者还应:

(a) 根据反映最新技术水平的标准化协议和工具进行模型评估,包括对模型进行对抗测试并记录在案,以识别和降低系统性风险;

(b) 评估并降低欧盟层面可能存在的系统性风险,包括可能源于开发、投放市场或使用具有系统性风险的通用人工智能模型而产生的系统性风险的来源;

(c) 跟踪、记录并及时向人工智能办公室及适当时向国家主管机关报告严重事件的相关信息,以及为解决这些问题可能采取的纠正措施;

(d) 确保对具有系统性风险的通用人工智能模型及其物理基础设施提供足够水平的网络安全保护。

2. 在统一标准公布之前,具有系统性风险的通用人工智能模型的提供者可以依靠第 56 条意义上的实践准则来证明其遵守了本条第 1 款的义务。遵守欧洲统一标准的提供者,在这些标准涵盖的义务范围内可推定为符合要求。不遵守经批准的实践准则或不符合欧洲统一标准的具有系统性风险的通用人工智能模型的提供者应证明有其他适当的合规方法,以供欧盟委员会评估。

3. 根据本条规定获得的任何信息和文件,包括商业秘密,均应按照第 78 条规定的保密义务对其进行处理。

第四节 实践准则

第 56 条 实践准则

1. 人工智能办公室应鼓励和推动在欧盟层面制定实践准则,以便在考虑到国际实践的情况下,促进本条例的正确适用。

2. 人工智能办公室和欧洲人工智能委员会应致力于确保实践准则至少涵盖第 53 条和第 55 条规定的义务,包括以下问题:

(a) 确保第 53 条第 1 款 a、b 项所述信息根据市场和技术发展不断更新;

(b) 用于训练内容的摘要是否足够详细;

(c) 识别欧盟层面系统性风险的类型和性质,包括其来源(如适用);

(d) 在欧盟层面评估和管理系统性风险的措施、程序和模式,包括相关文件,这些应与风险成比例,考虑到风险的严重性和发生概率,并考虑到根据这些风险在人工智能价值链上可能出现和实现的方式以应对这些风险带来的具体挑战。

3. 人工智能办公室可邀请所有通用人工智能模型的提供者以及相关国家主管机关参与实践准则的起草工作。民间社会组织、行业界、学术界和其他利益相关方,如下游提供者和独立专家,可支持这一进程。

4. 人工智能办公室和欧洲人工智能委员会应努力确保实践准则明确规定其具体目标,并包含承诺或措施,包括适当的关键绩效指标,以确保实现这些目标,并适当考虑到包括受影响人员在内的所有利益相关方在欧盟层面的需求和利益。

5. 人工智能办公室应努力确保实践准则的参与者定期向人工智能办公室报告承诺的履行情况和所采取的措施及其结果,包括根据适当的关键绩效指标进行衡量。关键绩效指标和报告承诺应反映各参与方在规模和能力上的差异。

6. 人工智能办公室和欧洲人工智能委员会应定期监督和评估参与方实现实践准则目标的情况及其对正确实施本条例的贡献。人工智能办公室和欧洲人工智能委员会应评估实践准则是否涵盖了第 53 条和第 55 条规定的义务,并应定期监督和评估其目标的实现情况。它们应公布对实践准则适当性的评估结果。

欧盟委员会可通过实施法案批准实践准则,并赋予其在欧盟内的普遍效力。该实施法案应根据第 98 条第 2 款所述的审查程序予以通过。

7. 人工智能办公室可邀请所有通用人工智能模型的提供者遵守实践准则。对于不存在系统性风险的通用人工智能模型的提供者来说,这种遵守可能仅限于第 53 条规定的义务,除非他们明确表示有意遵守全部实践准则。

8. 人工智能办公室还应酌情鼓励和促进对实践准则的审查和调整,特别是根据新出现的标准进行审查和调整。人工智能办公室应协助评估现有的标准。

9. 最迟应在 2025 年 5 月 2 日前准备好实践准则。人工智能办公室应采取必要措施,包括根据第 7 款邀请提供者。

如果在 2025 年 8 月 2 日之前无法最终确定实践准则,或者如果人工智能办公室在根据本条第 6 款进行评估后认为实践准则不够充分,欧盟委员会可以通过实施法案的方式,为履行第 53 条和第 55 条规定的义务,包括本条第 2 款规定的问题,提供共同规则。这些实施法案应根据第 98 条第 2 款所述的审查程序予以通过。

第六章　支持创新的措施

第 57 条　人工智能监管沙盒

1. 成员国应确保其主管机关在国家层面建立至少一个人工智能监管沙盒，并应在 2026 年 8 月 2 日之前投入使用。该沙盒也可与其他成员国的主管机关联合建立。欧盟委员会可为人工智能监管沙盒的建立和运营提供技术支持、建议和工具。

前项规定的义务也可以通过参与现有的沙盒来履行，只要这种参与能为参与的成员国提供同等水平的国家覆盖程度。

2. 还可以在区域或地方层面建立额外的监管沙盒，或与其他成员国的主管机关联合建立监管沙盒。

3. 欧洲数据保护专员还可以为欧盟机构、组织、办公室和机关建立一个人工智能监管沙盒，并可以根据本章发挥国家主管机关的作用，执行相应的任务。

4. 成员国应确保第 1、2 款所述的主管机关分配足够的资源，以便有效和及时地遵守本条规定。在适当情况下，国家主管机关应与其他相关机关合作，并可允许人工智能生态系统内的其他行为者参与。本条不应影响根据欧盟或成员国法律建立的其他监管沙盒。成员国应确保监管其他沙盒的机关与国家主管机关之间进行适当程度的合作。

5. 根据第 1 款设立的人工智能监管沙盒应提供一个受控环境，以促进创新，并在根据提供者或潜在提供者与主管机关商定的具体沙盒计划将这些系统投放市场或提供服务之前的有限时间内，为创新型人工智能系统的开发、训练、测试和验证提供便利。此类沙盒可包括在其中受到监督的真实世界条件下进行的测试。

6. 主管机关应酌情在人工智能监管沙盒内提供指导、监督和支持，以识别风险，特别是基本权利、健康和安全、测试、缓解措施方面的风险，以及其在本条例及沙盒内受监管的其他欧盟和成员国法律（如相关）的义务和要求方面的有效性。

7. 主管机关应向使用人工智能监管沙盒的提供者和潜在提供者提供有关

监管预期以及如何履行本条例规定的要求和义务的指导。

应人工智能系统提供者或潜在提供者的要求,主管机关应提供在沙盒中成功开展活动的书面证明。主管机关还应提供一份退出报告,详细说明在沙盒中开展的活动以及相关结果和学习成果。提供者可以使用此类文件通过符合性评估程序或相关市场监督活动来证明其遵守了本条例。在这方面,市场监督机关和公告机构应积极考虑国家主管机关提供的退出报告和书面证明,以便在合理范围内加快符合性评估程序。

8. 根据第 78 条的保密规定,并经提供者或潜在提供者同意,欧盟委员会和欧洲人工智能委员会被授权查阅退出报告,并在根据本条例执行任务时酌情考虑这些报告。如果提供者或潜在提供者和国家主管机关明确同意,则可以通过本条所述的单一信息平台公开提供退出报告。

9. 建立人工智能监管沙盒应旨在促进实现以下目标:

(a) 提高法律确定性,以实现对本条例或其他适用的欧盟和成员国法律(如相关)的监管合规性;

(b) 通过与参与人工智能监管沙盒的机构合作,支持分享最佳实践;

(c) 促进创新和竞争力,推动人工智能生态系统的发展;

(d) 促进循证监管学习;

(e) 促进和加速人工智能系统进入欧盟市场,尤其是由中小企业(包括初创企业)提供的人工智能系统。

10. 国家主管机关应确保,如果创新的人工智能系统涉及个人数据处理,或者属于其他国家机关或提供、支持数据访问的主管机关的监管范围,国家数据保护机关和这些其他国家机关或主管机关应与人工智能监管沙盒的运行相关联,并在各自任务和权力范围内参与对这些方面的监管。

11. 人工智能监管沙盒不应影响监管沙盒的主管机关的监督或纠正权力,包括在区域或地方层面的监督或纠正权力。在此类人工智能系统的开发和测试过程中发现的对健康、安全和基本权利的任何重大风险都应得到充分缓解。如果无法有效缓解,国家主管机关有权暂时或永久暂停测试过程或参与沙盒,并应将此决定通知人工智能办公室。国家主管机关应在相关法律范围内行使其监督权,在实施有关特定人工智能监管沙盒项目的法律规定时使用其自由裁量权,以支持欧盟人工智能的创新。

12. 根据适用的欧盟和国家责任法,参与人工智能监管沙盒的提供者和潜在提供者仍应对在沙盒中进行的实验给第三方造成的任何损害负责。但是,只要潜在提供者遵守具体计划以及参与条款和条件,并真诚遵循国家主管机关提供的指导,主管机关就不会对违反本条例的行为处以行政罚款。如果负责其他欧盟和国家法律的其他主管机关积极参与沙盒中人工智能系统的监督并提供合规指导,则不得根据该法律处以行政罚款。

13. 人工智能监管沙盒的设计和实施方式应确保在相关情况下促进国家主管机关之间的跨境合作。

14. 国家主管机关应在欧洲人工智能委员会的框架内协调其活动并开展合作。

15. 国家主管机关应向人工智能办公室和欧洲人工智能委员会通报沙盒的设立情况,并可以请求其提供支持和指导。人工智能办公室应公布计划中的和现有的沙盒清单,并及时更新,以鼓励在人工智能监管沙盒和跨境合作中更多地进行互动。

16. 国家主管机关应在人工智能监管沙盒设立一年后及此后的每年向人工智能办公室和欧洲人工智能委员会提交年度报告,直至沙盒终止运行,并提交最终报告。这些报告应提供有关这些沙盒的实施进展和结果的信息,包括最佳实践、事件、经验教训和有关其设置的建议,在相关情况下有关本条例(包括其授权法案和实施法案)的适用和可能的修订,以及有关在沙盒内由主管机关监督的其他欧盟法律的适用。国家主管机关应在网上向公众提供这些年度报告或摘要。欧盟委员会在根据本条例执行其任务时,应酌情考虑这些年度报告。

17. 欧盟委员会应根据第62条第1款c项的规定,开发一个包含所有与人工智能监管沙盒相关信息的单一专用界面,以允许利益相关方能够与人工智能监管沙盒进行互动,并向主管机关提出查询,并就嵌入人工智能技术的创新产品、服务、商业模式的符合性寻求不具约束力的指导。在相关情况下,欧盟委员会应积极主动地与国家主管机关进行协调。

第 58 条 人工智能监管沙盒的详细安排和运作

1. 为避免欧盟内部各自为政,欧盟委员会应通过实施法案,具体规定人工智能监管沙盒的建立、开发、实施、运行和监督的详细安排。实施法案应包括有关以下问题的共同原则:

(a) 参与人工智能监管沙盒的资格和选择标准;

(b) 申请、参与、监测、退出和终止人工智能监管沙盒的程序,包括沙盒计划和退出报告;

(c) 适用于参与者的条款和条件。

这些实施法案应根据第98条第2款提及的审查程序予以通过。

2. 第1款提及的实施法案应确保:

(a) 人工智能监管沙盒向任何符合资格和选择标准的人工智能系统提供者

或潜在提供者开放,这些标准应是透明和公平的,国家主管机关应在申请后三个月内将其决定通知申请人;

(b)人工智能监管沙盒允许广泛而平等地访问,并满足参与需求;提供者和潜在提供者还可与部署者和其他相关第三方合作提交申请;

(c)人工智能监管沙盒的详细安排和条件尽可能最大限度地支持国家主管机关灵活地建立和运行其人工智能监管沙盒;

(d)中小企业(包括初创企业)可免费访问人工智能监管沙盒,但不影响国家主管机关以公平和适度的方式收回特殊成本;

(e)通过人工智能监管沙盒的学习成果,为提供者和潜在提供者遵守本条例规定的符合性评估义务及第95条所述的行为准则的自愿应用提供便利;

(f)人工智能监管沙盒促进人工智能生态系统中其他相关参与者的参与,如公告机构和标准化组织、中小企业(包括初创企业)、一般商业规模的企业、创新者、测试和实验设施、研究和实验室以及欧洲数字创新中心、卓越中心、个人研究者,以允许并促进与公共和私营部门的合作;

(g)申请、选择、参与和退出人工智能监管沙盒的程序、流程和管理要求简单、易懂并可清晰传达,以方便法律和行政管理能力有限的中小企业(包括初创企业)参与,并在整个欧盟范围内实现流程的简化,以避免各自为政,同时确保参与成员国或欧洲数据保护专员设立的人工智能监管沙盒得到相互和统一的认可,并在整个欧盟范围内具有相同的法律效力;

(h)参与人工智能监管沙盒的期限与项目的复杂性和规模相适应,并且国家主管机关可以延长该期限;

(i)人工智能监管沙盒促进用于监管学习相关人工智能系统的测试、设定基准、评估和维度解释的工具和基础设施的开发,如准确性、稳健性和网络安全,以及降低对于基本权利和整个社会的风险的措施。

3.人工智能监管沙盒中的潜在提供者,特别是中小企业和初创企业,应在相关情况下获得部署前服务,如本条例的实施指导,以及其他增值服务,如标准化文件和认证、测试和实验设施、欧洲数字创新中心和卓越中心的帮助。

4.如果国家主管机关考虑授权在根据本条建立的人工智能监管沙盒框架内进行真实世界条件下的测试,它们应与参与者具体商定此类测试的条款和条件,特别是适当的保障措施,以保护基本权利、健康和安全。在适当情况下,它们应与其他国家主管机关合作,以确保整个欧盟的做法一致。

第59条　为开发某些人工智能系统而进一步处理个人数据,以维护人工智能监管沙盒中的公共利益

1.在人工智能监管沙盒中,为其他目的合法收集的个人数据只能在满足以

下所有条件的情况下,用于开发、训练和测试沙盒内的特定人工智能系统:

(a) 人工智能系统应由公共机关或其他自然人或法人开发,以保障重大公共利益,并涉及以下一个或多个领域:

(i) 公共安全和公共卫生,包括疾病检测、诊断、预防、控制和治疗,以及改善医疗保健系统;

(ii) 高水平的环境保护和质量改善、生物多样性保护、防止污染、绿色转型措施、减缓和适应气候变化措施;

(iii) 能源的可持续性;

(iv) 交通运输系统和流动、关键基础设施和网络的安全性和弹性;

(v) 公共管理和公共服务的效率和质量;

(b) 所处理的数据对于满足第三章第二节中提及的一项或多项要求是必要的,并且通过处理匿名、合成或其他非个人数据无法有效满足这些要求;

(c) 存在有效的监控机制,以识别在沙盒实验期间是否可能出现第(EU)2016/679 号条例第 35 条和第(EU)2018/1725 号条例第 39 条所述的数据主体权利和自由面临的任何高风险,以及存在响应机制,可及时降低这些风险,并在必要时停止处理;

(d) 在沙盒中处理的任何个人数据均处于功能独立、隔离和受保护的数据处理环境中,并受潜在提供者的控制,只有获得授权的人员才能访问这些数据;

(e) 只有在符合欧盟数据保护法的情况下,提供者才能进一步共享最初收集的数据;在沙盒中产生的任何个人数据都不能在沙盒之外共享;

(f) 在沙盒中对个人数据的任何处理既不会导致影响数据主体的措施或决定,也不会影响其在欧盟个人数据保护法中规定的权利的适用;

(g) 通过适当的技术和组织措施保护在沙盒中处理的任何个人数据,并在终止参与沙盒或个人数据保存期届满后立即删除;

(h) 除非欧盟或成员国法律另有规定,在沙盒中的个人数据处理日志应在参与沙盒期间保存;

(i) 对人工智能系统的训练、测试、验证背后的过程和基本原理的完整而详细的描述与测试结果一起保存,作为附件四所述技术文件的一部分;

(j) 在主管机关的网站上公布在沙盒中开发的人工智能项目及其目标和预期结果的简短摘要;这一义务不应包括与执法、边境管制、移民或庇护机关的活动有关的敏感操作数据。

2. 为了预防、调查、侦查或起诉刑事犯罪或执行刑事处罚,包括保障和预防对公共安全的威胁,在执法机关的控制和负责下,人工智能监管沙盒中的个人数据处理应基于特定的欧盟或成员国法律,并应遵守第 1 款所述相同的累积条件。

3. 第 1 款不妨碍欧盟或成员国法律排除为该法律明确提及的目的之外的其他目的处理个人数据,也不妨碍欧盟或成员国法律规定的为开发、测试或训练创新人工智能系统或任何其他法律依据而处理个人数据的基础,条件是符合欧盟关于个人数据保护的法律。

第 60 条 在人工智能监管沙盒之外的真实世界中测试高风险人工智能系统

1. 在不影响第 5 条的禁止规定的情况下,附件三所列高风险人工智能系统的提供者或潜在提供者可根据本条和本条所述真实世界测试计划,在人工智能监管沙盒之外的真实世界条件下对高风险人工智能系统进行测试。

欧盟委员会应通过实施法案,规定真实世界测试计划的详细要素。这些实施法案应按照第 98 条第 2 款所述审查程序通过。

本款不影响欧盟或成员国关于在真实世界条件下测试与附件一所列欧盟协调立法所涉及产品相关的高风险人工智能系统的法律。

2. 提供者或潜在提供者可自行或与一个或多个部署者或潜在部署者合作,在人工智能系统投放市场或提供服务之前的任何时候,对附件三所述高风险人工智能系统进行真实世界条件下的测试。

3. 根据本条规定在真实世界条件下对高风险人工智能系统进行的测试,不得妨碍欧盟或成员国法律规定的任何伦理审查。

4. 提供者或潜在提供者只有在满足以下所有条件的情况下,才能在真实世界条件下进行测试:

(a) 提供者或潜在提供者已制订真实世界测试计划,并提交给将在真实世界条件下进行测试的成员国的市场监督机关;

(b) 将在真实世界条件下进行测试的成员国的市场监督机关已批准真实世界条件下的测试及真实世界测试计划;如果市场监督机关在 30 天内未作出答复,则视为已批准该测试及测试计划;如果国家法律未规定默许批准,则真实世界条件下的测试仍须获得授权;

(c) 提供者或潜在提供者,但附件三第 1、6 和 7 点所述执法及移民、庇护和边境控制管理领域的高风险人工智能系统,以及附件三第 2 点所述高风险人工智能系统的提供者或潜在提供者除外,已根据第 71 条第 4 款,使用欧盟范围内唯一的单一识别号和附件九规定的信息登记了真实世界条件下的测试;附件三第 1、6 和 7 点所述执法及移民、庇护和边境控制管理领域的高风险人工智能系统的提供者或潜在提供者,已根据第 49 条第 4 款 d 项在欧盟数据库的安全非公开部分,使用欧盟范围内唯一的单一识别号和其中规定的信息登记了真实世界条件下的测试;附件三第 2 点所述高风险人工智能系统的提供者或潜在提供者,已根据第 49 条第 5 款登记了真实世界条件下的测试;

(d) 在真实世界条件下进行测试的提供者或潜在提供者已在欧盟设立机构,或已指定在欧盟设立机构的法律代表;

(e) 为在真实世界条件下进行测试而收集和处理的数据,只有在实施了欧盟法律规定的适当和适用的保障措施的情况下,才可转移到第三国;

(f) 在真实世界条件下的测试时间不得超过实现其测试目标所需的时间,且在任何情况下不得超过六个月,该期限可再延长额外六个月,条件是提供者或潜在提供者事先通知市场监督机关,并说明延长时间的必要性;

(g) 由于年龄、身体或残疾而属于弱势群体的人如果作为真实世界条件下的测试对象应受到适当保护;

(h) 在提供者或潜在提供者与一个或多个部署者或潜在部署者合作组织真实世界条件下的测试时,后者已被告知与其参与决定相关的测试的所有方面,并获得第 13 条所述的人工智能系统的相关使用说明;提供者或潜在提供者与部署者或潜在部署者应缔结协议,明确各自的作用和责任,以确保遵守本条例以及其他适用的欧盟和成员国法律中关于真实世界条件下测试的规定;

(i) 真实世界条件下的测试对象已根据第 61 条的规定表示知情同意,或者在执法情况下,如果征求知情同意会妨碍对人工智能系统进行测试,则测试本身和真实世界条件下的测试结果不得对测试对象产生任何负面影响,并且在测试完成后应删除其个人数据;

(j) 提供者或潜在提供者,以及部署者或潜在部署者,通过在相关领域具有适当资质并具备执行任务所需的能力、经过培训和享有权限的人员,对真实世界条件下的测试进行有效监督;

(k) 人工智能系统的预测、建议或决定可以被有效推翻和忽略。

5. 在真实世界条件下进行测试的任何受试者或其合法指定的代表(视情况而定)可随时通过撤销其知情同意退出测试,并可要求立即永久删除其个人资料,而不会因此受到任何损害,也无须提供任何正当理由。撤销知情同意不得影响已开展的活动。

6. 根据第 75 条,成员国应赋予其市场监督机关要求提供者和潜在提供者提供信息、突击进行远程或现场检查,以及对在真实世界条件下开展的测试和相关高风险人工智能系统进行检查的权力。市场监督机关应利用这些权力,确保测试在真实世界条件下安全开展。

7. 在真实世界条件下的测试过程中发现的任何严重事件,均应按照第73条的规定向国家市场监督机关报告。提供者或潜在提供者应立即采取缓解措施,否则应暂停真实世界条件下的测试,直至采取缓解措施,或以其他方式终止测试。提供者或潜在提供者应制定程序,以便在终止真实世界条件下的测试后立即召回人工智能系统。

8. 提供者或潜在提供者应将真实世界条件下测试的暂停或终止以及最终结果通知拟进行测试的成员国的国家市场监督机关。

9. 根据适用的欧盟和成员国责任法,提供者或潜在提供者应对其在真实世界测试过程中造成的任何损害承担责任。

第61条　知情同意参与人工智能监管沙盒之外真实世界条件下的测试

1. 根据第60条的规定,为了在真实世界条件下进行测试,应当在受试者参与测试之前并向其提供以下方面简明、清晰、相关和易懂的信息之后,获得他们自愿作出的知情同意:

(a) 在真实世界条件下测试的性质和目的,以及参与测试可能带来的不便;

(b) 在真实世界条件下进行测试的条件,包括受试者参与测试的预期持续时间;

(c) 受试者的权利,以及对他们参与测试的保障,特别是他们有权拒绝参加和随时退出真实世界条件下的测试,而不会因此受到任何损害,也无须提供任何理由;

(d) 要求推翻或无视人工智能系统的预测、建议或决定的安排;

(e) 根据第60条第4款c项,在真实世界条件下进行测试的欧盟范围内唯一的单一识别号,以及可以获取进一步信息的提供者或其代理人的详细联系方式。

2. 知情同意书应注明日期并记录在案,其副本应交给受试者或其代理人。

第62条　针对提供者和部署者,特别是中小企业(包括初创企业)的措施

1. 成员国应采取以下行动:

(a) 为在欧盟设有注册办事处或分支机构的中小企业(包括初创企业)提供优先进入人工智能监管沙盒的机会,只要它们满足资格条件和选择标准;优先进

入不应排除本款所述以外的其他中小企业(包括初创企业)进入人工智能监管沙盒,只要它们也满足资格条件和选择标准;

(b) 针对中小企业(包括初创企业)、部署者以及地方公共机关(如适用)的需求,就本条例的应用组织专门的宣传和培训活动;

(c) 利用现有的专门渠道,并酌情建立新的渠道,与中小企业(包括初创企业)、部署者、其他创新者以及地方公共机关(如适用)进行沟通,就本条例的实施提供建议并回答相关询问,包括有关参与人工智能监管沙盒的询问;

(d) 促进中小企业和其他利益相关方参与标准化制定过程。

2. 在根据第43条规定确定符合性评估费用时,应考虑到中小企业(包括初创企业)提供者的具体利益和需求,并根据其规模、市场大小和其他相关指标按比例降低这些费用。

3. 人工智能办公室应采取以下行动:

(a) 根据欧洲人工智能委员会在其要求中的规定,为本条例所涵盖的领域提供标准化模板;

(b) 开发并维护一个单一的信息平台,为欧盟内的所有运营者提供与本条例相关的易于使用的信息;

(c) 组织适当的宣传活动,提高对本条例规定的义务的认识;

(d) 评估和促进与人工智能系统有关的公共采购程序中的最佳实践的趋同。

第63条 特定运营者的减免

1. 第2003/361/EC号建议书所指的微型企业可以简化方式遵守本条例第17条所要求的质量管理体系的某些要素,前提是它们没有该建议书所指的合伙企业或关联企业。为此,欧盟委员会应在不影响高风险人工智能系统的保护水平或合规要求的前提下,考虑到微型企业需求,制定可以用简化方式遵守的质量管理体系要素的指南。

2. 本条第1款不得解释为免除这些运营者履行本条例规定的任何其他要求或义务,包括第9、10、11、12、13、14、15、72和73条规定的要求或义务。

第七章 治 理

第一节 欧盟层面的治理

第64条 人工智能办公室

1. 欧盟委员会应通过人工智能办公室发展欧盟在人工智能领域的专业知识和能力。

2. 成员国应为人工智能办公室执行本条例规定的任务提供便利。

第65条 欧洲人工智能委员会的设立和结构

1. 特此成立"欧洲人工智能委员会"。

2. 欧洲人工智能委员会由每个成员国的一名代表组成。欧洲数据保护专员应作为观察员参加。人工智能办公室也应出席欧洲人工智能委员会会议,但不参与表决。如果讨论的问题与其他国家和欧盟机关、机构或专家有关,欧洲人工智能委员会可根据具体情况邀请其参加会议。

3. 每位代表由其成员国指定,任期三年,可连任一次。

4. 成员国应确保其在欧洲人工智能委员会的代表:

(a) 在其成员国中拥有相关的权限和权力,以便为实现第66条所述欧洲人工智能委员会的任务做出积极贡献;

(b) 被指定为欧洲人工智能委员会的单一联络点,并在适当情况下,根据成员国的需要,被指定为利益相关方的单一联络点;

(c) 有权促进其成员国国家主管机关在执行本条例方面的一致性和协调性,包括通过收集相关数据和信息,以履行其在欧洲人工智能委员会的任务。

5. 成员国指定的代表应以三分之二多数通过欧洲人工智能委员会的议事规则。议事规则应特别规定主席的遴选程序、任期和职责,表决方式,以及欧洲人工智能委员会及其小组活动的组织方式。

6. 欧洲人工智能委员会应设立两个常设小组,为市场监督机关与通知机关之间就市场监督和公告机构相关问题提供合作和交流的平台。

根据第(EU)2019/1020号条例第30条的含义,市场监督常设小组应作为本条例的行政合作小组（ADCO）。

欧洲人工智能委员会可酌情设立其他常设或临时小组，以审查具体问题。在适当情况下，第 67 条提及的咨询论坛的代表可应邀参加这些小组或以观察员身份参加这些小组的具体会议。

7. 欧洲人工智能委员会的组织和运作应确保其活动的客观性和公正性。

8. 欧洲人工智能委员会主席由成员国的一名代表担任。人工智能办公室应为欧洲人工智能委员会提供秘书处，根据主席的要求召集会议，并根据本条例及其议事规则规定的欧洲人工智能委员会的任务准备议程。

第 66 条　人工智能委员会的任务

欧洲人工智能委员会应向欧盟委员会和成员国提供建议和协助，以促进本条例的一致和有效适用。为此，欧洲人工智能委员会尤其可以：

（a）促进负责实施本条例的国家主管机关之间的协调，并在与有关市场监督机关的合作并在征得其同意的情况下，支持第 74 条第 11 款所述市场监督机关的联合活动；

（b）在成员之间收集和分享技术和监管方面的专门知识和最佳实践；

（c）为本条例的实施提供建议，特别是在通用人工智能模型规则的执行方面；

（d）促进成员国行政管理实践的统一，包括第 46 条中提及的符合性评估程序的减免，第 57、59 和 60 条中提及的人工智能监管沙盒的运作和真实世界条件下的测试；

（e）应欧盟委员会的要求或主动就与本条例的实施及其一致和有效适用有关的任何事项提出建议和书面意见，包括：

（i）根据本条例及欧盟委员会的指引，制定与应用行为准则和实践准则；

（ii）根据第 112 条对本条例进行评估和审查，包括第 73 条提及的严重事件报告和第 71 条提及的欧盟数据库的运作情况、授权法案或实施法案的准备情况，以及关于本条例与附件一所列欧盟协调立法可能进行的衔接调整；

（iii）关于第三章第二节所列要求的技术规范或现有标准；

（iv）关于第 40、41 条所述的统一标准或共同规范的使用；

（v）趋势，如欧洲在人工智能领域的全球竞争力、人工智能在欧盟的应用以及数字技能的发展；

（vi）关于人工智能价值链类型演变的趋势，特别是由此对于问责制产生的影响；

（vii）根据第 7 条对附件三进行修正的潜在必要性，以及根据第 112 条可能

对第 5 条进行修订的潜在必要性,同时考虑到现有的相关证据和最新的技术发展;

(f) 支持欧盟委员会提升人工智能素养,提高公众对使用人工智能系统的好处、风险、保障措施以及权利和义务的认识和理解;

(g) 促进市场运营者和主管机关制定共同标准并就本条例规定的相关概念达成共识,包括通过促进基准的制定;

(h) 酌情与其他欧盟机构、组织、办公室和机关以及相关欧盟专家组和网络合作,特别是在产品安全、网络安全、竞争、数字和媒体服务、金融服务、消费者保护、数据和基本权利保护领域;

(i) 促进与第三国主管机关和国际组织的有效合作;

(j) 协助国家主管机关和欧盟委员会发展实施本条例所需的组织和技术专业知识,包括协助评估参与实施本条例的成员国工作人员的培训需求;

(k) 协助人工智能办公室支持国家主管机关建立和发展人工智能监管沙盒,并促进人工智能监管沙盒之间的合作和信息共享;

(l) 协助制定指导文件,并提供相关建议;

(m) 就有关人工智能的国际事务向欧盟委员会提出建议;

(n) 就有关通用人工智能模型的附条件警示向欧盟委员会提供意见;

(o) 听取成员国关于通用人工智能模型的附条件警示的意见,以及关于人工智能系统(特别是集成了通用人工智能模型的系统)的监测和执法的国家经验和做法的意见。

第 67 条 咨 询 论 坛

1. 应设立一个咨询论坛以提供技术专业知识,为欧洲人工智能委员会和欧盟委员会提供建议,并协助其完成本条例规定的任务。

2. 咨询论坛的成员应均衡地代表各利益相关方,包括行业界、初创企业、中小企业、民间社会和学术界。咨询论坛的成员构成应兼顾商业利益和非商业利益,并在商业利益类别中兼顾中小企业和其他企业。

3. 欧盟委员会应根据第 2 款规定的标准,从人工智能领域具有公认的专业知识的利益相关方中任命咨询论坛的成员。

4. 咨询论坛成员的任期为两年,最多可延长四年。

5. 欧洲基本权利机构、欧盟网络安全局、欧洲标准化委员会、欧洲电工标准化委员会和欧洲电信标准化协会应是咨询论坛的常任成员。

6. 咨询论坛应制定议事规则。咨询论坛应根据第 2 款规定的标准,从其成员中选出两名联席主席。联席主席的任期为两年,可连任一次。

7. 咨询论坛应每年至少举行两次会议。咨询论坛可邀请专家和其他利益相关方参加会议。

8. 咨询论坛可应欧洲人工智能委员会或欧盟委员会的要求提出意见、建议和书面材料。

9. 咨询论坛可酌情设立常设或临时小组,以审查与本条例目标有关的具体问题。

10. 咨询论坛应就其活动每年编写一份年度报告。该报告应公开公布。

第68条 独立专家科学小组

1. 欧盟委员会应通过一项实施法案,就建立一个独立专家科学小组(以下简称"科学小组")作出规定,以支持根据本条例进行的执法活动。该实施法案应根据第98条第2款所述审查程序予以通过。

2. 科学小组应由欧盟委员会根据第3款所述任务所需的人工智能领域的最新科学或技术专门知识挑选的专家组成,并应能够证明符合下列所有条件:

(a) 在人工智能领域具有专业知识和能力以及科学或技术专长;

(b) 独立于任何人工智能系统或通用人工智能模型或系统提供者;

(c) 能够勤勉、准确和客观地开展活动。

欧盟委员会应与欧洲人工智能委员会协商,根据需要确定专家小组的专家人数,并确保公平的性别和地域代表性。

3. 科学小组应向人工智能办公室提供建议和支持,特别是关于以下任务:

(a) 支持本条例在通用人工智能模型和系统方面的实施和执行,特别是通过以下方式:

(i) 根据第90条,提醒人工智能办公室注意通用人工智能模型在欧盟层面可能存在的系统性风险;

(ii) 促进开发评估通用人工智能模型和系统能力的工具和方法,包括通过基准测试;

(iii) 就具有系统性风险的通用人工智能模型的分类提供建议;

(iv) 就各种通用人工智能模型和系统的分类提供建议;

(v) 协助开发工具和模板;

(b) 应市场监督机关的要求,为其工作提供支持;

(c) 在不损害市场监督机关的权力的情况下,支持第74条第11款所述的跨境市场监管活动;

(d) 支持人工智能办公室根据第81条在欧盟保障程序范围内履行其职责。

4. 科学小组的专家应公正、客观地执行任务,并应确保对其在执行任务和开展活动时获得的信息和数据保密。他们在执行第 3 款规定的任务时,不得寻求或接受任何人的指示。每位专家都应填写一份利益声明,并应向公众公布。人工智能办公室应建立制度和程序,以积极管理和防止潜在利益冲突。

5. 第 1 款所提及的实施法案应包括关于科学小组及其成员发出警示以及请求人工智能办公室协助执行科学小组任务的条件、程序和详细安排的规定。

第 69 条 成员国使用专家库

1. 成员国可要求科学小组的专家支持其根据本条例开展的执法活动。

2. 成员国可能需要为专家提供的建议和支持支付费用。费用的结构和水平以及可回收成本的规模和结构应在第 68 条第 1 款提及的实施法案中加以规定,同时应考虑到充分实施本条例的目标、成本效益以及确保所有成员国都能有效地获得专家服务的必要性。

3. 欧盟委员会应根据需要为成员国及时接触专家提供便利,并确保欧盟人工智能测试支持机构根据第 84 条开展的支持活动与专家根据本条开展的支持活动有效结合,并尽可能提供最佳附加值。

第二节 国家主管机关

第 70 条 指定国家主管机关和单一联络点

1. 各成员国应为本条例之目的设立或指定至少一个通知机关和至少一个市场监督机关作为国家主管机关。这些国家主管机关应独立、公正和无偏见地行使权力,以保障其活动和任务的客观性,并确保本条例的适用和实施。这些机关的成员不得采取任何与其职责不符的行动。在遵守这些原则的前提下,这些活动和任务可根据成员国的组织需要,由一个或几个指定的机构来完成。

2. 成员国应向欧盟委员会通报通知机关和市场监督机关的身份、这些机关的任务以及随后的任何变动。成员国应在 2025 年 8 月 2 日之前,通过电子通信手段,公布有关如何与主管机关和单一联络点取得联系的信息。成员国应指定一个市场监督机关作为本条例的单一联络点,并将单一联络点的身份通知欧盟委员会。欧盟委员会应公布单一联络点名单。

3. 成员国应确保向国家主管机关提供充足的技术、财政和人力资源以及基础设施,以有效履行本条例规定的任务。特别是,国家主管机关应拥有足够数量的常驻人员,他们应当具备多方面的能力和专业知识,包括对于人工智能技术、数据和数据计算、个人数据保护、网络安全、基本权利、健康和安全风险具有深刻的理解，并了解现有标准和法律要求。成员国应每年评估并在认为必要时更新本款所述的能力和资源要求。

4. 国家主管机关应采取适当措施，确保足够的网络安全水平。

5. 国家主管机关在执行任务时，应遵守第78条规定的保密义务。

6. 成员国应在2025年8月2日之前，并在此后每两年一次向欧盟委员会报告国家主管机关的财力和人力资源状况，并评估其是否充足。欧盟委员会应将这些信息转交欧洲人工智能委员会讨论并提出可能的建议。

7. 欧盟委员会应促进国家主管机关之间的经验交流。

8. 国家主管机关可就本条例的实施提供指导和建议，特别是向包括初创企业在内的中小企业提供指导和建议，同时酌情考虑欧洲人工智能委员会和欧盟委员会的指导和建议。当国家主管机关打算就其他欧盟立法所涵盖领域的人工智能系统提供指导和建议时，应酌情咨询该欧盟立法下的国家主管机关。

9. 当欧盟机构、组织、办公室或机关属于本条例的范围时，欧洲数据保护专员应作为主管机关对其进行监督。

第八章　欧盟高风险人工智能系统数据库

第71条　附件三所列欧盟高风险人工智能系统数据库

1. 欧盟委员会应与成员国合作，建立并维护一个包含本条第2、3款提及的信息的欧盟数据库，该数据库涉及第6条第2款提及的根据第49条及第60条登记的高风险人工智能系统，以及根据第6条第3款不被视为高风险但根据第6条第4款和第49条登记的人工智能系统。在设定该数据库的功能规范时，欧盟委员会应征求相关专家的意见；在更新该数据库的功能规范时，欧盟委员会应征求欧洲人工智能委员会的意见。

2. 附件八第A节所列数据应由提供者或其授权代表（如适用）输入欧盟数据库。

3. 附件八第C节所列数据应由一个公共机关、机关或组织作为部署者或上述主体的代表根据第49条第3、4款的规定输入欧盟数据库。

4. 除第49条第4款和第60条第4款c项所述部分外，根据第49条登记的欧盟数据库中包含的信息应以用户友好的方式可被访问并向公众开放。该信息应易于浏览和机器可读。根据第 60 条登记的信息只应向市场监督机关和欧盟委员会开放,除非潜在提供者或提供者也同意向公众开放这些信息。

5. 欧盟数据库应仅包含根据本条例收集和处理信息所必需的个人数据。这些信息应包括负责登记系统并拥有代表提供者或部署者的法律授权的自然人的姓名和联系方式(如适用)。

6. 欧盟委员会应是欧盟数据库的控制者。它应向提供者、潜在提供者和部署者提供充分的技术和行政支持。欧盟数据库应符合适用的无障碍访问的要求。

第九章 上市后监测、信息共享和市场监督

第一节 上市后监测

第 72 条 提供者对高风险人工智能系统的上市后监测和上市后监测计划

1. 提供者应以与人工智能技术的性质和高风险人工智能系统的风险相称的方式,建立并记录上市后监测系统。

2. 上市后监测系统应积极和系统地收集、记录和分析可能由部署者提供或通过其他来源收集的关于高风险人工智能系统整个生命周期性能的相关数据,并使提供者能够评估人工智能系统是否持续符合第三章第二节规定的要求。在相关情况下,上市后监测应包括分析与其他人工智能系统的交互。这一义务不应涵盖作为执法机构的部署者的敏感操作数据。

3. 上市后监测系统应以上市后监测计划为基础。上市后监测计划应作为附件四所述技术文件的一部分。欧盟委员会应在 2026 年 2 月 2 日之前通过一项实施法案,详细规定上市后监测计划的模板以及计划中应包括的要素清单。该实施法案应根据第 98 条第 2 款提及的审查程序予以通过。

4. 对于附件一第 A 节所列欧盟协调立法所涵盖的高风险人工智能系统,如果已经根据该立法建立了上市后监测系统和计划,为了确保一致性、避免重复和尽量减少额外负担,提供者应当可以选择酌情使用第 3 款中提及的模板,将第

1、2 和 3 款中描述的必要元素整合到根据该立法已经存在的系统和计划中，前提是其达到同等的保护水平。

本款第 1 项也适用于附件三第 5 点所述的高风险人工智能系统，这些系统由金融机构投放市场或提供服务，而这些机构在其内部治理、安排或流程方面须遵守欧盟金融服务立法的要求。

第二节　共享严重事件信息

第 73 条　严重事件的报告

1. 在欧盟市场上投放的高风险人工智能系统的提供者应向事件发生地成员国的市场监督机关报告任何严重事件。

2. 第 1 款所述报告应在提供者确定了人工智能系统与严重事件之间的因果关系或确定了这种关系的合理可能性之后立即提交，而且无论如何不得迟于提供者或部署者（如适用）意识到严重事件之日起 15 天。

本款第 1 项所述的报告期限应考虑到事件的严重性。

3. 尽管本条第 2 款作了规定，但如果发生广泛的侵权行为或第 3 条第 49 款 b 项所定义的严重事件，应立即提交本条第 1 款所述的报告，且不得迟于提供者或部署者（如适用）意识到严重事件之日起两天。

4. 尽管第 2 款作了规定，但如果发生人员死亡事件，应在提供者或部署者确定或一旦怀疑高风险人工智能系统与严重事件之间存在因果关系后立即提交报告，且不得迟于提供者或部署者（如适用）意识到严重事件之日起 10 天。

5. 必要时，为确保及时报告，提供者或部署者（如适用）可提交不完整的初步报告，之再提交完整的报告。

6. 在根据第 1 款报告严重事件后，提供者应立即对严重事件和有关的人工智能系统进行必要的调查。调查应包括对事件的风险评估和纠正措施。

在本款第 1 项所述的调查过程中，提供者应与主管机关合作，并在相关情况下与有关的公告机构合作，在通知主管机关之前，不得进行任何涉及以可能影响后续对事件原因评价的方式更改相关人工智能系统的调查。

7. 在收到与第 3 条第 49 款 c 项所述严重事件有关的通知后，相关市场监督机关应通知第 77 条第 1 款所述国家公共机关或组织。欧盟委员会应制定专门的指南，以促进本条第 1 款规定的义务的履行。该指南应在 2025 年 8 月 2 日发布，并应定期评估。

8. 市场监督机关应在收到本条第 1 款所述通知之日起 7 天内，按照第

(EU)2019/1020号条例第19条的规定采取适当措施,并应遵循该条例规定的通知程序。

9. 对于附件三所述的高风险人工智能系统,如果是由遵循与本条例同等报告义务的欧盟法律文件的提供者投放市场或提供服务,则严重事件的通报应仅限于第3条第49款c项所述的情况。

10. 对于属于第(EU)2017/745号条例和第(EU)2017/746号条例所涵盖的设备安全组件或本身即为设备的高风险人工智能系统,严重事件的通报应仅限于本条例第3条第49款c项所述的事件,并应向事件发生地成员国为此目的选择的国家主管机关通报。

11. 国家主管机关应根据第(EU)2019/1020号条例第20条的规定,立即向欧盟委员会通报任何严重事件,无论其是否已就此采取行动。

第三节 执 法

第74条 欧盟市场对人工智能系统的市场监督和控制

1. 第(EU)2019/1020号条例适用于本条例所涵盖的人工智能系统。然而,为有效执行本条例:

(a) 任何第(EU)2019/1020号条例提及的经济运营者,均应理解为包括本条例第2条第1款中确定的所有运营者;

(b) 任何第(EU)2019/1020号条例提及的产品,均应理解为包括本条例范围内的所有人工智能系统。

2. 作为第(EU)2019/1020号条例第34条第4款规定的报告义务的一部分,市场监督机关应每年向欧盟委员会和相关国家竞争管理机构报告在市场监督活动过程中发现的任何可能与适用欧盟竞争规则法有关的信息。它们还应当每年向欧盟委员会报告当年发生的使用违禁做法的情况以及所采取的措施。

3. 对于与附件一第A节所列欧盟协调立法适用的产品有关的高风险人工智能系统,为本条例的目的,市场监督机关应是这些法案指定的负责市场监督活动的机构。

成员国可视情况作出与本款第1项不同的规定,指定另一个相关机关作为市场监督机关,但必须确保与负责执行附件一所列欧盟协调立法的相关部门市场监督机关进行协调。

4. 本条例第79至83条所述程序不适用于与附件一第A节所列欧盟协调立法涵盖的产品有关的人工智能系统,如果这些法案已经规定了确保同等保护水平并具有相同目标的程序。在这种情况下,应适用相关的部门程序。

5. 在不影响第(EU)2019/1020号条例第14条规定的市场监督机关的权力的前提下,为确保本条例的有效实施,市场监督机关可酌情远程行使该条例第14条第4款d项和j项所述的权力。

6. 对于由受欧盟金融服务立法监管的金融机构投放市场、提供服务或使用的高风险人工智能系统,只要人工智能系统投放市场、提供服务或使用与提供这些金融服务直接相关,则为本条例之目的,市场监督机关应是根据该立法负责对这些机构进行金融监管的相关国家机关。

7. 在适当的情形下可以作出与第6款不同的规定,在适当情况下,并在确保协调的前提下,成员国可为本条例的目的确定另一个相关机关作为市场监督机关。

根据2013/36/EU号指令对受监管信贷机构进行监督的国家市场监督机关,如果参与了根据第(EU)1024/2013号条例建立的单一监督机制,则应立即向欧洲中央银行报告在其市场监督活动过程中发现的可能与该条例规定的欧洲中央银行审慎监管任务有关的任何信息。

8. 对于本条例附件三第1点所列的高风险人工智能系统,只要该系统用于执法目的、边境管理以及司法和民主进程,且对于本条例附件三第6、7和8点所列的高风险人工智能系统,成员国应为本条例之目的,根据第(EU)2016/679号条例或第(EU)2016/680号指令指定的主管数据保护的监督机关,或者根据第(EU)2016/680号指令第41至44条规定的相同条件指定的任何其他机关为市场监督机关。市场监督活动不得以任何方式影响司法机关的独立性,或以其他方式干扰司法机关行使司法职能时的活动。

9. 如果欧盟机构、组织、办公室或机关属于本条例的适用范围,欧洲数据保护专员应作为其市场监督机关,但行使司法职能的欧盟法院除外。

10. 成员国应促进根据本条例指定的市场监督机关与其他相关国家机关或组织之间的协调,这些机关或组织负责监督附件一所列或其他欧盟法律中可能与附件三所述高风险人工智能系统相关的欧盟协调立法的适用。

11. 市场监督机关和欧盟委员会应能够提议开展联合活动,包括由市场监督机关单独或与欧盟委员会联合开展的联合调查,旨在根据第(EU)2019/1020号条例第9条,针对在两个或两个以上成员国中被发现构成严重风险的特定类别高风险人工智能系统,促进合规、查明不合规情况、提高认识或提供与本条例有关的指导。人工智能办公室应为联合调查提供协调支持。

12. 在不影响第(EU)2019/1020号条例规定的权力的情况下,并在相关且仅限于履行其任务所必需的情况下,市场监督机关应被授予对提供者开发高风险人工智能系统所使用的文档以及训练、验证和测试数据集的完全访问权限,包括在适当且符合安全保障的情况下,通过应用程序编程接口(API)或其他相关技术手段和工具进行远程访问。

13. 只有在满足以下两个条件的情况下,市场监督机关才能根据合理的请求访问高风险人工智能系统的源代码:

(a) 为评估高风险人工智能系统是否符合第三章第二节的要求,有必要访问源代码;以及

(b) 根据提供者提供的数据和文件进行的测试或审计程序和核查已经用尽或证明不足。

14. 市场监督机关获得的任何信息或文件均应根据第78条规定的保密义务处理。

第75条 通用人工智能系统的互助、市场监督和控制

1. 如果人工智能系统基于通用人工智能模型,且该模型和系统由同一提供者开发,则人工智能办公室应有权监测和监督该人工智能系统遵守本条例规定的义务。为执行其监测和监督任务,人工智能办公室应拥有本节和第(EU) 2019/1020号条例所指的市场监督机关的所有权力。

2. 如果相关市场监督机关有充分理由认为,可由部署者直接用于至少一种根据本条例被归类为高风险目的的通用人工智能系统不符合本条例规定的要求,则应与人工智能办公室合作开展合规性评估,并应相应通知欧洲人工智能委员会和其他市场监督机关。

3. 如果市场监督机关已作出一切适当努力但仍无法获得与通用人工智能模型有关的特定信息,从而无法完成对高风险人工智能系统的调查,则可以向人工智能办公室提出合理的请求,以强制访问该信息。在这种情况下,人工智能办公室应立即向申请机关提供其认为与确定高风险人工智能系统是否不合规相关的任何信息,且无论如何应在30天内提供。市场监督机关应根据本条例第78条的规定对所获得的信息保密。第(EU)2019/1020号条例第六章规定的程序应比照适用。

第76条 市场监督机关对真实世界条件下的测试进行监督

1. 市场监督机关有权确保在真实世界条件下的测试符合本条例的规定。

2. 对于根据第58条在人工智能监管沙盒内对受监管的人工智能系统进行真实世界条件下的测试,市场监督机关应核实是否遵守第60条的规定,作为其对人工智能监管沙盒的监管职责的一部分。这些机关可酌情允许提供者或潜在

提供者在真实世界条件下进行测试,作为第60条第4款f项和g项规定的条件的例外。

3. 如果潜在提供者、提供者或任何第三方告知市场监督机关发生了严重事件,或有其他理由认为第60、61条规定的条件未得到满足,市场监督机关可在其所在成员国境内酌情作出以下任一决定:

(a) 在真实世界条件下暂停或终止测试;

(b) 要求提供者或潜在提供者和部署者或者潜在部署者在真实世界条件下修改测试的任何方面。

4. 市场监督机关在作出本条第3款所述决定,或已发出第60条第4款b项所指的反对意见时,应说明理由,并告知提供者或潜在提供者如何对该决定或反对意见提出质疑。

5. 在适用的情况下,如果市场监督机关作出了本条第3款所述的决定,应将其理由通知按照测试计划对人工智能系统进行了测试的其他成员国的市场监督机关。

第77条 保护基本权利机构的权力

1. 负责监督或强制执行与使用附件三所述高风险人工智能系统有关的欧盟法律规定的保护基本权利(包括不受歧视的权利)义务的国家公共机关或组织,应有权要求并获取根据本条例以易于理解的语言和格式创建或维护的任何文件,如果获取该文件是在其管辖范围内有效履行其职责所必需的。有关公共机关或机构应将任何此类要求通知有关成员国的市场监督机关。

2. 在2024年11月2日前,各成员国应确定第1款所述公共机关或组织,并公布其名单。成员国应将该名单通知欧盟委员会和其他成员国,并应及时更新该名单。

3. 如果第1款所述文件不足以确定是否发生了违反保护基本权利的欧盟法律所规定义务的情况,第1款所述公共机关或组织可向市场监督机关提出合理请求,通过技术手段组织对高风险人工智能系统的测试。市场监督机关应在收到请求后的合理时间内,在提出请求的公共机关或组织的密切参与下组织测试。

4. 本条第1款提及的国家公共机关或组织根据本条规定获得的任何信息或文件均应根据第78条规定的保密义务处理。

第78条 保　　密

1. 欧盟委员会、市场监督机关和公告机构以及参与实施本条例的任何其他

自然人或法人,应根据欧盟或成员国法律,尊重在执行其任务和活动时获得的信息和数据的保密性,特别是保护以下内容:

(a) 自然人或法人的知识产权和商业机密信息或商业秘密(包括源代码),但欧洲议会和欧盟理事会第(EU)2016/943号指令①所述情况除外;

(b) 有效执行本条例,特别是为了检查、调查或审计的目的;

(c) 公共和国家安全利益;

(d) 刑事或行政诉讼活动;

(e) 根据欧盟或成员国法律保密的信息。

2. 根据第1款参与实施本条例的机关,应仅要求提供对评估人工智能系统所构成的风险以及根据本条例和第(EU)2019/1020号条例行使其权力绝对必要的数据。上述机关应采取充分有效的网络安全措施,以保护所获取信息和数据的安全性和保密性,并应根据适用的欧盟或成员国法律,在不再需要用于获取数据的目的时,立即删除所收集的数据。

3. 在不影响第1、2款的情况下,当执法、边境管制、移民或庇护机关使用附件三第1、6或7点所述高风险人工智能系统时,以及当披露信息会危及公共和国家安全利益时,未经事先与提供信息的国家主管机关和部署者协商,不得披露国家主管机关之间或国家主管机关与欧盟委员会之间在保密基础上交换的信息。这种信息交流不应包括与执法、边境管制、移民或庇护机关的活动有关的敏感操作数据。

当执法、移民或庇护机关是附件三第1、6或7点所述高风险人工智能系统的提供者时,附件四所述技术文件应保留在这些机关的办公场所内。这些机关应确保第74条第8、9款所指的市场监督机关(如适用)在提出要求后能立即查阅这些文件或获得其副本。只有持有适当级别安全许可的市场监督机关工作人员才能查阅该文件或其任何副本。

4. 第1、2和3款不应影响欧盟委员会、成员国及其有关机关以及公告机构在交流信息和发布警告方面的权利或义务,包括在跨境合作中的权利或义务,也不应影响有关各方根据成员国刑法提供信息的义务。

5. 必要时,欧盟委员会和成员国可根据国际和贸易协定的相关规定,与已达成双边或多边保密安排的第三国监管机构交换机密信息,以保证充分的保密水平。

---

① 欧洲议会和欧盟理事会2016年6月8日关于保护未披露的专有技术和商业信息(商业秘密),防止其被非法获取、使用和披露的第(EU)2016/943号指令(OJ L 157,15.6.2016,p.1)。

第 79 条　国家层面处理有风险的人工智能系统的程序

1. 具有风险的人工智能系统应被理解为第（EU）2019/1020 号条例第 3 条第 19 款所定义的"具有风险的产品"，只要它们对人的健康、安全或基本权利构成风险。

2. 如果成员国的市场监督机关有充分理由认为某个人工智能系统存在本条第 1 款所述的风险，则应就该人工智能系统是否符合本条例规定的所有要求和义务对其进行评估。应特别关注对弱势群体构成风险的人工智能系统。如发现对基本权利构成风险，市场监督机关还应通知第 77 条第 1 款所述的相关国家公共机关或组织，并与之充分合作。相关运营者应在必要时与市场监督机关以及第 77 条第 1 款提及的其他国家公共机关或组织合作。

如果在评估过程中，市场监督机关或（如适用）市场监督机关与第 77 条第 1 款所述的国家公共机关合作，发现人工智能系统不符合本条例规定的要求和义务，则应在不无故拖延的情况下，要求相关运营者采取一切适当的纠正措施，使人工智能系统符合要求，从市场上撤回人工智能系统，或在市场监督机关规定的期限内（无论如何应在 15 个工作日，或相关欧盟协调立法规定的较短期限内）召回人工智能系统。

市场监督机关应相应通知相关公告机构。第（EU）2019/1020 号条例第 18 条应适用于本款第 2 项所述措施。

3. 如果市场监督机关认为不符合规定的情况不限于本国境内，则应将评估结果和要求运营者采取的行动通知欧盟委员会和其他成员国，且不得无故拖延。

4. 运营者应确保对其在欧盟市场上提供的所有相关人工智能系统采取一切适当的纠正措施。

5. 如果人工智能系统的运营者在第 2 款所述期限内没有采取适当的纠正措施，市场监督机关应采取所有适当的临时措施，禁止或限制该人工智能系统在其本国市场上提供或提供服务，从该市场上撤回该产品或独立的人工智能系统，或将其召回。该机关应立即将这些措施通知欧盟委员会和其他成员国。

6. 第 5 款所述通知应包括所有可获得的细节，特别是识别不合规人工智能系统所需的信息、人工智能系统的来源及其供应链、所称不合规的性质和所涉风险、所采取的国家措施的性质和持续时间以及相关运营者提出的论据。特别是，市场监督机关应说明不合规行为是否由以下一个或多个原因造成的：

（a）不符合第 5 条所述的禁止人工智能行为的规定；

（b）高风险人工智能系统未能达到第三章第二节的要求；

（c）根据第 40 条和第 41 条关于符合性推定中所述的统一标准或共同规范

规定具有缺陷；

(d) 不符合第 50 条。

7. 除启动程序的市场监督机关外,其他成员国的市场监督机关应在不无故拖延的情况下,向欧盟委员会和其他成员国通报其所采取的任何措施和所掌握的与有关人工智能系统不合规有关的任何补充信息,并在不同意所通报的国家措施的情况下,提出其反对意见。

8. 如果在收到本条第 5 款所述通知后三个月内,一成员国市场监督机关和欧盟委员会均未对另一成员国市场监督机关采取的临时措施提出异议,则该措施应被视为合理。这不应损害相关运营者根据第(EU)2019/1020 号条例第 18 条享有的程序性权利。在不遵守本条例第 5 条所述禁止人工智能行为的情况下,本款所述的三个月期限应缩短为 30 天。

9. 市场监督机关应确保对有关产品或人工智能系统采取适当的限制性措施,如在不无故拖延的情况下将该产品或人工智能系统撤出其市场。

第 80 条　处理被提供者归类为适用附件三的非高风险人工智能系统的程序

1. 如果市场监督机关有充分理由认为,根据第 6 条第 3 款被提供者列为非高风险的人工智能系统实际上是高风险的,市场监督机关应根据第 6 条第 3 款规定的条件和欧盟委员会的指南,对有关人工智能系统是否被列为高风险人工智能系统进行评估。

2. 如果在评估过程中,市场监督机关发现有关人工智能系统存在高风险,则应立即要求相关提供者采取一切必要行动,使人工智能系统符合本条例规定的要求和义务,并在市场监督机关规定的期限内采取适当的纠正措施。

3. 如果市场监督机关认为有关人工智能系统的使用不限于本国境内,则应将评估结果和要求提供者采取的行动通知欧盟委员会和其他成员国,不得无故拖延。

4. 提供者应确保采取一切必要行动,使人工智能系统符合本条例规定的要求和义务。如果有关人工智能系统的提供者没有在本条第 2 款所述期限内使人工智能系统符合这些要求和义务,则应根据第 99 条对提供者处以罚款。

5. 提供者应确保对其在欧盟市场上提供的所有相关人工智能系统采取一切适当的纠正措施。

6. 如果有关人工智能系统的提供者在本条第 2 款所述期限内没有采取适当的纠正措施,则应适用第 79 条第 5 至 9 款。

7. 如果在根据本条第 1 款进行评估的过程中,市场监督机关确定人工智能系统被提供者错误地归类为非高风险系统,以规避第三章第二节要求的适用,则应根据第 99 条对提供者处以罚款。

8. 在行使其监督本条适用情况的权力时,市场监督机关应根据第(EU)2019/1020 号条例第 11 条进行适当的检查,特别是考虑到本条例第 71 条所述欧盟数据库中存储的信息。

第 81 条 欧盟保障程序

1. 如果在收到第 79 条第 5 款所述通知后三个月内,或在未遵守第 5 条所述禁止人工智能行为的情况下 30 天内,一成员国的市场监督机关对另一市场监督机关采取的措施提出异议,或欧盟委员会认为该措施违反欧盟法律,欧盟委员会应立即与相关成员国的市场监督机关和一个或多个运营者进行协商,并对该国家措施进行评估。根据评估结果,欧盟委员会应在六个月内,或在不遵守第 5 条所述禁止人工智能行为的情况下,自第 79 条第 5 款所述通知起 60 天内,决定该国家措施是否合理,并将其决定通知相关成员国的市场监督机关。欧盟委员会还应将其决定通知所有其他市场监督机关。

2. 如果欧盟委员会认为有关成员国采取的措施是合理的,所有成员国应确保对有关的人工智能系统采取适当的限制性措施,如要求该人工智能系统从其市场上撤出,不得无故拖延,并应将有关情况通报欧盟委员会。如果欧盟委员会认为该国家措施不合理,有关成员国应撤销该措施,并将有关情况通报欧盟委员会。

3. 如果国家措施被认为是合理的,并且人工智能系统的不合规是因为本条例第 40 条和第 41 条提及的统一标准或共同规范的缺陷造成的,欧盟委员会应适用第(EU)1025/2012 号条例第 11 条规定的程序。

第 82 条 存在风险的合规人工智能系统

1. 如果成员国的市场监督机关在根据第 79 条进行评估,并与第 77 条第 1 款提及的相关国家公共机关协商后,发现尽管高风险人工智能系统符合本条例的规定,但仍然对人员的健康或安全、基本权利或其他公共利益保护方面构成风险,则应要求相关运营者采取一切适当措施,确保有关人工智能系统在投放市场或提供服务后,在其规定的期限内不再构成风险,不得无故拖延。

2. 提供者或其他相关运营者应确保在第 1 款所述成员国市场监督机关规定的时限内,对其在欧盟市场上提供的所有相关人工智能系统采取纠正措施。

3. 成员国应立即向欧盟委员会和其他成员国通报第 1 款所述的调查结果。这些信息应包括所有可获得的细节,特别是识别有关人工智能系统的必要数据、人工智能系统的来源及其供应链、所涉风险的性质以及所采取的国家措施的性质和持续时间。

4. 欧盟委员会应立即与有关成员国和相关运营者进行磋商,并对采取的国家措施进行评估。根据评估结果,欧盟委员会应决定该措施是否合理,并在必要时提出其他适当措施。

5. 欧盟委员会应立即将其决定通知有关成员国和相关运营者。同时,还应通知其他成员国。

第 83 条　形式违规行为

1. 如果成员国的市场监督机关得出以下结论之一,则应要求相关提供者在其规定的期限内停止有关违规行为:

(a) 违反第 48 条规定粘贴 CE 标志;

(b) 没有加贴 CE 标志;

(c) 未制定第 47 条欧盟符合性声明;

(d) 未正确制定第 47 条欧盟符合性声明;

(e) 尚未在第 71 条欧盟数据库中登记;

(f) 在适用情况下,未指定授权代表;

(g) 没有技术文件。

2. 如果第 1 款所述违规行为持续存在,有关成员国的市场监督机关应采取适当和相称的措施,限制或禁止高风险人工智能系统在市场上提供,或确保毫不拖延地从市场上召回或撤回该系统。

第 84 条　欧盟人工智能测试支持机构

1. 欧盟委员会应指定一个或多个欧盟人工智能测试支持机构,在人工智能领域执行第(EU)1020/2019 号条例第 21 条第 6 款所列的任务。

2. 在不影响第 1 款所述任务的前提下,欧盟人工智能测试支持机构还应根据欧洲人工智能委员会、欧盟委员会或市场监督机关的要求,提供独立的技术或科学建议。

第四节　救　　济

第 85 条　向市场监督机关投诉的权利

在不影响其他行政或司法救济措施的情况下,任何自然人或法人如有理由认为存在违反本条例规定的行为,均可向相关市场监督机关投诉。

根据第(EU)2019/1020 号条例,此类投诉应被纳入市场监督活动的考虑范围,并按照市场监督机关制定的专门程序进行处理。

第 86 条　解释个人决策的权利

1. 任何受部署者根据附件三所列高风险人工智能系统(附件三第 2 点所列系统除外)的输出结果所作决定影响的人,如果认为该决定对其健康、安全或基本权利产生不利影响,有权要求部署者对人工智能系统在决策程序中的作用和所作决定的主要因素作出明确而有意义的解释。

2. 第 1 款不适用于根据欧盟法律或成员国法律对该款规定的义务有例外或限制的人工智能系统的使用。

3. 本条仅适用于第 1 款所述权利在欧盟法律中没有其他规定的情况。

第 87 条　举报违规行为和保护举报人

第(EU)2019/1937 号指令应适用于对违反本条例行为的举报以及对举报此类违法行为的人员的保护。

第五节　对通用人工智能模型提供者的监督、调查、执法和监测

第 88 条　执行通用人工智能模型提供者的义务

1. 考虑到第 94 条规定的程序保障,欧盟委员会应拥有监督和执行第五章的专属权力。欧盟委员会应委托人工智能办公室执行这些任务,但不应影响委员会的组织权力以及成员国和欧盟之间基于条约的权限划分。

2. 在不影响第 75 条第 3 款的情况下,市场监督机关可请求欧盟委员会行使本节规定的权力,只要这样做对协助其完成本条例规定的任务是必要和相称的。

第 89 条　监 测 行 动

1. 为执行本节规定的任务,人工智能办公室可采取必要行动,监测通用人工智能模型提供者有效执行和遵守本条例的情况,包括遵守经批准的实践准则的情况。

2. 下游提供者有权就违反本条例的行为提出投诉。投诉应充分说明理由,

并至少包括以下内容：

（a）相关通用人工智能模型提供者的联络点；

（b）对相关事实的描述、本条例的相关规定，以及下游提供者认为相关通用人工智能模型提供者违反本条例的原因；

（c）下游提供者认为相关的任何其他信息，包括在适当情况下主动收集的信息。

第 90 条　科学小组对系统性风险的警示

1. 当科学小组有理由怀疑存在以下情况时，可向人工智能办公室发出附条件的警示：

（a）通用人工智能模型在欧盟层面构成具体的可识别风险；或

（b）通用人工智能模型符合第 51 条所述条件。

2. 在接到这种附条件的警示后，欧盟委员会可通过人工智能办公室并在通知欧洲人工智能委员会后，行使本节规定的权力，对问题进行评估。人工智能办公室应将根据第 91 至 94 条采取的任何措施通知欧洲人工智能委员会。

3. 附条件的警示应充分说明理由，并至少包括以下内容：

（a）有系统性风险的通用人工智能模型提供者的联络点；

（b）对相关事实的描述和科学小组发出警示的理由；

（c）科学小组认为相关的任何其他信息，包括在适当情况下主动收集的信息。

第 91 条　要求提供文件和信息的权力

1. 欧盟委员会可以要求有关通用人工智能模型的提供者提供其根据第 53 条和第 55 条起草的文件，或为评估该提供者遵守本条例的情况所需的任何补充信息。

2. 在发出提供信息的请求之前，人工智能办公室可以与通用人工智能模型的提供者开展有组织的对话。

3. 在科学小组提出有充分理由的请求后，欧盟委员会可向通用人工智能模型的提供者发出提供信息的请求，只要获取这些信息对于科学小组完成根据第 68 条第 2 款规定的任务是必要且适当的。

4. 提供信息的请求应说明请求的法律依据和目的，具体说明需要哪些信息，设定提供信息的期限，并指出根据第 101 条规定提供不正确、不完整或误导性信息的将处以罚款。

5. 有关通用人工智能模型的提供者或其代表应提供所要求的信息。如果是法人、公司或事务所,或者在提供者没有法人资格的情况下,应由法律或其章程授权的代表人代表其提供所要求的信息。经正式授权的律师可代表其客户提供信息。但如果所提供的信息不完整、不正确或有误导性,客户仍应承担全部责任。

第92条 进行评估的权力

1. 人工智能办公室在咨询欧洲人工智能委员会后,可对相关通用人工智能模型进行评估,具体包括:

(a) 如果根据第91条收集的信息不充分,评估提供者遵守本条例规定的义务的情况;或

(b) 调查具有系统性风险的通用人工智能模型在欧盟层面的系统性风险,特别是在科学小组根据第90条第1款a项发出附条件的警示之后。

2. 欧盟委员会可以决定任命独立专家代表其进行评估,包括从根据第68条成立的科学小组中任命独立专家。为此任务任命的独立专家应符合第68条第2款规定的标准。

3. 为第1款之目的,欧盟委员会可以要求通过应用程序编程接口(API)或其他适当的技术手段和工具(包括源代码),访问有关的通用人工智能模型。

4. 访问请求应说明请求的法律依据、目的和理由,设定提供访问的期限,并指出根据第101条规定不提供访问的将处以罚款。

5. 有关通用人工智能模型的提供者或其代表应当提供所请求的信息。如果是法人、公司或事务所,或者在提供者没有法人资格的情况下,应由法律或其章程授权的代表人代表其提供所要求的访问。

6. 欧盟委员会应通过实施法案,规定评估的具体安排和条件,包括让独立专家参与评估的具体安排,以及遴选独立专家的程序。这些实施法案应根据第98条第2款提及的审查程序予以通过。

7. 在要求访问有关的通用人工智能模型之前,人工智能办公室可以与通用人工智能模型的提供者进行有组织的对话,以收集更多关于模型内部测试、预防系统性风险的内部保障措施以及提供者为降低此类风险而采取的其他内部程序和措施的信息。

第93条 要求采取措施的权力

1. 在必要和适当的情况下,欧盟委员会可要求提供者:

(a) 采取适当措施以履行第53条和第54条规定的义务;

(b) 实施缓解措施,如果根据第92条进行的评估引起了对欧盟层面系统性

风险的严重且确凿的担忧;

(c) 限制在市场上提供、撤回或召回该模型。

2. 在要求采取某项措施之前,人工智能办公室可与通用人工智能模型的提供者开展有组织的对话。

3. 如果在第 2 款提及的有组织对话期间,具有系统性风险的通用人工智能模型的提供者承诺实施缓解措施以应对在欧盟层面的系统性风险,则欧盟委员会可以通过决定使这些承诺具有约束力,并宣布不再需要进一步采取行动。

第 94 条　通用人工智能模型经济运营者的程序权利

第(EU)2019/1020 号条例第 18 条应比照适用于通用人工智能模型的提供者,但不妨碍本条例规定的更具体的程序权利。

第十章　行为准则和指南

第 95 条　自愿执行具体要求的行为准则

1. 人工智能办公室和成员国应鼓励和促进制定行为准则,包括相关的治理机制,以促进除高风险人工智能系统外的人工智能系统自愿适用本条例第三章第二节中的部分或全部要求,同时考虑到允许适用这些要求的现有技术解决方案和行业最佳实践。

2. 人工智能办公室和成员国应根据明确的目标和衡量这些目标实现情况的关键绩效指标,促进制定有关自愿应用(包括部署者)所有人工智能系统具体要求的行为准则,包括但不限于以下内容:

(a) 欧盟《可信人工智能伦理准则》中规定的适用要素;

(b) 评估和尽量减少人工智能系统对环境可持续性的影响,包括节能编程和高效设计、训练和使用人工智能的技术;

(c) 提升人工智能素养,特别是提升从事人工智能开发、操作和使用的人员的人工智能素养;

(d) 促进人工智能系统设计的包容性和多样性,包括通过建立包容性和多样性的开发团队以及促进利益相关方参与这一过程;

(e) 评估和防止人工智能系统对弱势人员或群体的负面影响,包括对残障人士的可及性与性别平等的负面影响。

3. 行为准则可由人工智能系统的个别提供者或部署者，或代表它们的组织，或由两者共同制定，包括任何利益相关者及其代表组织（包括民间社会组织和学术界）的参与下制定。考虑到相关系统预期目的的相似性，行为准则可涵盖一个或多个人工智能系统。

4. 在鼓励和促进制定行为准则时，人工智能办公室和成员国应考虑到包括初创企业在内的中小企业的具体利益和需要。

第96条　欧盟委员会关于实施本条例的指导原则

1. 欧盟委员会应就本条例的具体实施，特别是就以下方面制定指导原则：

(a) 适用第8至15条以及第25条所规定的要求和义务；

(b) 第5条所规定的禁止行为；

(c) 与实质性修改有关的规定的实际执行情况；

(d) 切实履行第50条规定的透明度义务；

(e) 详细说明本条例与附件一所列欧盟协调立法以及其他相关欧盟法律之间的关系，包括在执行方面的一致性；

(f) 适用第3条第1款对人工智能系统的定义。

在发布此类指导原则时，欧盟委员会应特别关注包括初创企业在内的中小企业、地方公共机关以及最有可能受本条例影响的部门的需求。

本款第1项中提及的原则应适当考虑人工智能方面公认的技术水平，以及第40、41条中提及的相关统一标准和共同规范，或根据欧盟协调立法规定的统一标准或技术规格。

2. 欧盟委员会应根据成员国或人工智能办公室的请求，或在认为必要时主动更新以前通过的指导原则。

第十一章　授权与委员会程序

第97条　授权的行使

1. 根据本条规定的条件，欧盟委员会有权通过授权法案。

2. 根据第6条第6、7款，第7条第1、3款，第11条第3款，第43条第5、6

款,第 47 条第 5 款,第 51 条第 3 款,第 52 条第 4 款,以及第 53 条第 5、6 款的规定,欧盟委员会被授予通过授权法案的权力,自 2024 年 8 月 1 日起为期五年。欧盟委员会应在五年期届满前的九个月内编写一份有关授权的报告。除非欧洲议会或欧盟理事会在每个期限届满前三个月内反对延长,否则授权期限将自动延长相同期限。

3. 欧洲议会或欧盟理事会可随时撤销第 6 条第 6、7 款,第 7 条第 1、3 款,第 11 条第 3 款,第 43 条第 5、6 款,第 47 条第 5 款,第 51 条第 3 款,第 52 条第 4 款,以及第 53 条第 5、6 款所述的授权。撤销决定应终止该决定中规定的授权。撤销决定应于《欧盟官方公报》公布后的次日或其后指定的日期生效。该决定不影响任何已生效的授权法案的有效性。

4. 在通过授权法案之前,欧盟委员会应根据 2016 年 4 月 13 日《关于更好地制定法律的机构间协议》中规定的原则,咨询各成员国指定的专家。

5. 欧盟委员会一旦通过授权法案,应同时通知欧洲议会和欧盟理事会。

6. 根据第 6 条第 6 款或者第 7 款、第 7 条第 1 款或第 3 款、第 11 条第 3 款、第 43 条第 5 款或第 6 款、第 47 条第 5 款、第 51 条第 3 款、第 52 条第 4 款、第 53 条第 5 款或第 6 款通过的任何授权法案,只有在欧洲议会和欧盟理事会收到该法案通知后三个月内未表示反对,或在该期限届满前欧洲议会和欧盟理事会已通知欧盟委员会其不反对的情况下方可生效。根据欧洲议会或欧盟理事会的倡议,该期限可延长三个月。

第 98 条 委员会程序

1. 欧盟委员会应由一个委员会协助工作。该委员会应为第(EU)182/2011 号条例所指的委员会。

2. 在提及本款时,应适用第(EU)182/2011 号条例第 5 条。

第十二章 处 罚

第 99 条 处 罚

1. 根据本条例规定的条款和条件,成员国应制定适用于运营者违反本条例行为的处罚规则和其他执行措施,其中也可包括警告和非金钱措施,并应采取一切必要措施,确保这些规则和措施得到适当和有效的执行,同时考虑到欧盟委员会根据第 96 条发布的指导原则。规定的处罚应有效、适度且具有威慑力,并应考虑到中小企业(包括初创企业)的利益及其经济可行性。

2. 成员国应立即,最迟在生效之日,将第 1 款所述处罚规则和其他执行措施通知欧盟委员会,并应立即将随后对这些规则的任何修改通知欧盟委员会。

3. 对不遵守 5 条所述禁止人工智能做法的行为,最高可处以 3500 万欧元的行政罚款,如果违法者是企业,则最高罚款额为其上一财政年度全球年营业总额的 7%,以数额较高者为准。

4. 除第 5 条规定外,不遵守以下任何有关运营者或公告机构的规定,将被处以最高 1500 万欧元的行政罚款,如果违法者是企业,则最高罚款额为其上一财政年度全球年营业总额的 3%,以数额较高者为准:

(a) 第 16 条规定的提供者的义务;

(b) 第 22 条规定的授权代表的义务;

(c) 第 23 条规定的进口者义务;

(d) 第 24 条规定的分销者的义务;

(e) 第 26 条规定的部署者的义务;

(f) 第 31 条,第 33 条第 1、3 和 4 款,或第 34 条对公告机构的要求和义务;

(g) 第 50 条规定的提供者和部署者的透明度义务。

5. 向公告机构或国家主管机关提供不正确、不完整或误导性信息以答复要求的,应处以最高 750 万欧元的行政罚款,如果违法者是企业,则最高罚款额为其上一财政年度全球年营业总额的 1%,以数额较高者为准。

6. 对于中小企业,包括初创企业,本条所指的每项罚款应达到第 3、4 和 5 款所指的百分比或金额,以较低者为准。

7. 在决定是否处以行政罚款以及在决定每个个案的行政罚款数额时,应考虑具体情况的所有相关因素,并酌情考虑以下方面:

(a) 违法行为及其后果的性质、严重程度和持续时间,同时考虑到人工智能系统的目的,并酌情考虑受影响者的人数及其所受损害的程度;

(b) 其他市场监督机关是否已对同一运营者的同一违法行为处以行政罚款;

(c) 其他机构是否已对同一运营者违反其他欧盟或国家法律的行为处以行政罚款,如果这些违法行为是由构成本条例相关违法行为的同一活动或不作为造成的;

(d) 违法运营者的规模、年营业额和市场份额;

(e) 适用于案件情节的任何其他加重或减轻处罚的因素,如直接或间接从侵权行为中获得的经济利益或避免的损失；

（f）与国家主管机关合作的程度，以纠正违法行为并减轻违法行为可能造成的不利影响；

（g）考虑到运营者采取的技术和组织措施、运营者的责任程度；

（h）国家主管机关了解违法行为的方式，特别是运营者是否告知了存在违法行为，如果是，告知的程度如何；

（i）违法行为的故意或过失性质；

（j）运营者为减轻受影响者所受伤害而采取的任何行动。

8. 各成员国应制定规则，规定在多大程度上可以对在该成员国设立的公共机关和组织处以行政罚款。

9. 根据成员国的不同法律制度，可以由适格成员国法院处以行政罚款，或由其他适用于这些成员国的机构处以行政罚款。此类规则在这些成员国的适用具有同等效力。

10. 行使本条规定的权力时，应遵守欧盟和国家法律规定的适当程序保障，包括有效的司法补救和正当程序。

11. 成员国应每年向欧盟委员会报告其在当年根据本条规定所开出的行政罚单，以及任何相关的诉讼或司法程序。

第 100 条　对欧盟机构、组织、办公室和机关的行政罚款

1. 欧洲数据保护专员可对本条例范围内的欧盟机构、组织、办公室和机关处以行政罚款。在决定是否处以行政罚款以及决定每个个案的行政罚款金额时，应考虑具体情况的所有相关因素，并适当考虑以下因素：

（a）违法行为及其后果的性质、严重程度和持续时间，同时考虑到相关人工智能系统的目的，并酌情考虑受影响者的人数及其所受损害的程度；

（b）欧盟机构、组织、办公室或机关的责任程度，同时考虑到其实施的技术和组织措施；

（c）欧盟机构、组织、办公室或机关为减轻受影响者所遭受的损害而采取的任何行动；

（d）与欧洲数据保护专员合作的程度，以纠正违法行为并减轻侵权行为可能造成的不利影响，包括遵守欧洲数据保护专员先前针对相关欧盟机构、组织、办公室或机关就同一主题事项下令采取的任何措施；

（e）欧盟机构、组织、办公室或机关以前的任何类似违规行为；

（f）欧洲数据保护专员了解违法行为的方式，特别是欧盟机构、组织、办公室或机关是否告知存在违法行为，如果是，告知的程度如何；

(g) 欧盟机构、组织、办公室或机关的年度预算。

2. 不遵守第 5 条所述禁止人工智能做法的行为将被处以最高 150 万欧元的行政罚款。

3. 除第 5 条规定的要求或义务外,不遵守本条例规定的任何要求或义务的人工智能系统将被处以最高 75 万欧元的行政罚款。

4. 在根据本条作出决定之前,欧洲数据保护专员应给予在其进行的诉讼中作为主体的欧盟机构、组织、办公室或机关就可能的违法事项陈述意见的机会。欧洲数据保护专员应仅根据有关各方能够发表意见的内容和情况作出决定。投诉人(如有)应密切参与诉讼程序。

5. 在诉讼过程中,应充分尊重有关各方的辩护权。在不违背个人或企业保护其个人数据或商业秘密的合法利益的情况下,他们有权查阅欧洲数据保护专员的档案。

6. 根据本条规定征收的罚款应纳入欧盟总预算。罚款不得影响被罚款的欧盟机构、组织、办公室或机关的有效运作。

7. 欧洲数据保护专员应每年向欧盟委员会通报其根据本条规定处以的行政罚款及其提起的任何诉讼或司法程序。

第 101 条 对通用人工智能模型提供者的罚款

1. 如果欧盟委员会发现通用人工智能模型提供者存在下列故意或过失行为,可对其处以不超过上一财政年度全球年营业总额的 3% 或 1500 万欧元(以数额较高者为准)的罚款:

(a) 违反了本条例的相关规定;

(b) 未按第 91 条的要求提供文件或信息,或提供的信息不正确、不完整或有误导性;

(c) 未遵守根据第 93 条要求采取的措施;

(d) 未向欧盟委员会提供通用人工智能模型或具有系统性风险的通用人工智能模型的访问权限,以便根据第 92 条进行评估。

在确定罚款或定期罚金的数额时,应考虑违法行为的性质、严重程度和持续时间,并适当考虑相称性和适当性原则。欧盟委员会还应考虑根据第 93 条第 3 款作出的承诺或根据第 56 条在相关实践准则中作出的承诺。

2. 在根据第 1 款作出决定之前,欧盟委员会应将其初步结论通知通用人工智能模型的提供者,并给予其陈述意见的机会。

3. 根据本条规定实施的罚款应有效、适度且具有威慑力。

4. 根据本条规定处以罚款的信息也应酌情通报欧洲人工智能委员会。

5. 欧盟法院对欧盟委员会根据本条规定确定罚款的决定拥有不受限制的管辖权。法院可取消、减少或增加罚款。

6. 鉴于可能根据本条第 1 款作出决定,欧盟委员会应通过包含详细安排和程序保障的实施法案。这些实施法案应根据第 98 条第 2 款提及的审查程序予以通过。

第十三章　最　后　条　款

第 102 条　第(EC)300/2008 号条例修正案

在第(EC)300/2008 号条例第 4 第 3 款中增加了以下内容:

在采取与欧洲议会和欧盟理事会第(EU)2024/1689 号条例*所指的人工智能系统有关的安全设备的技术规范和批准及使用程序相关的详细措施时,应考虑到该条例第三章第二节中规定的要求。

第 103 条　第(EU) 167/2013 号条例修正案

在第(EU)167/2013 号条例第 17 条第 5 款中增加了以下内容:

在根据第 1 项通过有关属于欧洲议会和欧盟理事会第(EU)2024/1689 号条例**所指安全组件的人工智能系统的授权法案时,应考虑到该条例第三章第二节中规定的要求。

第 104 条　第(EU)168/2013 号条例修正案

在第(EU)168/2013 号条例第 22 条第 5 款中增加了以下内容:

在根据第 1 项通过有关属于欧洲议会和欧盟理事会第(EU)2024/1689 号条例***所指安全组件的人工智能系统的授权法案时,应考虑到该条例第

---

* 欧洲议会和欧盟理事会 2024 年 6 月 13 日关于制定人工智能统一规则的第(EU)2024/1689 号条例,修订了第(EC)300/2008 号、第(EU)167/2013 号、第(EU)168/2013 号、第(EU)2018/858 号、第(EU) 2018/1139 号和第(EU) 2019/2144 号条例,以及 2014/90/EU 号、第(EU) 2016/797 号和第(EU)2020/1828 号指令《人工智能法》(OJ L, 2024/1689, 12.7.2024, ELI: http://data.europa.eu/eli/reg/2024/1689/oj)。

** 同上。

*** 同上。

三章第二节中规定的要求。

第 105 条　第 2014/90/EU 号指令修正案

在第 2014/90/EU 号指令第 8 条中增加了以下内容：

对于属于欧洲议会和欧盟理事会第(EU)2024/1689 号条例*所指安全组件的人工智能系统，在根据第 1 款开展活动时，以及在根据第 2 款和第 3 款通过技术规范和测试标准时，欧盟委员会应考虑到该条例第三章第二节中规定的要求。

第 106 条　第(EU)2016/797 号指令修正案

在第(EU)2016/797 号指令第 5 条中增加了以下内容：

在分别根据第 1 款和第 11 款通过有关属于欧洲议会和欧盟理事会第(EU)2024/1689 号条例**所指安全组件的人工智能系统的授权法案和实施法案时，应考虑到该条例第三章第二节中规定的要求。

第 107 条　第(EU)2018/858 号条例修正案

在第(EU)2018/858 号条例第 5 条中增加了以下内容：

4. 在根据第 3 款通过有关属于欧洲议会和欧盟理事会第(EU)2024/1689 号条例***所指安全组件的人工智能系统的授权法案时，应考虑到该条例第三章第二节中规定的要求。

第 108 条　第(EU)2018/1139 号条例修正案

对第(EU)2018/1139 号条例修正如下：
(1) 在第 17 条中增加以下内容：

3. 在不影响第 2 款的情况下，在根据第 1 款通过有关属于欧洲议会和

---

* 欧洲议会和欧盟理事会 2024 年 6 月 13 日关于制定人工智能统一规则的第(EU)2024/1689 号条例，修订了第(EC)300/2008 号、第(EU)167/2013 号、第(EU)168/2013 号、第(EU) 2018/858 号、第(EU) 2018/1139 号和第(EU) 2019/2144 号条例，以及第 2014/90/EU 号、第(EU) 2016/797 号和第(EU)2020/1828 号指令(《人工智能法》)(OJ L, 2024/1689, 12.7.2024, ELI: http://data.europa.eu/eli/reg/2024/1689/oj)。

** 同上。

*** 同上。

欧盟理事会第(EU)2024/1689号条例*所指安全组件的人工智能系统的实施法案时,应考虑到该条例第三章第二节中规定的要求。

(2) 在第19条中增加了以下内容:

4. 在根据第1款通过有关属于第(EU)2024/1689号条例所指安全组件的人工智能系统的实施法案时,应考虑到该条例第三章第二节中规定的要求。

(3) 在第43条中增加了以下内容:

4. 在根据第1款通过有关属于第(EU)2024/1689号条例所指安全组件的人工智能系统的实施法案时,应考虑到该条例第三章第二节中规定的要求。

(4) 在第47条中增加了以下内容:

3. 在根据第1款和第2款通过有关属于第(EU)2024/1689号条例所指安全组件的人工智能系统的授权法案时,应考虑到该条例第三章第二节中规定的要求。

(5) 在第57条中增加了以下内容:

在通过与属于第(EU)2024/1689号条例所指安全组件的人工智能系统有关的实施法案时,应考虑到该条例第三章第二节中规定的要求。

(6) 在第58条中增加了以下内容:

3. 在根据第1款和第2款通过有关属于第(EU)2024/1689号条例所指安全组件的人工智能系统的授权法案时,应考虑到该条例第三章第二节中规定的要求。

第109条 第(EU)2019/2144号条例修正案

在第(EU)2019/2144号条例第11条中增加了以下内容:

3. 在根据第2款通过有关属于欧洲议会和欧盟理事会第(EU)2024/

---

* 欧洲议会和欧盟理事会2024年6月13日关于制定人工智能统一规则的第(EU)2024/1689号条例,修订了第(EC)300/2008号、(EU)167/2013号、(EU)168/2013号、(EU)2018/858号、第(EU)2018/1139号和第(EU)2019/2144号条例,以及第2014/90/EU号、第(EU)2016/797号和第(EU)2020/1828号指令(《人工智能法》)(OJ L, 2024/1689, 12.7.2024, ELI: http://data.europa.eu/eli/reg/2024/1689/oj)。

1689号条例*所指安全组件的人工智能系统的实施法案时,应考虑到该条例第三章第二节中规定的要求。

第110条 第(EU)2020/1828号指令修正案

在欧洲议会和欧盟理事会第(EU)2020/1828号指令①的附件一中增加了以下内容:

(68)欧洲议会和欧盟理事会2024年6月13日关于制定人工智能统一规则的第(EU)2024/1689号条例,修订了第(EC)300/2008号、第(EU)167/2013号、第(EU)168/2013号、第(EU)2018/858号、第(EU)2018/1139号和第(EU)2019/2144号条例,以及第2014/90/EU号、第(EU)2016/797号和第(EU)2020/1828号指令(《人工智能法》)(OJ L,2024/1689,12.7.2024,ELI:http://data.europa.eu/eli/reg/2024/1689/oj)。

第111条 已投放市场或提供服务的人工智能系统和已投放市场的通用人工智能模型

1. 在不影响第113条第3款a项所述第5条适用的情况下,作为附件十所列法案所建立的大型IT系统组成部分的人工智能系统,如在2027年8月2日之前已投放市场或提供服务,则应在2030年12月31日之前使其符合本条例的规定。

在对附件十所列法案建立的每个大型IT系统进行评估时,应考虑到本条例规定的要求,并根据这些法案的规定进行评估,即使这些法案已被取代或修订。

2. 在不影响第113条第3款a项所述第5条适用的情况下,本条例应适用于在2026年8月2日之前已投放市场或提供服务的高风险人工智能系统(本条第1款所述系统除外)的运营者,但仅限于自该日起这些系统的设计发生重大变化的情况。在任何情形下,对于拟由公共机关使用的高风险人工智能系统,此类系统的提供者和部署者应采取必要步骤,以便在2030年8月2日之前遵守本条例规定的要求和义务。

---

* 欧洲议会和欧盟理事会2024年6月13日关于制定人工智能统一规则的第(EU)2024/1689号条例,修订了第(EC)300/2008号、第(EU)167/2013号、第(EU)168/2013号、第(EU)2018/858号、第(EU)2018/1139号和第(EU)2019/2144号条例,以及第2014/90/EU号、第(EU)2016/797号和第(EU)2020/1828号指令(《人工智能法》)(OJ L,2024/1689,12.7.2024,ELI:http://data.europa.eu/eli/reg/2024/1689/oj)。

① 欧洲议会和欧盟理事会2020年11月25日关于保护消费者集体利益的代表行动的第(EU)2020/1828号指令,废除了第2009/22/EC号指令(OJ L 409,4.12.2020,p.1)。

3. 在 2025 年 8 月 2 日之前已投放市场的通用人工智能模型的提供者应采取必要步骤，以便在 2027 年 8 月 2 日之前遵守本条例规定的义务。

第 112 条 评估和审查

1. 欧盟委员会应在本条例生效后每年评估一次在附件三列明的清单和第 5 条列举的禁止人工智能行为的清单是否需要修订，直至第 97 条规定的授权期限届满。欧盟委员会应向欧洲议会和欧盟理事会提交评估结果。

2. 到 2028 年 8 月 2 日以及此后每四年，欧盟委员会应评估并向欧洲议会和欧盟理事会报告以下情况：

（a）是否需要对附件三中现有的领域标题进行扩展或增加新的领域标题；

（b）是否需要修改第 50 条中要求采取额外透明度措施的人工智能系统清单；

（c）是否需要修改以增强监督和治理系统的有效性。

3. 到 2029 年 8 月 2 日以及此后每四年，欧盟委员会应向欧洲议会和欧盟理事会提交一份关于本条例评估和审查的报告。该报告应包括对执法结构的评估，以及是否需要设立一个欧盟机构来解决任何已发现的缺陷。根据评估结果，报告应酌情附有对本条例的修订建议。报告应对外公布。

4. 第 2 款提及的报告应特别关注以下方面：

（a）国家主管机关的财政、技术和人力资源状况，以有效履行本条例赋予它们的任务；

（b）成员国对违反本条例的行为实施处罚的情况，特别是第 99 条第 1 款所指的行政罚款；

（c）采用为支持本条例而制定的统一标准和共同规范；

（d）本条例生效后进入市场的企业数量，其中有多少是中小企业。

5. 到 2028 年 8 月 2 日，欧盟委员会应评估人工智能办公室的运作情况、人工智能办公室是否被赋予了足够的权力和权限来完成其任务，以及为适当实施和执行本条例，提升人工智能办公室及其执行权限和增加其资源是否相关和必要。欧盟委员会将向欧洲议会和欧盟理事会提交该评估报告。

6. 到 2028 年 8 月 2 日以及此后每四年，欧盟委员会应提交一份关于通用人工智能模型节能开发标准化交付成果进展情况的审查报告，并评估采取进一步措施或行动的必要性，包括具有约束力的措施或行动。该报告应提交给欧洲议会和欧盟理事会，并应公布于众。

7. 到 2028 年 8 月 2 日以及此后每三年，欧盟委员会应评估自愿行为准则的影响和有效性,以促进第三章第二节对高风险人工智能系统以外的人工智能系统提出的要求的应用,以及可能对高风险人工智能系统以外的人工智能系统提出的其他额外要求,包括环境可持续性方面的要求。

8. 为第1至7款之目的,欧洲人工智能委员会、成员国和国家主管机关应根据欧盟委员会的要求向其提供信息,不得无故拖延。

9. 在进行第1至7款所述的评估和审查时,欧盟委员会应考虑欧洲人工智能委员会、欧洲议会、欧盟理事会以及其他相关组织或来源的立场和结论。

10. 如有必要,欧盟委员会应提交修订本条例的适当建议,特别是要考虑到技术的发展、人工智能系统对健康和安全的影响以及对基本权利的影响,并根据信息社会的进步状况进行修订。

11. 为指导本条第1至7款所述的评估和审查工作,人工智能办公室应承诺根据相关条款中概述的标准,制定一种客观和参与式的风险水平评估方法,并将新的系统纳入:

（a）附件三规定的清单,包括该附件中现有领域标题的扩展部分或新领域标题的增加部分;

（b）第5条规定的禁止行为清单;以及

（c）需要根据第50条采取额外透明度措施的人工智能系统清单。

12. 根据第10款对本条例或相关授权法案或实施法案进行的任何修订,凡涉及附件一第B节所列的各领域欧盟协调立法的,均应考虑到各领域的监管特殊性,以及现有的治理、合规性评估和执行机制及已建立的主管部门。

13. 到2031年8月2日,欧盟委员会应对本条例的执行情况进行评估,并向欧洲议会、欧盟理事会、欧洲经济和社会委员会报告评估结果,同时考虑到本条例最初几年的适用情况。在评估结果的基础上,该报告应酌情附有关于本条例执行结构的修正建议,以及是否需要设立一个欧盟机构来解决任何已查明的缺陷。

第113条　生效和适用

本条例自在《欧洲联盟公报》上公布后的第20天起生效。

本条例自2026年8月2日起适用。

然而:

（a）第一章和第二章自2025年2月2日起适用;

（b）第三章第四节、第五章、第七章、第十二章和第78条自2025年8月2日起适用,但第101条除外;

(c) 第 6 条第 1 款和本条例中的相应义务自 2027 年 8 月 2 日起适用。

本条例具有全面约束力，直接适用于所有成员国。

本条例完成于布鲁塞尔，2024 年 6 月 13 日。

欧洲议会主席　　欧盟理事会主席
R. 梅索拉　　　　M. 米歇尔

附件一 欧盟协调立法清单

第 A 节 基于新立法框架的欧盟协调立法清单

1. 欧洲议会和欧盟理事会 2006 年 5 月 17 日关于机械的第 2006/42/EC 号指令,修订了第 95/16/EC 号指令(OJ L 157,9.6.2006,p.24);

2. 欧洲议会和欧盟理事会 2009 年 6 月 18 日关于玩具安全的第 2009/48/EC 号指令(OJ L 170,30.6.2009,p.1);

3. 欧洲议会和欧盟理事会 2013 年 11 月 20 日关于游艇和个人水上摩托艇的第 2013/53/EU 号指令,废除了第 94/25/EC 号指令(OJ L 354,28.12.2013,p.90);

4. 欧洲议会和欧盟理事会 2014 年 2 月 26 日关于协调成员国电梯和电梯安全组件相关法律的第 2014/33/EU 号指令(OJ L 96,29.3.2014,p.251);

5. 欧洲议会和欧盟理事会 2014 年 2 月 26 日关于协调成员国有关在潜在爆炸性气体环境中使用的设备和保护系统的法律的第 2014/34/EU 号指令(OJ L 96,29.3.2014,p.309);

6. 欧洲议会和欧盟理事会 2014 年 4 月 16 日关于协调成员国有关无线电设备市场供应的法律的第 2014/53/EU 号指令,废除了第 1999/5/EC 号指令(OJ L 153,22.5.2014,p.62);

7. 欧洲议会和欧盟理事会 2014 年 5 月 15 日关于协调成员国有关压力设备市场供应的法律的第 2014/68/EU 号指令(OJ L 189,27.6.2014,p.164);

8. 欧洲议会和欧盟理事会 2016 年 3 月 9 日关于索道装置的第(EU)2016/424 号条例,废除了第 2000/9/EC 号指令(OJ L 81,31.3.2016,p.1);

9. 欧洲议会和欧盟理事会 2016 年 3 月 9 日关于个人防护装备的第(EU)2016/425 号条例,废除了欧盟理事会第 89/686/EEC 号指令(OJ L 81,31.3.2016,p.51);

10. 欧洲议会和欧盟理事会 2016 年 3 月 9 日关于燃烧气体燃料的器具的第(EU)2016/426 号条例,废除了第 2009/142/EC 号指令(OJ L 81,31.3.2016,p.99);

11. 欧洲议会和欧盟理事会 2017 年 4 月 5 日关于医疗器械的第(EU)

2017/745 号条例,修订了第 2001/83/EC 号指令、第(EC)178/2002 号条例和第(EC)1223/2009 号条例,并废除了欧盟理事会第 90/385/EEC 号和第 93/42/EEC 号指令(OJ L 117,5.5.2017,p.1);

12. 欧洲议会和欧盟理事会 2017 年 4 月 5 日关于体外诊断医疗器械的第(EU)2017/746 号条例,废除了第 98/79/EC 号指令和欧盟委员会第 2010/227/EU 号决定(OJ L 117,5.5.2017,p.176)。

第 B 节　欧盟其他协调立法清单

13. 欧洲议会和欧盟理事会 2008 年 3 月 11 日关于民用航空安全领域共同规则的第(EC)300/2008 号条例,废除了第(EC)2320/2002 号条例(OJ L 97,9.4.2008,p.72);

14. 欧洲议会和欧盟理事会 2013 年 1 月 15 日关于两轮或三轮车辆和四轮车审批和市场监督的第(EU)168/2013 号条例(OJ L 60,2.3.2013,p.52);

15. 欧洲议会和欧盟理事会 2013 年 2 月 5 日关于农林车辆审批和市场监督的第(EU)167/2013 号条例(OJ L 60,2.3.2013,p.1);

16. 欧洲议会和欧盟理事会 2014 年 7 月 23 日关于船用设备的第 2014/90/EU 号指令,废除了欧盟理事会第 96/98/EC 号指令(OJ L 257,28.8.2014,p.146);

17. 欧洲议会和欧盟理事会 2016 年 5 月 11 日关于欧盟内部铁路系统互操作性的第(EU)2016/797 号指令(OJ L 138,26.5.2016,p.44);

18. 欧洲议会和欧盟理事会 2018 年 5 月 30 日关于机动车辆及其挂车,以及用于此类车辆的系统、组件和独立技术单元的审批和市场监督的第(EU)2018/858 号条例,修订了第(EC)715/2007 号和第(EC)595/2009 号条例,并废除了第 2007/46/EC 号指令(OJ L 151,16.4.2018,p.1);

19. 欧洲议会和欧盟理事会 2019 年 11 月 27 日关于机动车辆及其挂车,以及用于此类车辆的系统、组件和独立技术单元在一般安全和保护车内人员及易受伤害的道路使用者方面的类型批准要求的第(EU)2019/2144 号条例,修订了欧洲议会和欧盟理事会第(EU)2018/858 号条例,并废除了欧洲议会和欧盟理事会第(EC)78/2009 号、第(EC)79/2009 号和第(EC)661/2009 号条例,以及欧盟委员会第(EC)631/2009 号、第(EU)406/2010 号、第(EU)672/2010 号、第(EU)1003/2010 号、第(EU)1005/2010 号、第(EU)1008/2010 号、第(EU)1009/2010 号、第(EU)19/2011 号、第(EU)109/2011 号、第(EU)458/2011 号、第(EU)65/2012 号、第(EU)130/2012 号、第(EU)347/2012 号、第(EU)351/

2012号、第(EU)1230/2012号和第(EU)2015/166号条例(OJ L 325,16.12.2019,p.1);

20. 欧洲议会和欧盟理事会2018年7月4日关于民用航空领域共同规则和建立欧盟航空安全局的第(EU)2018/1139号条例,修订了欧洲议会和欧盟理事会第(EC)2111/2005号、第(EC)1008/2008号、第(EU)996/2010号和第(EU)376/2014号条例以及第2014/30/EU号和第2014/53/EU号指令,并废除了欧洲议会和欧盟理事会(EC)552/2004号和第(EC)216/2008号条例以及欧盟理事会第(EEC)3922/91号条例(OJ L 212,22.8.2018,p.1),就第2条第1款a项和b项所述飞机的设计、生产和投放市场而言,涉及无人驾驶飞机及其发动机、螺旋桨、零部件和遥控设备。

附件二　第5条第1款第1项第(h)(iii)目所述刑事犯罪清单

第5条第1款第1项第(h)(iii)目所述的刑事犯罪包括：
- 恐怖主义
- 贩卖人口
- 对儿童的性剥削和儿童色情制品
- 非法贩运麻醉药品或精神药物
- 非法贩运武器、弹药或爆炸物
- 谋杀、严重人身伤害
- 人体器官或组织的非法贸易
- 非法贩运核材料或放射性材料
- 绑架、非法拘禁或劫持人质
- 国际刑事法院管辖范围内的罪行
- 非法扣押飞机或船只
- 强奸
- 环境犯罪
- 有组织或武装抢劫
- 蓄意破坏
- 参与涉及上述一种或多种犯罪的犯罪组织

附件三　第 6 条第 2 款所指的高风险人工智能系统

第 6 条第 2 款所指的高风险人工智能系统是指下列任何一个领域所列的人工智能系统：

1. 生物特征，只要相关欧盟或成员国法律允许使用：

(a) 远程生物特征识别系统。

这不包括用于生物特征验证的人工智能系统，其唯一目的是确认特定自然人就是他或她所声称的那个人；

(b) 根据对敏感或受保护的属性或特征的推断，用于生物特征分类的人工智能系统；

(c) 用于情感识别的人工智能系统。

2. 关键基础设施：在重要数字基础设施、道路交通或供水、供气、供热或供电的管理和运行中作为安全组件使用的人工智能系统。

3. 教育和职业培训：

(a) 用于确定自然人入学资格或将自然人分配到各级教育和职业培训机构的人工智能系统；

(b) 用于评估学习成果的人工智能系统，包括当这些成果被用于指导各级教育和职业培训机构中自然人的学习过程时；

(c) 用于评估个人在教育和职业培训机构内将接受或能够接受的适当教育水平的人工智能系统；

(d) 用于监控和检测学生在教育和职业培训机构内进行考试时违禁行为的人工智能系统。

4. 就业、劳动者管理和个体经营：

(a) 用于招聘或选拔自然人的人工智能系统，特别是用于发布有针对性的招聘广告、分析和筛选求职申请以及评估候选人；

(b) 用于作出影响工作相关关系条款、晋升或终止工作相关合同关系的决定，根据个人行为、个性特征或行为特质分配任务，或监控和评估此类关系中人员的表现和行为的人工智能系统。

5. 获得和享受基本私人服务以及基本公共服务和福利：

(a) 拟供公共机关或代表公共机关使用的人工智能系统,用于评估自然人享受基本公共援助福利和服务(包括医疗保健服务)的资格,以及发放、减少、撤销或收回此类福利和服务;

(b) 用于评估自然人信用或确定其信用评分的人工智能系统,但用于侦查金融欺诈的人工智能系统除外;

(c) 在人寿保险和健康保险中用于自然人风险评估和定价的人工智能系统;

(d) 用于对自然人的紧急呼叫进行评估和分类,或用于调度或确定调度优先顺序的紧急急救服务,包括警察、消防员和医疗救助,以及紧急医疗患者分流系统的人工智能系统。

6. 执法,在相关欧盟或成员国法律允许使用的范围内:

(a) 拟供执法机关或代表其使用,或由欧盟机构、组织、办公室或机关支持执法机关使用,以评估自然人成为刑事犯罪受害者的风险的人工智能系统;

(b) 拟供执法机关或代表其使用,或由欧盟机构、组织、办公室或机关支持执法机关作为测谎仪或类似工具使用的人工智能系统;

(c) 拟供执法机关或代表其使用,或由欧盟机构、组织、办公室或机关支持执法机关使用,以便在调查或起诉刑事犯罪过程中评估证据的可靠性的人工智能系统;

(d) 拟供执法机关或代表其使用,或由欧盟机构、组织、办公室或机关支持执法机关使用,以评估自然人犯罪或再犯罪的风险,而不仅仅是基于第(EU)2016/680号指令第3条第4款所述的自然人画像分析,或评估自然人或群体的个性特征和行为特质或过去的犯罪行为的人工智能系统;

(e) 拟供执法机关或代表其使用,或由欧盟机构、组织、办公室或机关支持执法机关使用,以便在侦查、调查或起诉刑事犯罪过程中进行第(EU)2016/680号指令第3条第4款所述的自然人画像分析的人工智能系统。

7. 移民、庇护和边境控制管理,在相关欧盟或成员国法律允许使用的范围内:

(a) 拟供主管公共机关或代表其使用,或者由欧盟机构、组织、办公室或机关使用,用作测谎仪或类似工具的人工智能系统;

(b) 拟供主管公共机关或代表其使用,或由欧盟机构、组织、办公室或机关使用,以评估拟进入或已进入成员国领土的自然人带来的风险(包括安全风险、非正常移民风险或健康风险)的人工智能系统;

(c) 拟供主管公共机关或代表其使用,或由欧盟机构、组织、办公室或机关使用,以协助主管公共机关审查庇护、签证或居留许可申请,以及与申请特定身

份的自然人的资格相关投诉(包括对证据可靠性的相关评估)的人工智能系统;

(d)拟供主管公共机关或代表其使用,或由欧盟机构、组织、办公室或机关使用,以便在移民、庇护或边境控制管理方面检测、识别或辨认自然人的人工智能系统,但旅行证件核查除外。

8. 司法和民主进程:

(a)拟供司法机关或代表其使用,以协助其研究和解释事实和法律,并将法律适用于一系列具体事实,或以类似方式用于替代性争议解决的人工智能系统。

(b)拟用于影响选举或全民公决结果,或影响自然人在选举或全民公决中投票行为的人工智能系统。这不包括自然人不会直接接触到其输出结果的人工智能系统,如从行政或后勤角度用于组织、优化或构建政治运动的工具。

附件四　第 11 条第 1 款所指的技术文件

第 11 条第 1 款所指的技术文件应至少包含适用于相关人工智能系统的以下信息：

1. 人工智能系统的总体说明，包括：

（a）其预期目的、提供者的名称以及反映其与以前版本关系的系统版本；

（b）人工智能系统如何与硬件或软件交互，或如何使用人工智能系统与硬件或软件进行交互，包括与不属于该人工智能系统的其他人工智能系统进行交互（如适用）；

（c）相关软件或固件的版本，以及与版本更新有关的任何要求；

（d）说明人工智能系统投放市场或提供服务的所有形式，如嵌入硬件的软件包、下载形式或 API 等；

（e）说明人工智能系统拟在哪些硬件上运行；

（f）如果人工智能系统是产品的组成部分，则应提供显示这些产品的外部特征、标记和内部布局的照片或插图；

（g）提供给部署者的用户界面的基本说明；

（h）向部署者提供的使用说明，以及向部署者提供的用户界面的基本说明（如适用）。

2. 详细说明人工智能系统的要素及其开发过程，包括：

（a）开发人工智能系统所采用的方法和步骤，包括在必要时使用第三方提供的预训练系统或工具，以及提供者如何使用、集成或修改这些系统或工具；

（b）系统的设计规范，即人工智能系统和算法的一般逻辑；关键的设计选择，包括理由和假设，包括系统预期使用的受众或群体；主要的分类选择；系统优化的目标，以及不同参数的相关性；系统预期输出和输出质量的描述；以及为遵守第三章第二节的要求而采用的技术解决方案的任何可能权衡的决定；

（c）系统架构说明，说明软件组件如何相互依存或相互促进，并整合到整个处理过程中；用于开发、训练、测试和验证人工智能系统的计算资源；

（d）在适用情况下，以数据表中的数据要求，说明训练方法和技术以及使用的训练数据集，涵盖这些数据集的一般性说明、来源、范围和主要特点；数据的获得和选择方式；标记程序（如用于监督学习）、数据清洗方法（如异常值检测）；

（e）根据第14条对所需的人工监督措施进行评估，包括根据第13条第3款d项对部署者所需的技术措施进行评估，以便于解释人工智能系统的输出；

（f）在适用情况下，详细说明人工智能系统及其性能的预定变化，以及为确保人工智能系统持续符合第三章第二节所列相关要求而采取的技术解决方案的所有相关信息；

（g）使用的验证和测试程序，包括有关使用的验证和测试数据及其主要特点的信息；用于衡量准确性、稳健性以及是否符合第三章第二节规定的其他相关要求的指标，以及潜在的歧视性影响；测试日志和所有测试报告，包括f项中所述的预定变更，都要注明日期并由负责人签字；

（h）采取的网络安全措施。

3. 关于人工智能系统的监测、运作和控制的详细信息，特别是涉及以下方面：性能能力和局限性，包括系统预期使用的特定个人或群体的准确度，以及与其预期用途的整体准确度；基于人工智能系统的预期用途，可预见的意外结果，以及可能对健康和安全、基本权利和歧视产生的风险；根据第14条所需的人工监督措施，包括为便于部署者解释人工智能系统的输出结果而采取的技术措施；输入数据的规范（视情况而定）。

4. 说明具体人工智能系统的性能指标是否适当。

5. 根据第9条对风险管理体系的详细说明。

6. 关于提供者在系统生命周期内对系统所作相关改动的说明。

7. 全部或部分适用的统一标准清单，其参考文献已在《欧盟官方公报》上公布；如未适用此类统一标准，则应详细说明为满足第三章第二节所列要求而适用的解决方案，包括所适用的其他相关标准和技术规范的清单。

8. 第47条所述的欧盟符合性声明副本。

9. 详细说明根据第72条为评估人工智能系统在上市后阶段的性能而建立的系统，包括第72条第3款所述的上市后监测计划。

附件五　欧盟符合性声明

第 47 条所述的欧盟符合性声明应包含以下所有信息：

1. 人工智能系统名称和类型，以及可识别和追溯人工智能系统的任何其他明确参考信息；

2. 提供者或（如适用）其授权代表的名称和地址；

3. 第 47 条所述的欧盟符合性声明由提供者全权负责签发的声明；

4. 声明人工智能系统符合本条例，并且（如适用）符合规定签发第 47 条所述欧盟符合性声明的任何其他相关欧盟法律；

5. 在人工智能系统涉及个人数据处理的情况下，声明该人工智能系统符合第（EU）2016/679 号条例、第（EU）2018/1725 号条例以及第（EU）2016/680 号指令；

6. 对所适用的任何相关统一标准或任何其他声明符合性的共同规范的引用；

7. 在适用的情况下，公告机构的名称和识别号、对所执行的符合性评估程序的说明，以及对所颁发证书的识别；

8. 声明的签发地点和日期、签署人的姓名和职务，以及签署人或其代表的签名。

附件六 基于内部控制的符合性评估程序

1. 基于内部控制的符合性评估程序就是基于第2、3、4点的符合性评估程序。

2. 提供者核查已建立的质量管理体系是否符合第17条的要求。

3. 提供者检查技术文件中包含的信息,以评估人工智能系统是否符合第三章第二节规定的相关基本要求。

4. 提供者还要核实人工智能系统的设计和开发过程以及第72条所述的上市后监测是否与技术文件相一致。

附件七 基于质量管理体系评估和技术文件评估的符合性

1. 引言

基于质量管理体系评估和技术文件评估的符合性是基于第 2 至 5 点的符合性评估程序。

2. 概述

第 17 条规定的经批准的设计、开发和测试人工智能系统的质量管理体系应根据第 3 点进行审查,并应接受第 5 点规定的监督。同时,应根据第 4 点审查人工智能系统的技术文件。

3. 质量管理体系

3.1. 提供者的申请应包括:

(a) 提供者的名称和地址,如果申请由授权代表提交,还应包括授权代表的名称和地址;

(b) 同一质量管理体系所涵盖的人工智能系统清单;

(c) 同一质量管理体系涵盖的每个人工智能系统的技术文件;

(d) 有关质量管理体系的文件,其中应包括第 17 条所列的所有要求;

(e) 为确保质量管理体系保持充分和有效而制定的程序说明;

(f) 表明未向任何其他公告机构提交过同一申请书面声明。

3.2. 公告机构应对质量管理体系进行评估,确定其是否符合第 17 条所述要求。

该决定应通知提供者或其授权代表。

通知应包含质量管理体系的评估结论和合理的评估决定。

3.3. 提供者应继续实施和维护经批准的质量管理体系,使其保持适当和有效。

3.4. 对于已批准的质量管理体系或其涵盖的人工智能系统列表的任何预期变更,提供者都应提请公告机构注意。

公告机构应审查拟议的变更,并决定修改后的质量管理体系是否仍符合第 3.2 点所述要求,或是否需要重新评估。

公告机构应将其决定通知提供者。通知应包含对变更审查的结论和合理的评估决定。

4. 对技术文件的控制

4.1. 除第 3 点所述的申请外,提供者还应向其选择的公告机构提交申请,以评估与其预期投放市场或提供服务的人工智能系统相关的技术文件,该人工智能系统受第 3 点所述质量管理体系所涵盖。

4.2. 申请应包括:

(a) 提供者的名称和地址;

(b) 表明未向任何其他公告机构提交过同一申请书面声明;

(c) 附件四提及的技术文件。

4.3. 公告机构应审查技术文件。在必要且仅限于履行其职责的范围内,公告机构应对所使用的训练、验证和测试数据集享有完全访问权限,包括在适当和有安全保障的情况下,通过 API 或其他相关技术手段和工具进行远程访问。

4.4. 在审查技术文件时,公告机构可要求提供者提供进一步证据或进行额外测试,以便对人工智能系统是否符合第三章第二节所列要求进行适当评估。如果公告机构对提供者进行的测试结果不满意,公告机构应酌情自行进行适当的测试。

4.5. 在所有其他合理的合规验证手段已被用尽且证明不足以评估高风险人工智能系统是否符合第三章第二节规定的要求的情况下,公告机构可以在提出合理请求后,获得对人工智能系统的训练数据和训练模型及其相关参数的访问权限。此类访问应遵守现有欧盟知识产权和商业秘密保护的法律。

4.6. 公告机构的决定应通知提供者或其授权代表。通知应包含技术文件的评估结论和合理的评估决定。

如果人工智能系统符合第三章第二节规定的要求,公告机构应颁发欧盟技术文件评估证书。证书应注明提供者的名称和地址、审查结论、有效条件(如有)以及用于识别人工智能系统的必要数据。

证书及其附件应包含所有相关信息,以便评估人工智能系统的符合性,并在适用情况下对使用中的人工智能系统进行控制。

如果人工智能系统不符合第三章第二节规定的要求,公告机构应拒绝签发欧盟技术文件评估证书,并应相应通知申请人,详细说明拒绝的理由。

如果人工智能系统未满足与训练数据相关的要求,则在申请新的符合性评估之前,需要重新训练人工智能系统。在这种情况下,公告机构拒绝签发欧盟技术文件评估证书的合理评估决定应包含对用于训练人工智能系统的质量数据的具体考量,特别是不符合要求的原因。

4.7. 任何可能影响人工智能系统合规性或其预期用途的变更应由签发欧

盟技术文件评估证书的公告机构进行评估。提供者应通知该公告机构其计划引入上述变更,或在知晓变更发生时及时告知。公告机构应评估预期的变化,并决定这些变化是否需要根据第 43 条第 4 款进行新的符合性评估,或是否可以通过对欧盟技术文件评估证书的补充来解决。在后一种情况下,公告机构应评估变更,通知提供者其决定,并在变更获得批准后,向提供者签发欧盟技术文件评估证书的补充文件。

5. 对批准的质量管理体系的监督

5.1. 第 3 点所述的公告机构进行监督的目的是确保提供者适当遵守经批准的质量管理体系的条款和条件。

5.2. 为便于评估,提供者应允许公告机构进入人工智能系统的设计、开发和测试场所。提供者还应与公告机构共享所有必要信息。

5.3. 公告机构应定期进行审核,以确保提供者维护和实施质量管理体系,并应向提供者提供审核报告。在审核过程中,公告机构可对已颁发欧盟技术文件评估证书的人工智能系统进行额外测试。

附件八　根据第49条登记高风险人工智能系统时应提交的信息

第A节　高风险人工智能系统提供者根据第49条第1款提交的信息

对于根据第49条第1款登记的高风险人工智能系统,应提供以下信息并不断更新:

1. 提供者的名称、地址和联系方式;
2. 代表提供者提交信息者的姓名、地址和联系方式;
3. 授权代表的姓名、地址和联系方式(如适用);
4. 人工智能系统的商品名称,以及可识别和追溯人工智能系统的任何其他明确参考信息;
5. 说明人工智能系统的预期目的以及通过该人工智能系统支持的组件和功能;
6. 对系统使用的信息(数据、输入)及其运行逻辑的基本简要说明;
7. 人工智能系统的状态(投放市场或提供服务;不再投放市场/提供服务,召回);
8. 公告机构颁发的证书的类型、编号和有效期,以及该公告机构的名称或识别号(如适用);
9. 第8点所述证书的扫描件(如适用);
10. 已将人工智能系统在欧盟境内投放市场、提供服务或可供使用的任何成员国。
11. 第47条所述欧盟符合性声明的副本;
12. 电子使用说明书;对于附件三第1、6和7点所述的执法和移民、庇护和边境控制管理领域的高风险人工智能系统,不应提供此信息。
13. 附加信息的网址(可选)。

第 B 节　高风险人工智能系统提供者根据第 49 条第 2 款提交的信息

对于根据第 49 条第 2 款登记的高风险人工智能系统，应提供并不断更新以下信息：

1. 提供者的姓名、地址和联系方式；
2. 代表提供者提交信息者的姓名、地址和联系方式；
3. 授权代表的姓名、地址和联系方式（如适用）；
4. 人工智能系统的商品名称，以及可识别和追溯人工智能系统的任何其他明确参考信息；
5. 人工智能系统预期用途的说明；
6. 第 6 条第 3 款规定的人工智能系统被视为非高风险所依据的一个或多个条件；
7. 在适用第 6 条第 3 款规定的程序时，人工智能系统被视为非高风险的理由的简短摘要；
8. 人工智能系统的状态（投放市场或提供服务；不再投放市场/提供服务，召回）；
9. 已将人工智能系统在欧盟境内投放市场、提供服务或可供使用的任何成员国。

第 C 节　高风险人工智能系统部署者根据第 49 条第 3 款提交的信息

对于根据第 49 条第 3 款登记的高风险人工智能系统，应提供并不断更新以下信息：

1. 部署者的姓名、地址和联系方式；
2. 代表部署者提交信息者的姓名、地址和联系方式；
3. 人工智能系统提供者在欧盟数据库中输入的网址；
4. 根据第 27 条进行的基本权利影响评估的结论摘要；
5. 如本条例第 26 条第 8 款所述，第（EU）2016/679 号条例第 35 条或第（EU）2016/680 号指令第 27 条进行的数据保护影响评估的摘要（如适用）。

附件九　附件三所列高风险人工智能系统登记时根据第 60 条提交的在真实世界条件下进行测试的信息

根据第 60 条的规定,应提供并不断更新在真实世界条件下进行测试的信息:

1. 在真实世界条件下进行测试的全欧盟唯一的单一识别号;
2. 提供者或潜在提供者以及参与真实世界条件下测试的部署者的名称和联系方式;
3. 人工智能系统的简要说明、预期用途以及识别该系统所需的其他信息;
4. 真实世界条件下测试计划的主要特点概述;
5. 关于在真实世界条件下暂停或终止测试的信息。

附件十　关于自由、安全和司法领域大型 IT 系统的欧盟法案

1. 申根信息系统

（a）欧洲议会和欧盟理事会 2018 年 11 月 28 日关于使用申根信息系统遣返非法居留的第三国国民的第（EU）2018/1860 号条例（OJ L 312,7.12.2018,p.1）。

（b）欧洲议会和欧盟理事会 2018 年 11 月 28 日关于在边境检查领域建立、运行和使用申根信息系统（SIS）的第（EU）2018/1861 号条例，修订了《申根协定实施公约》，同时修订和废除了第（EC）1987/2006 号条例（OJ L 312,7.12.2018,p.14）。

（c）欧洲议会和欧盟理事会 2018 年 11 月 28 日关于在警务合作和刑事司法合作领域建立、运行和使用申根信息系统（SIS）的第（EU）2018/1862 号条例，修订和废除了欧盟理事会第 2007/533/JHA 号决定，并废除了欧洲议会和欧盟理事会第（EC）1986/2006 号条例、欧盟委员会第 2010/261/EU 号决定（OJ L 312,7.12.2018,p.56）。

2. 签证信息系统

（a）欧洲议会和欧盟理事会 2021 年 7 月 7 日第（EU）2021/1133 号条例，修订了第（EU）603/2013 号、第（EU）2016/794 号、第（EU）2018/1862 号、第（EU）2019/816 号和第（EU）2019/818 号条例，内容涉及为签证信息系统的目的建立访问其他欧盟信息系统的条件（OJ L 248,13.7.2021,p.1）。

（b）欧洲议会和欧盟理事会 2021 年 7 月 7 日第（EU）2021/1134 号条例，修订了欧洲议会和欧盟理事会第（EC）767/2008 号、第（EC）810/2009 号、第（EU）2016/399 号、第（EU）2017/2226 号、第（EU）2018/1240 号、第（EU）2018/1860 号、第（EU）2018/1861 号、第（EU）2019/817 号和第（EU）2019/1896 号条例，并废除了欧盟理事会第 2004/512/EC 号和第 2008/633/JHA 号决定，以改革签证信息系统（OJ L 248,13.7.2021,p.11）。

3. 欧洲数据中心

欧洲议会和欧盟理事会 2024 年 5 月 14 日关于建立"欧洲数据中心"进行生物特征数据比对，以有效适用欧洲议会和欧盟理事会第（EU）2024/1315 号和

第（EU）2024/1350 号条例以及欧盟理事会第 2001/55/EC 号指令，用于识别非法居留的第三国国民或无国籍人士，以及关于成员国执法机关和欧洲刑警组织为执法目的请求与欧洲数据中心数据进行比对的第（EU）2024/1358 号条例，修订了欧洲议会和欧盟理事会第（EU）2018/1240 号和第（EU）2019/818 号条例，并废除了欧洲议会和欧盟理事会第（EU）603/2013 号条例（OJ L，2024/1358，22.5.2024，ELI：http://data.europa.eu/eli/reg/2024/1358/oj）。

4. 出入境系统

欧洲议会和欧盟理事会 2017 年 11 月 30 日关于建立出入境系统（EES），用于登记跨越成员国外部边界的第三国国民的出入境数据和拒绝入境数据，并确定为执法目的访问出入境系统的条件的第（EU）2017/2226 号条例，修订了《申根协定实施公约》以及第（EC）767/2008 号和第（EU）1077/2011 号条例（OJ L 327，9.12.2017，p.20）。

5. 欧洲旅行信息和授权系统

（a）欧洲议会和欧盟理事会 2018 年 9 月 12 日关于建立欧洲旅行信息和授权系统（ETIAS）的第（EU）2018/1240 号条例，修订了第（EU）1077/2011 号、第（EU）515/2014 号、第（EU）2016/399 号、第（EU）2016/1624 号和第（EU）2017/2226 号条例（OJ L 236，19.9.2018，p.1）。

（b）欧洲议会和欧盟理事会 2018 年 9 月 12 日关于修订第（EU）2016/794 号条例，旨在建立欧洲旅行信息和授权系统（ETIAS）的第（EU）2018/1241 号条例（OJ L 236，19.9.2018，p.72）。

6. 关于第三国国民和无国籍人士的欧洲犯罪记录信息系统

欧洲议会和欧盟理事会 2019 年 4 月 17 日关于建立一个集中系统，用于识别持有第三国国民和无国籍人士定罪信息的成员国（ECRIS-TCN），以补充欧洲犯罪记录信息系统的第（EU）2019/816 号条例，修订了第（EU）2018/1726 号条例（OJ L 135，22.5.2019，p.1）。

7. 互操作性

（a）欧洲议会和欧盟理事会 2019 年 5 月 20 日关于建立欧盟信息系统在边境和签证领域的互操作性框架的第（EU）2019/817 号条例，修订了第（EC）767/2008 号、第（EU）2016/399 号、第（EU）2017/2226 号、第（EU）2018/1240 号、第（EU）2018/1726 号和第（EU）2018/1861 号条例以及欧盟理事会第 2004/512/EC 号和第 2008/633/JHA 号决定（OJ L 135，22.5.2019，p.27）。

（b）欧洲议会和欧盟理事会 2019 年 5 月 20 日关于在警察和司法合作、庇护和移民领域建立欧盟信息系统互操作性框架的第（EU）2019/818 号条例，修订了第（EU）2018/1726 号、第（EU）2018/1862 号和第（EU）2019/816 号条例（OJ L 135，22.5.2019，p.85）。

附件十一　第53条第1款 a 项所指的技术文件——通用人工智能模型提供者的技术文件

第一节　所有通用人工智能模型提供者应提供的信息

第53条第1款 a 项所指的技术文件应至少包括与模型的规模和风险状况相适应的以下信息：

1. 通用人工智能模型的概况，包括：

(a) 该模型拟执行的任务，以及它可以被集成到的人工智能系统的类型和性质；

(b) 适用的可接受使用政策；

(c) 发布日期和分发方法；

(d) 结构和参数数量；

(e) 输入和输出的方式（如文本、图像）和格式；

(f) 许可证。

2. 第1点所述模型要素的详细说明与开发过程的相关信息，包括下列内容：

(a) 将通用人工智能模型集成到人工智能系统所需的技术手段（如使用说明、基础设施、工具）；

(b) 模型和训练过程的设计规格，包括训练方法和技术、关键设计选择（包括理由和假设）；模型设计的优化目标和不同参数的相关性（如适用）；

(c) 用于训练、测试和验证的数据信息（如适用），包括数据类型和来源、整理方法（如清洗、过滤等）以及数据点的数量、范围和主要特点；数据的获得和选择方式，以及所有其他检测数据源不适合性的措施和检测可识别偏见的方法（如适用）；

(d) 训练模型所用的计算资源（如浮点运算次数）、训练时间以及与训练有关的其他相关细节；

(e) 已知或估计的模型能耗。

关于 e 项，在模型能耗未知的情况下，能耗可以基于所使用计算资源的信息来确定。

第二节 具有系统性风险的通用人工智能模型提供者应提供的补充信息

1. 根据现有的公共评价协议和工具或其他评价方法,详细说明评价策略,包括评价结果。评价策略应包括评价标准、指标和识别局限性的方法。

2. 在适用情况下,详细说明为进行内部和/或外部对抗性测试(如红队测试)、模型调整(包括对齐和微调)所采取的措施。

3. 在适用情况下,详细描述系统架构,解释软件组件如何相互构建或融合,并整合到整体处理过程中。

附件十二　第 53 条第 1 款 b 项所指的透明度信息——通用人工智能模型提供者向将模型集成到其人工智能系统中的下游提供者提供的技术文件

第 53 条第 1 款 b 项所述信息应至少包含以下内容：

1. 通用人工智能模型的概况，包括：

(a) 该模型拟执行的任务，以及它可以被集成到的人工智能系统的类型和性质；

(b) 适用的可接受使用政策；

(c) 发布日期和分发方法；

(d) 在适用的情况下，该模型如何或如何使用该模型与不属于该模型本身的硬件或软件进行交互；

(e) 与使用通用人工智能模型有关的相关软件的版本（如适用）；

(f) 结构和参数数量；

(g) 输入和输出的方式（如文本、图像）和格式；

(h) 模型的许可证。

2. 模型要素及其开发过程的说明，包括：

(a) 将通用人工智能模型集成到人工智能系统所需的技术手段（如使用说明、基础设施、工具）；

(b) 输入和输出的方式（如文本、图像等）和格式及其最大尺寸（如上下文窗口长度等）；

(c) 用于训练、测试和验证的数据信息（如适用），包括数据类型和来源以及管理方法。

附件十三 指定具有第 51 条所述系统性风险的通用人工智能模型的标准

为确定通用人工智能模型是否具有与第 51 条第 1 款 a 项所述相当的能力或影响,欧盟委员会应考虑以下标准:

(a) 模型参数的数量;

(b) 数据集的质量或规模,如通过令牌(tokens)衡量;

(c) 训练模型所使用的计算量,通常以浮点运算衡量,或由其他变量组合表示,如训练的估计成本、估算的训练时间或估算的训练能耗;

(d) 模型的输入和输出模式,如文本到文本(大语言模型)、文本到图像、多模式、确定每种模式高影响能力的最新阈值,以及输入和输出的具体类型(如生物序列);

(e) 模型能力的基准测试和评估,包括考虑无须额外训练的任务数量、适应学习新任务的能力、模型的自主性和可扩展性以及模型所能使用的工具;

(f) 是否因其覆盖范围而对内部市场产生了较大影响,如果该模型已向至少一万个在欧盟注册的企业用户提供,则可推定其对内部市场产生了较大影响;

(g) 最终注册用户的数量。

附录二

欧盟《人工智能法》法律、机构和名词索引

（按照英文首字母顺序排序，不包括部分仅在欧盟《人工智能法》附件和引注中提及的法律、机构或者名词）

欧盟《人工智能法》涉及的法律索引		
编号	英文名称	中文翻译
1	Artificial Intelligence Act，AI Act	《人工智能法》
2	Charter of Fundamental Rights of the European Union	《欧洲联盟基本权利宪章》
3	Commission Work Programme 2021	欧盟委员会《2021年工作计划》
4	Community Code on Visas，the Visa Code	《欧共体签证法》/《签证法》
5	Cybersecurity Act	《网络安全法》
6	Data Act	《数据法》
7	Data Governance Act	《数据治理法》
8	Digital Services Act	《数字服务法》
9	Directive on Privacy and Electronic Communications，Directive 2002/58/EC	《隐私与电子通信指令》
10	Ethics Guidelines for Trustworthy Artificial Intelligence	《可信人工智能伦理准则》
11	European Data Protection Supervisor，EDPS	欧洲数据保护专员
12	European Declaration on Digital Rights and Principles for the Digital Decade	《欧洲数字权利与数字十年原则宣言》
13	General Data Protection Regulation，GDPR	《通用数据保护条例》

（续表）

编号	英文名称	中文翻译
14	Interinstitutional Agreement of 13 April 2016 on Better Law-Making	2016年4月13日《关于更好地制定法律的机构间协议》
15	Measuring Instruments Directive，MID	《计量器具指令》
16	Non-automatic weighing instruments，NAWI	《非自动衡器指令》
17	Official Journal of the European Union	《欧盟官方公报》
18	Protocol No 21 on the position of the United Kingdom and Ireland in respect of the area of freedom, security and justice	《关于英国和爱尔兰在自由、安全和司法领域的立场的第21号议定书》
19	The "Blue Guide" on the implementation of EU product rules 2022	《2022年欧盟产品规则实施"蓝色指南"》
20	Treaty on European Union，TEU	《欧盟条约》
21	Treaty on the Functioning of the European Union，TFEU	《欧洲联盟运作条约》
22	UN Convention relating to the Status of Refugees	联合国《关于难民地位的公约》
23	UNCRC General Comment No 25（2021）on Children's Rights in Relation to the Digital Environment	《儿童权利委员会关于与数字环境有关的儿童权利的第25号一般性意见(2021年)》
24	Unfair Commercial Practices Directive	《不公平商业行为指令》
25	United Nations Convention on the Rights of Persons with Disabilities	联合国《残疾人权利公约》
26	United Nations Convention on the Rights of the Child	联合国《儿童权利公约》
27	World Trade Organization Agreement on Technical Barriers to Trade	世界贸易组织《技术性贸易壁垒协定》

欧盟《人工智能法》涉及的机构索引		
编号	英文名称	中文翻译
1	Administrative Cooperation Group，ADCO	行政合作小组
2	Advisory Forum	咨询论坛
3	Committee of the Regions	地区委员会
4	Conformity Assessment Body	符合性评估机构
5	Council of the European Union，the Council	欧盟理事会
6	European Artificial Intelligence Board，the Board	欧洲人工智能委员会
7	European Artificial Intelligence Office，AI Office	欧盟人工智能办公室
8	European Central Bank	欧洲中央银行
9	European Commission	欧盟委员会
10	European Economic and Social Committee	欧洲经济和社会委员会
11	European Parliament	欧洲议会
12	European Committee for Electrotechnical Standardization，CENELEC	欧洲电工标准化委员会
13	European Committee for Standardization，CEN	欧洲标准化委员会
14	European Telecommunications Standards Institute，ETSI	欧洲电信标准化协会
15	European Union Agency for Cybersecurity，ENISA	欧盟网络安全局
16	High-Level Expert Group on Artificial Intelligence，AI HLEG	人工智能高级别专家组
17	Scientific Panel of Independent Experts	独立专家科学小组

欧盟《人工智能法》涉及的名词索引		
编号	英文名称	中文翻译
1	Agencies	机关
2	API	应用程序编程接口
3	Authority	国家主管机关
4	Biometric Categorisation	生物特征分类
5	Biometric Identification	生物特征识别
6	Biometric Verification	生物特征验证
7	Biometrics	生物特征
8	Bodies	组织
9	Codes of Conduct	行为准则
10	Codes of Practice	实践准则
11	Conformity Assessment	符合性评估
12	Directives	指令
13	Entities	组织/机构
14	EU Declaration of Conformity	欧盟符合性声明
15	Harmonised Standard	统一标准
16	High Impact Capacities	高影响能力
17	Institutions	机构
18	Legal Act	法案
19	Legal Representatives	代理人
20	Market Surveillance Authorities	市场监督机关
21	Model	模型
22	Notified Bodies	公告机构
23	Notifying Authorities	通知机关
24	Offices	办公室
25	Official Journal of the European Union	《欧洲联盟公报》
26	Operator	运营者

（续表）

编号	英文名称	中文翻译
27	Placing on the Market	投放市场
28	Post-remote Biometric Identification System	事后远程生物特征识别系统
29	Provider	提供者
30	Putting into Service	提供服务
31	Qualified Alerts	附条件的警示
32	Real World	真实世界
33	'Real-Time' Remote Biometric Identification System	"实时"远程生物特征识别系统
34	Regulation	条例
35	Safety Components	安全组件
36	Sandbox	沙盒
37	Sensitive Operational Data	敏感操作数据
38	Subcontractor	分包方
39	Union Harmonisation Legislation	欧盟协调立法
40	Widespread Infringement	广泛侵权
41	Worker	劳动者